# 新时代中国社会救助

## 社会力量参与流浪乞讨人员救助服务研究

汤秀娟　王　静　袁娟娟
马海潮　王连权　等　著

中国出版集团　东方出版中心

**图书在版编目（CIP）数据**

新时代中国社会救助 ：社会力量参与流浪乞讨人员救助服务研究 / 汤秀娟等著. -- 上海 ：东方出版中心，2024.8. -- ISBN 978-7-5473-2473-8

Ⅰ. D632.1

中国国家版本馆CIP数据核字第2024QW2470号

**新时代中国社会救助：**
**社会力量参与流浪乞讨人员救助服务研究**

著　　者　汤秀娟　王　静　袁娟娟　马海潮　王连权等
责任编辑　周心怡　徐建梅
装帧设计　余佳佳

出 版 人　陈义望
出版发行　东方出版中心
地　　址　上海市仙霞路345号
邮政编码　200336
电　　话　021-62417400
印 刷 者　廊坊市印艺阁数字科技有限公司

开　　本　890mm×1240mm　1/32
印　　张　12.25
字　　数　250千字
版　　次　2024年8月第1版
印　　次　2024年8月第1次印刷
定　　价　76.90元

本书为第十届广州市社会组织公益创投活动资助项目"锐变·流浪乞讨人员关爱行动"成果。

　　"锐变·流浪乞讨人员关爱行动"是第十届广州市社会组织公益创投活动资助项目，由广州市民政局（市社会组织管理局）主办，广州市创意经济促进会、中共广州市创意经济促进会支部承办，广州市鼎和社会工作服务中心策划并实施。

# 前 言

　　城市流浪乞讨人员救助管理是城市管理的重要方面。西方政治哲学家罗尔斯（John Rawls）曾经说过："当一个社会能注意到这些最底层、最卑微的人时，并且给他们一定的保障，权利被改善时，整个社会的公平就会被提升。"随着2003年《城市生活无着的流浪乞讨人员救助管理办法》的实施，我国整个社会正进入全新的历史时期。

　　对城市流浪乞讨人员施行救助、保护弱势群体的利益，彰显了政府以民为本、为民负责的良好形象，也体现了我国政治文明建设的进步。然而，由于城市流浪乞讨人员构成的复杂性、需求的多样性，救助服务需要实施个性化，同时资源供给也需多元化，以灵活应对各种情况。城市流浪乞讨人员的救助管理有着非常明显的非营利性、公益性，是强调社会安全与公平正义条件下的公共服务及公共物品的再分配，其本身是对以"优胜劣汰"机制实现资源优化配置、强调效率的市场经济缺陷的弥补。为此，提供公共产品实现社会救助的主体是政府，但是对流浪乞讨人员救助需求的多元化满足是政府自身无法完全提供的。此时，社会力量便以其非营利性、公益性、自愿性等特点，参与社会救助，提供高质量、多样化、专业化、高水平的公共服务，实现救助管理水平和质量的提升，追求公共利益最大化。

芒福德（Lewis Mumford）说："城市是一个巨大而复杂的文化磁体和容器，通过感悟上的交流、理性上的传递和技术上的精通熟练，尤其是通过激动人心的表演，从而扩大生活的各个方面的范围，这一直是城市的最高职责。"广州是一座拥有两千多年历史的文化名城，有深植本土的民间乐善，更有跨越千年的温情印记。自晋代始，女灸学家鲍姑就在今应元路三元官内熬药治病，其夫婿、医药学家葛洪写就《肘后备急方》，救人无数，开启了广府慈善之先河。到了宋代，广州威远门（今海珠北路）内建成寿安院，这是国内有文字记载的最早的慈善医院。1871年，广州商人钟觐平、陈次壬、白伦生等联合商界同仁创办了近代广州最早的善堂——爱育善堂。一时间，无数颠沛流离的贫民前往避难，粥管饱、衣尽暖。爱育善堂同时也开办义学，让更多人找到谋生出路。在紧接着的40年间，广州城内外又诞生了大大小小慈善机构30多家，不仅涉及医疗、救灾，还包括免费教育及教养盲童等领域。清末民初，广州九大善堂成功募款，用民间善举收回"粤汉铁路"，慈善广州闻名全国。

改革开放大潮中的广州，将深植千年的参与慈善的民间力量推向更为广阔的空间，在波澜壮阔的实践中开启中国社会力量发展的先河。1987年，广州市十多名"学雷锋、做好事"的积极分子开通了全国第一条志愿者服务热线电话，这一热线拉开了中国志愿服务事业的序幕。1994年，广州市慈善会成立大会在花园酒店举行，广州解放以来正式登记成立的第一个公益慈善社会团体正式登上历史舞台。2009年，广州市政府抱着"摸着石头过河"的心态举办"广州慈善日"活动，3 000 名志愿者走上街头义卖筹善款，"一元也是爱"成为当时广州最亮丽的一道风景线。而首届"广州慈善日"活动在社会多方支持下，最终筹款达1.05 亿元，对因病致贫及因突发灾害陷入困境者提供及时有效的救助。敢为天下先的广州是全国最早成立社会组织党委的省会城市之一，通过党建引领社会组织健康有序发展。2012 年民政部颁布《民政部关于促进社会力量参与流浪乞讨人员救助服务的指导意见》（下称《意见》），广州率先在全国铺开了社会组织登记改革，社会组织全部实行网上登记、变更、注销，大大提升了社会组织的申办效率，一大批社会组织如雨后春笋般成长起来。2012 年至 2017 年底，广州市社会组织数量呈现稳步增长态势，年均增长率为 9.7%。截至 2023 年年底，广州全市登记注册的社会组织总数为 7 964 家，规模和数量均位居全国前列。同时，打造政府、市场与社会协同共治的广州市社会组织公益创投"广州模式"品牌，引领社会力量的发展走向规范化和专业化的道路，为共建共治共享的政社共治凝聚了磅礴的力量。

现代政治文明水平不仅表现在依法治理和依法救助上，而且还表现在作为中介组织和社会团体等社会力量参与的代理人治理和救助上。这样可以在国家与市民社会之间设置缓冲体和回旋空间，扩大政治的社会参与面和合法性基础，协助实现政府的目的和意图。在《意见》精神的指引下，全国社会力量迅速发展，以各种各样的形式参与流浪乞讨人员救助服务。2015 年 11月 29 日，广州市民政局与广州市鼎和社会工作服务中心签订为期一年的购买服务合同，出资 100 万元，购买天河、越秀、荔湾、白云四区的街面流浪乞讨人员救助服务。随之开启了广州以政府主导、社会力量参与流浪乞讨人员救助管理的新模式。2016年，浙江金华市救助管理站通过政府购买服务的形式，引入金华市悦欣社会工作发展服务中心，首次以"站社合作"的模式为流浪未成年人提供救助服务。2019年，山东滨州市救助管理站以政府购买服务的方式引入滨州市海燕社会工作服务中心，打造"244"源头救助服务模式。2020年，广西梧州市救助管理站通过政府购买服务的形式，引入梧州市民生社会工作服务中心参与救助服务，形成社会力量参与救助服务的"114"服务模式。同时，字节跳动旗下的抖音寻人（原头条寻人）、北京缘梦公益基金会，利用自身的技术和资源优势，联合政府救助部门和其他社会力量，长期卓有成效地开展救助服务工作，成为多元合作模式的典型代表。东莞市让爱回家公益服务中心、韶关市蜗牛公益互助会，均建立起覆盖全国的志愿服务网络，并自发参与救助寻亲志愿服务工作，成为自主运作模式的典型代表。

自此，在政府的支持和培育下，社会力量由个体、群体到机构组织不断发展和壮大。尤其是社会工作服务机构这一重要的社会力量的介入，在提供专业的救助服务的同时，组织的外向吸纳能力也加速拓展，以救助管理服务为联结点，以其社会组织特有的平等性、社会责任性和自愿性为基础，吸引更多的企业、高校等社会力量全面参与救助管理过程，搭建平台统筹调动各类社会力量、链接各种社会资源、整合各项专业服务，形成庞大的集专业性、自愿性、物联性、智力性于一体的新型社会力量，建构起各具特色的政社、社志、社企、社研的联动机制。全国各地社会力量全方位、多角度、立体性参与流浪乞讨人员救助服务，基本形成政府购买、多元合作、自主运作三种服务模式，为流浪乞讨人员提供心理疏导、返乡教育、就业帮扶、法律援助、保护发展等专业救助服务，有机嵌入基层社会治理网络，助力精准救助服务。

正所谓"在天成象，在地成形，变化见矣"，无论是"广州品牌""金华模式""梧州经验""滨州范式"，还是"抖音寻人"与"缘梦基金会"的共益、让爱回家和蜗牛公益的大爱，均是流浪乞讨人员救助管理工作20年的重要见证，也是救助服务力量中最亮丽的底色。润物无声、厚重温情、沁人心扉，在党委领导、政府主导下，这种如虹的气势凝聚成为一股强大的力量，必将由城市传导到乡村，照亮每一个角落，为弱势群体兜住了底，托起了一片天。同时，社会力量也在广泛的参与中以美好的形象和积极的姿态昂首前行。

汤秀娟

2024 年 1 月 10 日于羊城

# 目　录

前　言

# 第一篇　理论篇

**第一章　变革与发展：流浪乞讨人员管理制度变迁与社会力量的发展　2**

　　第一节　新中国城市流浪乞讨人员管理制度的变迁　2

　　第二节　社会力量参与流浪乞讨人员救助服务的缘起　12

　　第三节　社会力量参与流浪乞讨人员救助服务的模式　17

**第二章　群像与需求：流浪乞讨人员的现状　29**

　　第一节　城市流浪乞讨人员生存现状　29

　　第二节　城市流浪乞讨人员产生原因　36

　　第三节　城市流浪乞讨人员救助需求　41

**第三章　角色与功能：社会力量参与的定位　48**

　　第一节　社会力量参与救助服务的主要类型　48

　　第二节　社会力量参与救助服务的现实意义　54

　　第三节　社会力量参与救助服务的价值原则　60

# 第二篇 方法篇

**第四章 内容与供给：社会力量参与的服务技术与指引 72**

第一节 外展服务 72

第二节 寻亲服务 91

第三节 流动学堂服务 102

第四节 源头治理服务 115

第五节 资源整合服务 130

第六节 就业帮扶服务 142

第七节 心理关爱服务 153

**第五章 方法与技巧：社会力量介入典型类别的方式与手段 166**

第一节 临时遇困人员 166

第二节 弱势人员 179

第三节 病残人员 193

第四节 因利人员 208

第五节 有行为问题人员 218

第六节 特殊人员 226

# 第三篇 实践篇

**第六章 行动与案例：社会力量参与的实践 236**

第一节 广东广州："442"服务模式 236

第二节　广西梧州：构建"114"服务模式　250

第三节　山东滨州："244"源头治理工作模式　263

第四节　浙江金华："1131"流浪未成年人救助服务模式　275

第五节　抖音寻人：搭建国内最大的公益寻人寻亲网络　285

第六节　缘梦基金会："资源＋创新"打造多元服务平台　294

第七节　让爱回家：构建全国寻亲志愿服务网络　304

第八节　蜗牛公益：创建"乡音甄别"救助寻亲工作模式　315

第七章　感悟与共鸣：社会力量参与的心声　327

第一节　看尽世间疾苦，甘当救助引路人　327

第二节　哪怕只点亮一个人的人生　333

第三节　用心服务，助力流浪人员找到回家路　339

第四节　用心陪伴，让流浪人员感受到更多的温暖　345

第五节　每个人都应被尊重与理解　351

第六节　坚守助人情怀，不忘救助初心　356

第七节　每一个流浪露宿人员都是勇敢的人　363

第八节　我参与流浪人员救助工作的心路历程　367

后　记　373

第一篇 理论篇

# 第一章　变革与发展：流浪乞讨人员管理制度变迁与社会力量的发展

习近平总书记在党的二十大报告中强调，要"引导、支持有意愿有能力的企业、社会组织和个人积极参与公益慈善事业"，"发展壮大群防群治力量"，"建设人人有责、人人尽责、人人享有的社会治理共同体"。[①]流浪乞讨人员救助管理是社会治理的重要内容之一，社会力量参与流浪乞讨人员救助服务，是指在党委领导、政府指导下促进企业、社会组织和个人积极参与。进行社会力量参与流浪乞讨人员救助服务研究需先行了解新中国流浪乞讨人员管理制度的变迁、社会救助与社会力量的发展、社会力量参与流浪乞讨人员救助服务的发展趋势。

## 第一节　新中国城市流浪乞讨人员管理制度的变迁[②]

"从整个社会看，一个领导的阶层如果能追得上社会变迁的

---

[①] 习近平：《高举中国特色社会主义伟大旗帜　为全面建设社会主义现代化国家而团结奋斗——在中国共产党第二十次全国代表大会上的报告》，人民出版社 2022 年版，第 47、54 页。

[②] 本节由汤秀娟撰写。汤秀娟，广州大学公共管理学院副教授，社会工作专业硕士生导师，广州市民政局智库专家，广州市城市管理局智库专家，广州市流浪乞讨人员救助管理工作特邀监督员。

速率，这社会也可以避免因社会变迁而发生的混乱。"[①] 随着社会发展，中国社会正在经历从传统向现代的转型。一方面，由于社会分工的日益复杂化，社会流动性日益增强，传统社会控制体系的控制能力逐步弱化；另一方面，社会发展加剧了社会结构的分化和社会利益的失衡，以及文化主体的迷失和文化的多元化，促进了社会控制模式的转型。新中国城市流浪乞讨人员管理制度顺应社会控制模式的变革与发展，经历了一系列复杂的演变过程，其中从收容遣送到救助管理、从强制到自愿的转变，折射出现代社会文明发展的进步。

## 一、收容遣送制度的发端

1949 年新中国成立至 1978 年改革开放前，是收容遣送制度逐步形成并有效践行的重要时期。因社会发展程度不同，社会任务各异，收容遣送的对象和方式也存在变化。该时期收容遣送制度的形成和发展分为三个阶段：

第一阶段（1949—1956 年），收容遣送制度的发端。新中国成立前夕，城市存在大量国民党散兵游勇、妓女、社会无业游民等群体，加上农村灾民、难民等纷纷涌入，严重妨害社会秩序和工商业的发展。为稳定新生政权，各大中城市人民政府积极采取措施，推行临时的应急性行政救济制度。一是各地及时建立统一的管理机构。在县级以上地区建立收容站（所），均隶属于当地政府，在交通枢纽等地区还设立过境转送站等临时机构，对散兵

---

① 费孝通：《乡土中国》，江苏文艺出版社 2007 年版，第 86 页。

游勇、妓女、灾民、难民、社会无业游民等城市流民、乞丐进行收容并遣送。二是部分城市的收容工作开始运用区别对待的原则进行处理。如北京将收容对象分成四类，第一类是将有劳动力、无疾病、无家庭的乞丐，编成劳动大队，强制短期集训，供给食宿，加以教育后除家在北京的送到习艺所学习手艺，赴指定地点参加劳动生产；第二类是异乡逃至北京，因无亲友而沦落为乞丐者、有家可归仍以乞讨为生者，经集体训练后，分批送回原籍从事生产；第三类是因病或特殊情形而被迫成为临时乞丐的，帮助其恢复生产；第四类是在本市内无依靠、不能生产的老弱病残、幼童等，一律送入救济院，给予长期救济。[①] 三是收容制度适时调整，在收容的过程中采取了一些简便可行、易于操作的措施，并增加改造教育内容，开办生产教养和游民改造农场对游民进行改造。1953 年开始，各地收容制度强调各项经费由财政统一开支，并逐步将管理机构统一化，将管理经费纳入财政预算。

据统计，1956 年全国共收容改造 42 万多人。[②] 这一阶段的收容遣送措施在各大中城市中率先推行，简便可行、容易操作，表现出明显的行政指令性、临时性和初始性特点，对于整顿社会治安、改革城市面貌、实现农业的社会主义改造、支援农业生产、巩固工农联盟、支援工农业生产的恢复和发展起到了重要的作用。

---

① 高中华：《从收容遣送到救助管理——我国城市流浪乞讨人员救助制度的变迁》，《当代中国史研究》，2009 年第 6 期。

② 孟昭华、王明寰：《中国民政思想史》，黑龙江人民出版社 1986 年版，第 597 页。

第二阶段（1957—1966 年），收容遣送制度的雏形及社会救助性质的转变。1959 至 1961 年，国民经济发生严重困难，导致农民大量外流。1957—1963 年间，全国有 800 万—1 000 万农民在大流动，其中 1960 年全国共收容流浪乞讨人员 600 万人次，达到新中国成立以来的最高峰。① 为了贯彻执行中共中央关于全党动手，大办农业、大办粮食、压缩城市流动人口、加强农业第一线的指示，1960 年 11 月，内务部发出了《关于进一步做好收容遣送工作的通知》，要求民政部门把收容遣送工作作为一项政治任务来完成。1961 年 1 月 25 日，内务部颁布了《城市收容遣送站工作方案》，明确规定了收容对象为流入城市食宿无着的外流农民和城市中流浪街头、生活无着的人员（即"两个无着"）。1961 年 11 月 11 日，中共中央批转了公安部《关于制止人口自由流动的报告》，决定在大中城市设立收容遣送站，以民政部为主，负责将盲目流入城市的人员收容起来，遣送回原籍；公安机关负责对收容对象进行审查、鉴别。收容机构由政府移交民政部门，各地的机构名称有救济站、市遣返委员会等，其工作性质为单纯的社会救济。针对安置中存在屡遣屡返现象，国务院于 1962 年规定对无家可归或屡遣不归的外流人员（简称"长流人员"），由国家补助安家费和生活费，交生产队和农场掌握，专款专用。1964 年 1 月，内务部颁发了《安置农场工作暂行办法（草案）》，明确农场的性质是"安置就业和教育改造性质的农场，是全民所有制的农业企业，农场的生产和建设纳入国家计

① 孟昭华、王明寰：《中国民政思想史》，黑龙江人民出版社 1986 年版，第 302 页。

划"。① 经一系列行政性命令的出台，将大量的长流人员和游民安置于安置农场，逐渐显示出社会救济的功能。

第三阶段（1966—1977年），收容遣送工作的质变。"文化大革命"期间，因内务部撤销，各地民政部门和其他部门合并，收容遣送对象复杂，工作开展难度大。部分收容遣送站开始采取强制性的手段开展工作，随意拘留、审讯、捆绑、吊打被收容人员等违法乱纪现象较为严重，安置工作出现分散、无法充分发挥功能，甚至处于半瘫痪状态。这一时期，对社会盲流人员中的各类刑事犯罪分子的管理成为工作的主要矛盾，收容遣送站全部移交公安部门，行政强制性质明显，而社会救济性质淡化。

总体而言，1949年至1977年是收容遣送制度逐渐成型的阶段，虽然其制度更多是以行政命令的形式出现，并伴有较明显的行政控制色彩，但在新中国成立初始的特定历史时期，以及历次的自然灾害中为稳定社会治安、救助灾民返乡、重建家园发挥了积极的作用，初步显示了社会救济的工作思路与特点。

## 二、收容遣送制度的形成及其异化

1978年至2003年，是收容遣送制度正式出台的阶段，收容工作重新走上正轨，但在其承担社会救济和维护社会治安的双重责任的压力下，收容工作逐渐走向了异化，乃至最后的废止。

第一阶段（1978—1990年），收容遣送制度正式颁布。改革

---

① 高中华：《从收容遣送到救助管理——我国城市流浪乞讨人员救助制度的变迁》，《当代中国史研究》，2009年第6期。

开放初期，农村人口向城市流动的问题开始突出，"长流人员"增多。为了维护社会稳定和保障城市的公共秩序，国务院制定颁发了一系列管理措施和办法。1982 年 5 月 12 日，国务院颁布了《城市流浪乞讨人员收容遣送办法（试行）》，规定收容遣送工作由民政、公安部门负责。该办法在赋予收容遣送制度合法性的同时，也使之成为一项涉及社会救助、社会教育、社会管理和社会治安的多元性社会事务行政管理工作。随后，民政部、公安部先后拟定下发了《城市流浪乞讨人员收容遣送办法实施细则（试行）》和《关于加强收容遣送工作的通知》。① 随着上述措施和办法的出台，流浪乞讨人员收容遣送制度正式确立。这一阶段的收容遣送制度是以稳定社会秩序为优先价值选择，并兼有保障基本人权的目的，这种双重性质的收容遣送制度为流动人口的权益保障及城市社会的安全有序发挥了一定的作用，但同时也为制度的变异埋下了伏笔。

第二阶段（1991 年至 2003 年 7 月 31 日），收容遣送制度的异化并被废止。20 世纪 90 年代以来，随着改革的不断推进和社会结构的变化，大规模盲目无序的流动人口进入城市，给城市的公共秩序带来严重的冲击。为了克服城市社会治安管理政策及能力上的困境，1991 年 5 月，国务院印发《关于收容遣送工作改革问题的意见》，将无合法证件、无固定住所、无稳定收入的"三无"人员纳入了收容遣送范围；后又将收容范围扩大到了身份证、暂住证、务工证"三证"不全的流动人员，使收容遣送制

① 《中国社会保障制度总览》，中国民主法制出版社 1995 年版，第 1139 页。

度转变为单纯的治安管理手段,社会救济的功能越来越少。1996年《中华人民共和国刑事诉讼法》废止了收容审查制度后,产生了社会治安管理上的真空地带。随着收容遣送范围的不断扩大,致使工作面临严重的经济困难,由此引发更多的社会问题:一是收容遣送制度错位,收容遣送成为"积极配合打击严重危害社会治安犯罪活动"、限制农民工进城的重要工具,成为社会治安管理的一部分;二是对进城打工的农民工的定位错误,将其视作盲流;三是由于收容遣送的经费小部分源于民政事业费,大部分只能靠收容遣送站组织被收容遣送人员生产劳动或让收容遣送人员自己负担,收容遣送站由一个福利机构变成了一个自筹开支的管理部门。正是由于管理观念的变化,在这样的情况下收容遣送制度的缺陷不断被放大,逐渐偏离了社会救济的轨道并发生了变异,直至 2003 年 3 月发生的"孙志刚事件"直接导致收容遣送制度的终止。

收容遣送制度运行 30 多年,其特点深深地打上了计划经济的烙印。第一,在新中国成立初期这一百废待兴的特定时期,通过收容遣送形式,对旧社会遗留的游民、妓女、散兵游勇等采取收容、遣返政策,对维护特殊时期的社会安宁和政局的稳定发挥积极的作用。第二,在面临自然灾害、经济困难的背景下,对难民、乞丐等进行收容、教育、安置及遣送,带有明显的社会救济的特点,相对旧中国对游民的消极控制是一种进步。第三,行政强制性较强,收容遣送制度以行政命令的方式发布,行政法制意识相对较弱,体现计划经济条件下的时代特色。第四,将收容遣送制度与户籍制度捆绑,将收容遣送制度视为人口流动控制的重要手段，并人为构筑起农村与城市的藩篱，加速了城乡的分化及发展的失衡，反映出社会传统封闭型、静态的人口管理模式与工业化、城市化发展为背景的社会经济发展、利益主体多元化、社会结构复杂变化等的不相适应。第五，收容遣送制度虽然已涉及社会救济的意识与行动，但还没有真正具备现代意义上的社会救助精神及理念，过分强调其社会治安控制的目的与职能，以堵代疏的社会控制模式偏离了社会救济的要义而走向了终结。

## 三、救助管理制度的颁布与实施

2003 年 6 月 20 日，国务院签发第 381 号令——《城市生活无着的流浪乞讨人员救助管理办法》（以下简称《救助管理办法》），于当年 8 月 1 日起正式施行，同时废止 1982 年国务院发布的《城市流浪乞讨人员收容遣送办法》，标志我国城市流浪乞讨人员的管理制度发生了质的转变。新救助管理制度突出社会救助的性质，并对救助的宗旨、范围、措施、管理等作了大幅度调整，被认为是我国政府职能转变的重要标志之一，是一种制度上的进步，体现了政府对弱势群体的关怀，也体现了创建服务型政府、责任型政府的宗旨。

曾参与《救助管理办法》制定的中国政法大学马怀德教授认为，与过去的收容遣送制度相比，新制度集中体现了五大变化：一是立法宗旨由收容强制变为救助自愿，原来的收容遣送制度体现的是一种维护社会秩序功能，附加了很多行政和社会治安管理职能，新制度取消了强制功能，把被救助变成了完全自愿的行为，来去自由的开放式管理，是一种纯救济性措施；二是公安机关淡出救助管理领域，只有告知、引导、护送义务，不能命令、要求、指示，不再体现治安管理特色；三是严格界定救助管理对象为城市中生活无着的流浪乞讨人员，对农民工来城市寻找工作或走亲访友的，要严格区别，以有无暂住证作为收容条件的现象，更是坚决杜绝；四是救助站"吃皇粮"，不吃杂粮，这条非常重要，避免出现制度性漏洞和腐败问题；五是对救助站的监督加强了，对被救助人员的义务减弱了，强调了责任政府服务政府的观念。①

有的学者认为，《救助管理办法》平视受助对象而不是污化受助对象，认为流浪乞讨是因为在城市生活中遇到了暂时困难，而不是他们的本性有问题；救助而不是管制，在对对象看法发生变化的基础上，工作方法也发生了变化，即帮助生活无着者渡过困难，帮助他们恢复正常生活，而不是把他们视为社会秩序的破坏者进行管制；给受助者以选择求助的权利和自由，规定他们的合法权益不能侵犯，从而把受助者的选择置于重要地位，体现了现代福利社会制度对人的尊重；反映了政府的责任意识，从经费保障到提供服务，政府基本承担了全部责任，符合现代社会救助制度的新理念。但同时也指出《救助管理办法》对政府的挑战，一是救助管理对象即流浪乞讨人员构成的复杂性；二是救助财政负担问题以及相应救助队伍的素质、组织体系、配套措施等问题会直接影响救助工作的成败。

---

① 崔丽：《剖析流浪乞讨人员救助管理办法的五大变化》，《中国青年报》，2003 年 6 月 24 日。

## 四、我国流浪乞讨人员管理制度变迁的特点

我国流浪乞讨人员管理制度变迁轨迹与我国工业化、城市化发展水平相适应，表现出以下特点：第一，被动性。救助管理制度的出台是一个被动的生成过程。柯武刚、史漫飞将制度分为"内在制度"（internal institutions）和"外在制度"（external institutions），内在制度是社会通过渐进的反馈和调整自发演化过来的，而外在制度是人为设计而产生的。"它们被清晰地制定在法规各条例之中，并要由一个诸如政府那样的、高踞于社会之上的权威机构来正式执行"，并"最终要靠强制性法律手段来执行"。①《救助管理办法》的出台，毫无疑问是为政府履行社会保障职能而设计确立的"外在制度"。它明确指出政府应当具备的行为规范——运用自身掌握的社会资源，予以社会调剂，保护弱者利益。救助管理制度选择"外在制度"的路径得以形成，而没能在"内在制度"规则下产生，其根本原因是收容遣送制度在运行中所表现出的异质性。当制度运行过程中，出现了一系列违背原政策初衷与目的的"内化规则"②时，它已逃离了制度应遵循的约束与规范的范畴，跌落侵权与违宪的漩涡，因而被废止。流浪乞讨人员救助管理制度的出台有着明显的被动性。第二，目标由单一性向复杂性过渡。当一个国家处于低收入国家行列时，社会

---

① ［德］柯武刚、史漫飞著：《制度经济学：社会秩序与公共政策》，韩朝华译，商务印书馆 2000 年版，第 36 页。
② 内化规则主要是指内在制度出于自利动机而自动服从的"习惯"，通过习惯、教育和经验习得并在正常情况下自发服从的规则。

救助通常是维护社会安定和补救国民生计的工具，它虽然在一定程度上调节着收入分配，但调节的范围与程度却十分有限，不得不选择单一的制度目标，这与特定的社会发展具有密切联系。收容遣送制度的施行，正处于我国经济水平相对落后、收入水平低下的条件下，所以其目标是单一的，就是为了保障社会稳定。而随着改革开放的进一步深入、经济发展和国民收入水平的提高，流浪乞讨人员的管理制度选择了社会救助的方向，逐步走向了维护社会秩序、保障个人权利、促进社会经济发展等多元目标发展。第三，制度的孤立性。救助管理制度其实质是一种类别成员资格的需求性救助，以类别区分受益人群进行救助的最大弊端是难以分辨。同时，其制度的缺陷是以旧有制度的异化引发系列社会问题而促成的，在解决这一问题时往往陷入单独对待的境地，而对系统内相互联系的社会问题缺少关注，使各种社会救助措施彼此孤立，尤其是在操作上难以衔接，有时造成重复，有时出现空白点，容易致使社会资源配置失效。

## 第二节　社会力量参与流浪乞讨人员救助服务的缘起 [①]

　　"穷则独善其身，达则兼济天下。""老吾老以及人之老，幼吾幼以及人之幼。"这些前人留下的名言教诲说明我国自古就有

---

[①] 本节由汤秀娟撰写。汤秀娟，广州大学公共管理学院副教授，社会工作专业硕士生导师。广州市民政局智库专家，广州市城市管理局智库专家，广州市流浪乞讨人员救助管理工作特邀监督员。

互助共济的优良传统，并随着时代发展，这一传统逐渐发展出了一套强调国家和社会的责任和义务、救助对象的权益和保障的社会救助理念。在这一理念的指导下，社会救助被视为一项基本的公民权利。因此，不仅需要国家和社会提供更为完善、具体、高效的救助服务，更需要各类专业力量的协同参与，这也进一步促进了社会力量的发展。

## 一、社会救助的发展与城市流浪乞讨人员救助

社会救助，古而有之。扶危济困、帮助弱者之举，在人类社会是一种渊源已久的制度安排。不过，在传统社会，人们通常使用救济而不是救助的概念。由"救济"向"救助"的语汇转变，反映了扶危济困理念和措施方面的深刻变化。

学者们对救助有着各种大同小异的理解。例如，江亮演认为："需要他人救助者，以政府及社会大众的力量给予救济或扶助的一种制度。换一句话说，就是因个人或团体，遭遇到不幸事故，如天灾人祸、个人因素、经济因素、不良社会风气、政治制度、社会制度以及人生过程中所必经之生、老、病、死与无谋生能力之鳏、寡、孤、独等理由，必须由他人来救助，以保障其生活的一种措施。"[①]

郑功成区分了救助的内涵与外延。他认为："救助的内涵，是指为国家与社会面向贫困人口与不幸者组成的社会脆弱群体提供款物接济和扶助的一种生活保障政策，它通常被视为政府的当

---

① 江亮演：《社会救助的理论与实务》，桂冠图书股份有限公司1990年版，"自序"。

然责任或义务，采取的也是非供款制与无偿救助的方式，目标是帮助社会脆弱群体摆脱生存危机，以维护社会秩序的稳定。救助的外延则包括灾害救济、贫困救济和其他针对社会脆弱群体的扶助措施。"[①]

唐钧更为强调救助是公民应当享受的基本权利："救助是现代国家中得到立法保障的公民基本权利之一，当公民难以维持最低生活水平时，由国家和社会按照法定的程序和标准向其提供保证其最低生活需要的物质援助的社会保障制度。"[②] 这里实际上还强调了社会救助是一种最低生活需求的保障。洪大用进一步全面概括了救助的概念，并强调了救助的法定性和意义，指出："救助是当社会成员由于各种原因陷入社会生活困境或无法伸张其权益时，由国家和社会按照法定的程序和标准向其提供现金、物资或其他方面的援助与支持的一种制度安排，这种制度安排旨在保障社会成员的基本权利，促进社会的和谐稳定。"[③] 本书赞同此救助概念的理解。当然，本书对救助的研究，其范围是特定的，专指对城市生活无着流浪乞讨人员；其内涵则是指当自身无力解决食宿、在所在城市无亲友投靠、不享受城市最低生活保障或者农村"五保"供养、正在城市流浪乞讨的人员，由国家和社会按照法定的程序和标准向其提供现金、物资或其他方面的援助与支持的一种制度安排，这种制度安排旨在保障流浪乞讨人员的基本权

---

① 郑功成：《社会保障学——理念、制度、实践与思辨》，商务印书馆2000年版，第13—14页。

② 唐钧：《市场经济与社会保障》，黑龙江人民出版社1995年版，第11页。

③ 洪大用：《转型时期中国社会救助》，辽宁教育出版社2004年版，第3页。

利，促进社会的和谐稳定。

## 二、社会力量的发展及参与空间

社会力量通常是与政府的行政力量相对而言的，指能够参与、作用于社会发展的基本单元，对各类社会事务产生影响力的群体、组织或个人。[①] 社会力量的发展与社会救助的发展有着密切的关联。

扶危济困是我国传统的优良美德，历史上不乏无偿救济的慈善之举，但所谓"慈者，爱出于心，恩被于物也"。行善施舍是一种个人的善举，与救济匹配。社会力量的形式主要为个体，多为官或为商者，乐善好施，扶危济困。但因行善施舍是附有恩情的，行善者在施舍物的同时也在施恩。救济更多是一种个体的自觉与人性的表现，而非制度的指向。

救助乃出于履行国家责无旁贷的义务，保障一国公民平等权利、明确救助的基本宗旨是保证被救助人员的最低生活水平、维护社会公平、实践社会正义，是对获益较少者的一种积极的规范的补偿，这也是救助与救济的本质区别。随着救济向救助的发展，新中国成立后，我国社会力量的发展也经历了不同的阶段。

### （一）初始发展阶段

1949—1966 年，新中国成立初期，通过政治吸纳的方式，建立了青联、妇联等人民团体，救济的形态开始多元化发展。

---

① 苗月霞、戴一鸣：《社会力量动员机制探索》，社会科学文献出版社 2022 年版，第 6 页。

## （二）恢复发展期

1978—1995 年，经历十年停滞期后，为适应改革开放的需求，各类行业协会、基金会等大量涌现，推动了社会力量组织形态的进一步发展。

## （三）蓬勃发展期

1996—2006 年，海外发展援助机构和国际发展组织的援助项目及支持，加上我国建立市场经济体制后，随着民间资源的积累，民间捐赠者陆续出现，社会力量的形态逐渐多元化，催生出了一批社会行动者，社会力量的空间变大。

## （四）全新发展期

2007 年至今，我国政府营造政策环境，大力推动社会力量参与社会治理，形成共治共建共享目标。2014 年施行《社会救助暂行办法》，社会力量的活动领域也由传统的妇女、环保、扶贫等领域扩展到流动人口、艾滋病、法律援助、残障儿童、孤儿与罪犯子女的社会融入、民间智库等，促进社会力量的多形态发展和全方位参与；2017 年出台《中共中央　国务院关于加强和完善城乡社区治理的意见》，提出"统筹发挥社会力量协同作用"；2020 年通过《中共中央关于制定国民经济和社会发展第十四个五年规划和二〇三五年远景目标的建议》，提出"发挥群团组织和社会组织在社会治理中的作用，畅通和规范市场主体、新社会阶层、社会工作者和志愿者等参与社会治理的途径"；2021 年出台《中共中央　国务院关于加强基层治理体系和治理能力现代化建设的意见》，提出"完善社会力量参与基层治理激励政策，创新社区与社会组织、社会工作者、社区志愿者、社会慈善资源的联动机制，支持建立乡镇（街道）购买社会工作服务机制和设立社区基金会等协作载体，吸纳社会力量参加基层应急救援"；2021 年出台《"十四五"社会组织发展规划》，提出"推动社会组织助力解决经济社会发展现实问题和人民群众急难愁盼问题；发挥社会组织在动员社会力量、链接各方资源、提供专业服务、扩大公众参与、推动民主协商、化解社会矛盾、培育社区文化等方面的积极作用，服务基层；引导各地将政策、资金、人才等资源更多用于社区社会组织建设"；等等。由此可见，社会力量在社会发展中扮演着重要的角色。

## 第三节　社会力量参与流浪乞讨人员救助服务的模式[①]

新中国成立以来，社会力量经过初始发展、恢复发展、蓬勃发展和如今的全新发展阶段，累积了众多参与社会救助的实践经验，也形成了不同的实践模式，更是将社会力量的参与范围从自身的力量组成到参与内容等各个方面进行了扩大，进一步提升了社会力量的影响力。流浪乞讨人员救助属于社会救助中的一部分，社会力量在参与流浪乞讨人员救助服务过程中，随着参与程度的深入，不同类型的社会力量在参与方式、参与内容、参与程度等方面存在差异，也因此形成了多种参与模式。

所谓社会力量参与流浪乞讨人员救助服务模式是指社会各

---

① 本节由袁娟娟撰写。袁娟娟，社会工作师，广州市鼎和社会工作服务中心服务总监。

方面的非政府力量，如公益组织、志愿者、企业、社团等，参与到流浪乞讨人员救助服务领域，共同推动、参与和完善相关工作的一种模式。这种模式强调除了政府以外的各种社会组织和个人的力量，它们在流浪乞讨人员救助服务这一特定的领域中坚持合作、共建、共享的原则，有机协同，积极发挥作用，助力救助服务的高效推进。

## 一、政府购买模式

2012 年，颁布施行的《民政部关于促进社会力量参与流浪乞讨人员救助服务的指导意见》提出，要充分认识社会力量参与流浪乞讨人员救助服务的重要意义和充分发挥社会力量在救助服务中的积极作用，通过购买服务、项目委托、项目合作等多种方式引导支持依法登记注册的社工机构、心理咨询服务机构、康复治疗机构等社会力量为流浪乞讨人员提供教育矫治、行为干预、心理疏导、康复训练等救助服务。[1] 根据上述文件精神，全国各地救助管理部门陆续出台相应的文件和实施方案，通过政府购买服务方式，积极发动更广泛的社会力量参与流浪乞讨人员救助服务，并引入社工、安保、物业等社会力量。本节聚焦于专业社会组织服务领域。

### （一）政府购买模式含义

《政府购买服务管理办法》是为落实政府购买服务改革有关

---

[1] 中华人民共和国民政部网：《民政部关于促进社会力量参与流浪乞讨人员救助服务的指导意见》，https://xxgk.mca.gov.cn:8445/gdnps/pc/content.jsp?mtype=1&id=14635，2012年 12 月 29 日。

工作部署制定的办法。该办法于 2020 年 1 月 3 日由财政部公布，自 2020 年 3 月 1 日起施行。①

政府购买服务，是指各级国家机关将属于自身职责范围且适合通过市场化方式提供的服务事项，按照政府采购的方式和程序，交由符合条件的服务供应商承担，并根据服务数量和质量等因素向其支付费用的行为。政府购买服务应当遵循预算约束、以事定费、公开择优、诚实信用、讲求绩效原则。各级国家机关是政府购买服务的购买主体。依法成立的企业、社会组织（不含由财政拨款保障的群团组织），公益二类和从事生产经营活动的事业单位，农村集体经济组织，基层群众性自治组织，以及具备条件的个人可以作为政府购买服务的承接主体。政府购买服务的内容包括政府向社会公众提供的公共服务，以及政府履职所需的辅助性服务。

政府购买模式是社会力量参与流浪乞讨人员救助服务的重要组成部分。政府购买模式具有较为清晰的服务流程：项目立项—项目招投标—项目中标结果公告—项目签约—项目实施—项目监管与评估—项目延续等。全国各地的救助管理部门、救助管理机构是购买主体，社工机构是承接主体，第三方专业评估机构是绩效考核参与主体。

### （二）政府购买模式特征

#### 1. 需求性

政府购买模式通过服务立项、需求分析、专业指标、服务要

---

① 中华人民共和国财政部：《政府购买服务管理办法》，中国政府采购网，http://www.ccgp.gov.cn/zcfg/mofgz/202002/t20200203_13843360.htm，2020 年 2 月 3 日。

求、人员配置等一系列内容，充分反映出较为完整的服务需求，并通过招投标形式，优中选优，带有强烈的需求性特征。政府救助部门通过购买服务，引入专业社会组织开展情绪疏导、情感抚慰、心理关爱等柔性服务，社会力量与政府救助管理体系进一步有机结合，更好地为流浪乞讨人员提供救助服务。

### 2. 契约性

政府购买模式通过项目合同或协议书，确立政府救助部门与承接项目社会组织之间的契约关系，既明确双方的权利和义务，又明确服务内容、服务期限、服务指标、服务金额与人员配置、违约责任与赔偿损失、保密与知识产权、争端解决、不可抗力因素等相关内容，有效保障服务的实施开展、有力监管。

### 3. 专业性

社会力量是救助管理工作的补充、丰富、完善与创新，紧紧围绕"托底线、救急难、可持续"的救助管理工作要求，结合救助管理工作规范化、精细化发展趋势，政府购买模式通过运用社会工作的理论、知识、方法和技巧，为流浪乞讨人员提供家庭回归、就业帮扶、心理关爱、临时救助、危机介入等服务，有效应对和促成工作中难点个案的顺利解决，提升救助管理工作的综合水平。

### 4. 延续性

政府购买模式的服务期限一般是一至三年，以广州市流浪乞讨人员社会工作介入服务项目为例，2016 年 11 月 24 日，《南方都市报》报道了一则题为《广州出 300 万购买社工服务，欲劝"职业"乞丐弃讨还乡》的新闻，广州市民政局发布招标公告，拿出 300 万元向社会组织购买服务，每年服务经费 100 万元，项目服务周期三年，一年一签，为"职业"乞讨人员提供个案帮扶、转介援助和跟踪回访等服务，以最大限度减少街头"职业"乞讨人员。

## 二、多元合作模式

慈善会、基金会、企业等社会力量在参与流浪乞讨人员救助服务时，多数会考虑参与救助服务是否与自身的理念、使命等相符合，并且会考虑自身是否有精力深度参与。目前，这部分社会力量大多会选择通过慈善捐助的形式参与流浪乞讨人员救助服务，具体表现为向救助管理机构、其他开展流浪乞讨人员救助服务的社会力量等提供资金或物资资助，助力其开展具体的救助服务。

同时，一些具有专业科学技术、资源优势的社会力量则将自身的专长与流浪乞讨人员救助服务相结合，设立专业的救助寻亲项目或寻亲部门，利用专业科学技术、资源优势提高服务质量和服务成效。例如，目前在流浪乞讨人员救助寻亲服务中发挥重要作用的抖音寻人是字节跳动旗下的公益项目，启动于 2016 年 2 月，其核心原理是基于地理位置精准弹窗技术做寻人寻亲资讯分发，用科技手段帮助各类失散家庭寻找走失者或者为走失者寻找亲属。北京缘梦公益基金会下设的缘梦寻人工作站成立于 2015 年，由央视《等着我》栏目组班底打造，携手公安部、民政部、退役军人事务部等部委，帮助离散家庭实现团圆梦。

### （一）多元合作模式含义

多元合作模式主要是指社会力量通过捐赠、资助等形式，或者利用自身的科学技术、资源优势，与政府救助管理机构、其他开展救助服务的社会力量等合作开展流浪乞讨人员救助服务。多元合作模式下的社会力量主要有慈善会、基金会、企业等。首先，这些慈善会、基金会、企业等具备较多的资源，能够资助有需要的救助管理机构、其他开展流浪乞讨人员救助服务的社会力量，甚至直接资助某些流浪乞讨人员个体。其次，具备公开募捐资质的慈善会、基金会等能够与有需要的救助管理机构、其他开展流浪乞讨人员救助服务的社会力量等开展联合募捐活动，帮助这些社会力量获得更多的资源。最后，具有一定的科学技术、资源优势的企业在流浪乞讨人员救助服务中能帮助解决某些困难，拓宽服务路径，促进服务建设。

社会力量捐赠、资助的形式也有所不同，有的是一次性直接捐助，有的是长期捐助合作，有的是开展联合募捐，有的则是直接成立专项进行资助。这些捐助形式上的差别决定着相应的社会力量是否能够长期参与流浪乞讨人员救助服务，也决定着相应的救助服务是否有延续性。

一次性直接捐助多是社会力量临时性或者在某些特殊情境下的参与行为，例如：2022年广东省钟南山医学基金会向广州市番禺区救助管理中心捐赠了一批价值约20万元的消毒液用于救助服务过程中的消杀。

长期捐助合作多是社会力量与救助管理机构、其他开展流浪乞讨人员救助服务的社会力量之间的长期性捐助合作行为，例如：广州某面包店长期定时向一支志愿者队伍捐赠面包，由这支志愿者队伍在每周四的晚上向流浪露宿人员派发。

联合募捐则是具备公开募捐资质的慈善会、基金会等与开展流浪乞讨人员救助服务的社会力量共同设立募捐项目，通过协助募捐的方式参与流浪乞讨人员救助服务，例如：广州市慈善会于 2020 年与广州市鼎和社会工作服务中心联合设立"街友关怀专项基金"，再通过广州市慈善会、腾讯公益、广益联募等平台进行募捐，所筹得善款交由广州市鼎和社会工作服务中心在开展流浪乞讨人员救助服务的过程中向有需要的流浪乞讨人员进行资助。

成立专项进行资助则是社会力量将自身资源打包，与救助管理机构、其他开展流浪乞讨人员救助服务的社会力量等共同筹备成立相关救助服务项目，确定好项目的目标、内容、所配备资源等，再将救助服务项目交由救助管理机构、其他开展流浪乞讨人员救助服务的社会力量执行，类似于政府购买服务。例如：广东省绿瘦慈善基金会于 2020 年至 2022 年资助广州市鼎和社会工作服务中心开展的"'小雏菊行动'——流浪未成年人救助公益项目"，由广东省绿瘦慈善基金会提供资助，广州市鼎和社会工作服务中心负责具体服务开展。

设立专业的救助寻亲项目或寻亲部门是社会力量多元合作模式的集中体现，呈现了全覆盖、规范化、组织化、协同化的显著特点，与政府救助管理机构、其他社会力量协议合作，与寻亲家属直接沟通，快速锁定户籍地、走失地范围，将信息推送到生活在户籍地、走失地的民众手中，通过知情民众获取更详细的信息，能降低工作人员、志愿者的走访压力，同时，也能更快地为流浪乞讨人员联系上亲属和为寻亲家属快速地找到走失人员，并能够因地制宜为寻亲成功后的困难家庭提供资金资助，助力团圆家庭早日摆脱困境。

## （二）多元合作模式特征

### 1. 间接性

相对于直接接触流浪乞讨人员并向其提供服务的救助管理机构、其他社会力量，多元合作模式下的社会力量基本不与流浪乞讨人员直接接触，也较少参与具体的救助服务活动，其主要发挥资源型和枢纽型社会力量的作用。当然，这种间接性也并不是绝对的，在特定情况下，这部分社会力量也会走到一线与救助管理机构、其他社会力量一起为流浪乞讨人员提供服务，例如：在寒潮天气，面对大范围降温，救助管理机构、社会工作机构、志愿团队、企业等会联合走上街头，为流浪乞讨人员提供救助服务。

### 2. 资源性

多元合作模式下的社会力量的资源性体现在其主要通过捐助的形式达到参与目的，而且其必须具备一定的资源才能达成捐助行为。这些资源除了我们常认为的资金、物品之外，还包括开展服务所需的设施设备和智力支撑，如活动场地、科学技术等。

### 3. 易及性

多元合作模式下，政府救助管理机构、其他社会力量、寻亲家属、普通民众等都能够直接通过网络平台或热线参与救助服务，简单易学，便捷高效。同时，这些科技手段能够快速地传递信息，并且能够精准传递到目标人群中，大大提高了效率。

### 4.共益性

科技手段、资源整合为政府救助管理机构、其他社会力量、寻亲家属等赋予更多的能力，使其能够利用更多样的手段去达成救助服务目的，形成人人参与的救助服务格局。

## 三、自主运作模式

在 2003 年《城市生活无着的流浪乞讨人员救助管理办法》实施之后，救助服务发生了根本性的变化——由管理工作转向提供服务、由强制接受救助变为自愿接受救助，使流浪乞讨人员在城市获得了更大的生存空间，流浪露宿点也逐渐增多。因此，出现了一些具有共同理念、共同旨趣的市民自愿组成团队，以团队的形式定期参与流浪救助服务。这些志愿服务团队多是未在相关部门进行注册或者备案的自发性团队，团队内部人员大多具有一定的共性，如同教会人员、同公司员工、同乡，甚至是同在本市工作生活的外籍人员等。随着志愿服务团队的长时间参与，其服务也慢慢从单一的派餐模式转向探访寻亲、就业支持、生活辅导等多元化服务相结合的模式。[①]

而伴随社会力量参与救助服务的不断深入和持续发展，更多的志愿团队开始注重自身内部建设，登记注册为社会组织，建立更为清晰的使命、愿景和价值观，有计划、有组织、有规模地开

---

① 袁娟娟、王连权、马海潮：《广州市志愿服务组织参与流浪救助服务联动机制研究》，《广州社区志愿服务发展报告（2022）》，社会科学文献出版社 2022 年版，第 237 页。

展流浪乞讨人员救助服务，在自主运作的基础上，高度重视与政府救助管理机构、其他社会力量多方联动，重点开展救助寻亲、关怀探访、就业推荐、救助指引等服务。

## （一）自主运作模式含义

自主运作模式主要是指企业、社会组织、个体等社会力量利用自身资源自发自主参与流浪乞讨人员救助服务，其中以餐饮企业、志愿团队、社会组织为主，主要开展免费派餐、生活资助和救助寻亲等服务。社会力量的草根性使其能够深入流浪乞讨人员群体之中，准确把握流浪乞讨人员的救助需求，并且能够快速与他们建立信任关系，有助于社会力量根据实际情况及时采取科学、有效的介入措施。自主运作模式的社会力量大多没有在相关部门注册或者登记，主要由一些素食馆、爱心餐厅、爱心团队等自费筹备物资，自行组织志愿者，所提供的服务也主要是定期到露宿点派发餐食、衣物、基本药品等，偶尔会有一些直接提供给重病或者高龄流浪乞讨人员的资助金。资金来源于社会，人员来源于社会，服务来源于社会，与政府救助管理机构所提供的救助服务对接较少。而且触发这部分社会力量参与流浪乞讨人员救助服务的动机也大多是由于其在日常的工作生活中与流浪乞讨人员的接触或者其自身的宗教信仰。例如 2022 年9 月 15 日《人民日报》和新华社微信公众号发布的《他们吃饭，自愿多掏钱！》①中提到的弘善餐厅，就是一家有佛教背景的素食

---

① 《他们吃饭，自愿多掏钱！》，《人民日报》微信公众号，https://mp.weixin.qq.com/s/9zI7zxN3VhKrAH0jPdaWGA，2022 年 9 月 15 日。

馆，在经营过程中通过爱心人士捐赠、自筹等方式获得支持，每天向有需要的人士提供免费饭菜，这些有需要的人士当中就有不少的流浪乞讨人员。

### （二）自主运作模式特征

#### 1. 草根性

自主运作模式的草根性主要是指其非政府性和平民性。自主运作模式下的社会力量大多来自平民阶层，有生活在社区的居民、学生、公司白领，等等，共同的是他们在日常的工作生活中可能经常接触到流浪乞讨人员，也可能经常面临食物剩余的情况，更有可能是经常参与社区的各项志愿服务，这些日常的接触促使他们主动去发现身边有需要的人员和思考可行的解决办法，而最简单直接的方式就是向周边的流浪乞讨人员提供免费餐食。

#### 2. 自发性

自主运作模式的自发性主要是指最初促使社会力量参与流浪乞讨人员救助服务的动机源于社会力量自身，可能是其遇到了有需要帮助的流浪乞讨人员，或者是其遇到了资源剩余需要转派的情况，又或者是其受到其他社会力量的影响和启发。这些动机促使社会力量从自身开始去统筹资源、组织人员、安排活动，逐渐形成一定的模式、规律和规模。这种由内而发的自发性除了促使社会力量参与流浪乞讨人员救助服务之外，还进一步促使社会力量将服务不停优化以适应流浪乞讨人员、社区和社会力量自身的现实需求。

#### 3. 自主性

自主运作模式的自主性主要是指社会力量能够自主决定是否

参与流浪乞讨人员救助服务、参与哪些具体的服务内容、如何参与、参与时间等。因而，社会力量在参与流浪乞讨人员救助服务时更主动积极，更能站在流浪乞讨人员的角度去衡量其需求，也更能根据现实去筹集身边的资源。当然，这种自主性也决定了社会力量在多数情况下都是自食其力，其主动与政府力量、其他社会力量联动的积极性不高。

# 第二章　群像与需求：流浪乞讨人员的现状

"流浪是一种生活方式，乞讨成为一种生存手段。""回不去的家乡，留不下的他乡。"这些生动的写照，意味着流浪乞讨人员的生存现状呈现出一定的群体类型与群体特征。流浪乞讨人员是社会发展进程中较为特殊的存在，有着复杂的产生成因，也是难以完全消除的。实际工作过程中，对于流浪乞讨人员的救助需求，既要积极回应其个人层面的生理需求、安全需求、爱和归属需求、尊重需求和自我实现需求，还要综合考量救助服务工作的整体层面需求。

## 第一节　城市流浪乞讨人员生存现状[①]

改革开放以来，随着经济的快速腾飞，越来越多的农村剩余劳动力来到城市。这部分劳动力大多数都能在城市找到适合自己的岗位并自食其力；但是小部分人员因种种原因未能找到合适的工作，又不愿意返回家乡，在丧失经济来源的情况下，有的人只能选择流浪乞讨。换句话说，流浪乞讨人员来到某个城市的初衷都是希望通过打工等获得更好的经济收入。当这个初衷无法实现

---

① 本节由袁娟娟撰写。袁娟娟，社会工作师，广州市鼎和社会工作服务中心服务总监。

时，其被迫露宿街头，随着露宿街头时日的增加，其可能变得越来越"职业"，越来越自洽，慢慢丧失就业动力和改变动机。当然，还有一种情况无法忽视，即无意识流浪人员的出现，其本身可能存在精神或者智力方面的障碍，并且大多是走失或者被遗弃在街头。

## 一、群体特征

结合全国各地流浪乞讨人员救助服务的实践经验可以看出，各个城市的流浪乞讨人员群体虽然在某些方面存在一些差异，但是在总体上却具有比较高的共同性群体特征。

### （一）有集中露宿地点，人员相对固定

流浪乞讨人员主要聚集在商圈、车站、桥底、涵洞、骑楼底等人流密集、交通便利又能遮风挡雨的场所。在这些场所，流浪乞讨人员较易获得来自市民的好心帮助，也能得到一个相对安全的"住宿"环境。只是随着流浪乞讨人员在同一位置露宿时长的增加，其收集的杂物越来越多，容易引起属地管理部门的注意。经过整顿后，露宿地点的卫生环境虽然有所改善，但随着流浪乞讨人员的再次长期聚集，使得露宿地点的卫生环境再次变差，再次引起属地管理部门的注意，再次进行整顿。几乎所有露宿地点的情况都是如此，在属地管理部门彻底整顿之前，都是处于这样一种循环往复的过程中。另外，流浪乞讨人员在熟悉一个地方后，出于心理安全的需要，会更愿意在这一个地方逗留、露宿，偶尔往周边场所移动一下，因而，也常发现在同一场所流浪乞讨的人员相对固定。

## （二）自述经济困难，谋生方式多样

经济困难是流浪乞讨人员在面对询问时常说的一个迫使其不得不流浪乞讨的原因，在进一步追问后，他们给出的造成经济困难的原因大多是自身残疾、自身或者家属身患重病、年老无依、来自偏远农村等，多是一些客观层面的因素。在流浪乞讨过程中，如何谋生也是其日常生活的重点，有的人会选择到商圈、寺庙等处乞讨，有的人会选择四处打零工，有的人会选择拾荒，有的人则会选择依靠爱心团队和救助管理机构提供的救助资源，等等。流浪乞讨人员的谋生方式多样，同时，选择不同谋生方式的流浪乞讨人员在年龄、健康状况、流浪年限，甚至户籍地等方面存在一定的关联性。

## （三）人员组成复杂，户籍地相对集中

流浪乞讨人员群体的组成较为复杂，几乎横跨所有年龄层和来自全国各个省市，其中有案底的人员不在少数，还有一部分是存在精神或者智力方面障碍的无意识流浪人员。若以流浪乞讨人员的户籍地来分析，他们可能相对多地来自经济欠发达地区，但并不是说经济发达城市的户籍人员就不会外出流浪乞讨，在实际服务过程中，拥有北京、上海、广州、深圳等超大型城市户籍的流浪乞讨人员也较常出现。

## （四）以中青年为主，存在就业困境

随着公安部门近年来对拐卖妇女儿童犯罪行为的重拳出击，在流浪乞讨人员救助服务过程中，已鲜少见到流浪未成年人，若有也大多是由其监护人带领着在外流浪乞讨。同时，随着政府救助管理机构、专业寻亲服务团队等的深度服务，大多数的流浪长

者被亲属或者户籍地接回安置，剩余的流浪长者中多是长期租房的乞讨人员，其与亲属或者户籍地保持联系，在有需要时会主动回到户籍地求助。就目前而言，长期在街头流浪乞讨的人员以中青年为主，18—59周岁的流浪乞讨人员占到总数的一半左右，并且他们当中的半数具备就业能力。这部分人员大多受教育程度不高，或者存在案底，难以找到合适的工作，因而平时主要以打零工和拾荒谋生，有的则自暴自弃，游手好闲。

### （五）健康状况较差，社会保障不足

患有残疾或者疾病的流浪乞讨人员占总数的一半左右。这部分人员普遍反映其所申请到的最低生活保障金和残疾人生活补助金等的额度过低，难以维持日常生活开销；而未获得最低生活保障金和残疾人生活补助金等的人员则反映个人难以从家庭或者社会获得支持，自身也缺乏改变的能力。总体而言，这部分人员普遍难以获得就业、康复、社会交往等方面的支持，往往选择搭伴在外租房乞讨。

## 二、群体类型

党的二十大报告强调："健全分层分类的社会救助体系。"[1] 社会力量在参与流浪乞讨人员救助服务实践中，经过深入的调研、分析、总结、论证，结合流浪乞讨人员的生存方式、成因、性

---

[1] 习近平：《高举中国特色社会主义伟大旗帜　为全面建设社会主义现代化国家而团结奋斗——在中国共产党第二十次全国代表大会上的报告》，人民出版社2022年版，第48页。

别、年龄等特征进行分层分类，流浪乞讨人员群体主要有六大类型：临时遇困人员、弱势人员、病残人员、因利人员、有行为问题人员、特殊人员，涵盖了流浪未成年人、疑似精神障碍患者、危重病人、高龄长者、女性等重点服务群体。

## （一）临时遇困人员

临时遇困人员是指遇到暂时性的困难，因自身无力解决而陷入困境的人员，包括务工不着、寻亲不遇、财物丢失人员等。可以通过指引其到救助管理机构求助购票返乡、寻亲、推荐就业等方式帮助其返回户籍地、与家人团聚或者就业，同时帮其普及相关法律政策、求职就业知识等，最终使其走出临时困境，回归家庭与社会。

## （二）弱势人员

弱势人员是指生活困难、能力不足或被边缘化的群体，因年龄、疾病等原因，在社会上处于相对弱势状况，难以较好地生活或生存。弱势人员主要有未成年人、高龄长者、女性三大类，其主要需要生存保障、寻亲安置、生活规划等。

## （三）病残人员

在流浪乞讨人员帮扶服务中，病残人员是指患有重大疾病、精神障碍以及肢体残疾的群体。病残人员在流浪群体中占比较大，由于他们在生理上的某些功能、某些组织丧失或是有缺陷，使他们难以正常生活与工作，甚至有些人无法正常交流，缺乏解决自身困境的能力，最后只能被迫流浪、露宿街头，或以乞讨为生。病残人员主要有危重病人、疑似精神障碍患者、残疾人员三大类，其主要需要生存保障、寻亲安置、医疗救助等。

## （四）因利人员

在流浪乞讨人员救助帮扶服务中，因利人员是指为了获得更多的经济利益而通过示弱、示残等方式向市民或者救助管理机构乞求金钱或者物资的人员，其自身并无临时困难，且有自行解决食宿等基本生活问题的能力。因利人员主要有两种类型人员，一类是"职业"乞讨人员，另一类是"跑站"人员，其主要需要政策普及、推荐就业、生活规划等。

## （五）有行为问题人员

行为问题是指那些影响自身发展、家庭生活以及人际关系的非社会预期性行为。在流浪乞讨人员中，偶有偷窃、斗殴、吸毒、自我伤害等不良行为发生。行为问题人员主要分为两大类：有吸毒、斗殴行为人员，以及有组织乞讨人员。其主要需求有政策普及、推荐就业、教育帮扶、行政干预等。

## （六）特殊人员

在流浪乞讨人员救助服务中，特殊人员是指有传染疾病、有自杀自虐行为人员，因其特殊性，需要被重点关注。特别是有自杀、自虐行为人员，需要紧急进行危机介入。社会力量对于特殊人员救助服务有限，常需要联合街道、公安、医院、救助管理站等部门共同帮扶，其主要需要政策普及、医疗救助、心理辅导、服务转介等。

## 三、潜在风险

主动防范化解风险，不仅是对流浪乞讨人员负责，也是对国家、社会大众以及社会力量自身负责。社会力量在了解流浪乞讨人员群体的特征、需求之余，还需要了解流浪乞讨现象可能产生的风险，主动做好防范措施，主动化解风险。

## （一）传染病风险

从流浪乞讨人员的自身利益出发，长期的流浪露宿生活并不利于其身体健康和心理健康，并且容易给其健康带来直接的疾病伤害。最为直接的就是，流浪乞讨人员喜欢"抱团取暖"，共同露宿在某个街角，卫生健康意识较差，加上露宿地阴暗潮湿不通风，雨天污水无处排放，极易滋生鼠蚁蚊虫，造成登革热、结核病等传染性疾病的传播风险大大提高。在现实的流浪乞讨人员救助服务中，流浪乞讨人员患有肺结核的案例并不少见。

## （二）消防安全风险

从城市管理的角度出发，由于部分流浪乞讨人员在桥底、车站、骑楼等处露宿时私接公共电线或者生火煮饭、取暖，极易产生用电、用火等方面的危险，如若不及时进行制止，可能会引起对公共安全造成威胁的消防安全风险。

## （三）社会治安风险

18—59周岁的流浪乞讨人员人数较多，并且其大多由于受教育程度不高、存在案底等难以找到合适的工作，有的甚至自暴自弃、游手好闲。这部分人员长期得不到救助和安置，极易因情绪激动、酗酒、挑衅等产生暴力行为，也容易出现偷、抢等违法犯罪行为，更容易与管理人员产生冲突，存在极大的社会治安风险。

## （四）网络舆情风险

在网络极为发达的今天，街头未得到及时救助的高龄、重病、重残、女性、未成年人等高危个案极易引起市民的关注，同时引发网络舆情。在信息不对称的情况下，网络舆情的发酵更是容易产生偏颇，风险进一步提升。

### (五)"职业"乞讨问题顽固

"职业"乞讨人员大多患有疾病、残疾，再加上其受教育程度较低和社会支持不足，大多难以就业或者是就业所带来的经济收益较低，因而往往走向乞讨，而乞讨给其带来的相对稳定和颇丰的收入更稳固了其进行职业乞讨的行为。大部分"职业"乞讨人员的乞讨时间在十年以上，如要改变其乞讨行为则需要从家庭、收入、社会支持等多个方面同时入手，这往往牵涉到其户籍地的源头治理工作。


## 第二节　城市流浪乞讨人员产生原因[①]

流浪乞讨人员是城市中一个较为特殊的存在，许多学者曾尝试从制度、经济、文化、社会等方面去找寻导致流浪乞讨现象产生的根本原因，最终都发现其原因是综合性的，也是难以完全消除的。在制度上，有可能是救助方式单一、救助标准低等制度上的缺陷，有可能是社会力量参与不足的制度上的缺失，有可能是从救助到管理衔接不够的制度衔接问题；在经济上，有可能是区域经济发展不平衡的问题；在文化上，有可能是某种亚文化的影响；在社会上，有可能是自然灾害等原因。[②] 当然，还有可能是

---

[①] 本节由袁娟娟撰写。袁娟娟，社会工作师，广州市鼎和社会工作服务中心服务总监。

[②] 张怡：《城市流浪乞讨人员现状及原因分析》，《时代报告（学术版）》，2015年第10期。

个人层面的原因，如心理状态、精神状态等方面存在问题。从不同的角度去反思，也能从不同的角度去提出解决办法，就如医学上的专家会诊，各领域专家提出各自的意见和建议，最终汇总成一套效果更好、副作用更小的治疗方案。这种治疗方案有可能是宏观层面的，也有可能是微观层面的，而本书主要是讲社会力量如何参与流浪乞讨人员救助服务，是相对微观或者中观的一个层面。因而，在本书中，对制度、经济、文化、社会等深层次的原因不再探讨，而主要从造成其流浪乞讨的直接原因来了解一个人是如何一步步走向流浪乞讨的，以及他们面临着什么样的困境。

一般而言，造成流浪乞讨的直接原因主要有临时遇困、病残无法自食其力、无意识流浪、家庭支持不足、利益导向和自我放弃六大类。在提出如何帮助这些流浪乞讨人员摆脱流浪乞讨生活这个问题之前，我们需要去了解我们所面临的问题的目标对象是谁，然后去观察他们，了解他们在关注些什么、他们在采取什么行动、他们在怎样与社会连接、他们在表达些什么，等等，然后才能对他们有一个较为立体、全面的认识，才能更理想地在政府主导和社会力量的共同参与下，形成一套相对完美和有效的解决方案。所以，我们不但要了解流浪乞讨人员产生的原因，还要了解他们在做些什么、说些什么、想些什么。

## 一、临时遇困

临时遇困是在实际服务中对因务工不着、寻亲不遇、财物丢失等陷入临时性困境，自身不能解决又不懂得求助而开始流浪乞讨的人员的成因总结。这部分人员通常会滞留在车站以及车站周边，在长时间滞留后往往引起管理人员、巡警、城管、市民等的注意，大多在工作人员的指引下到救助管理机构求助或者直接被资助购票返乡。但也有部分人员未能被及时发现，可能发展成长期流浪露宿人员，以拾荒、打零工等方式谋生。在临时遇困人员中，又以务工不着人员为主，同时，务工不着也是流浪乞讨人员到救助管理机构求助的主因。个人预期工资和实际市场工资存在偏差，对一些工作待遇不满；缺乏职业技能，就业方向偏向劳动密集型产业，在劳动力市场上欠缺竞争力；对求职市场不了解，不知道该去哪里找合适的工作；遭遇求职诈骗等，这些都是务工不着人员常面临的困境。

因临时遇困而陷入流浪乞讨困境的人员，大多来自偏远农村，文化水平较低，对城市认识不多，对求职市场了解更少。来到城市后，容易因无知、胆怯等找不到工作和不懂求助。在帮扶这部分人员的时候，常听到他们说："我要回老家，再也不来这个城市了。""我家里没钱，你能帮我找份工作吗？""我回家也没用，我再去外面试试。""你们来帮我们要不要收钱的？"

## 二、病残无法自食其力

在流浪乞讨人员群体中，有相当一部分人员是因为身患疾病或者残疾而无法通过就业等方式自食其力，同时其家庭也无法给其提供更多的支持，为了能够自立或者不给家里添加负担而选择外出的。当然，他们的初衷大多也是希望在外面能够找到一份能维持其生活的工作，但是往往事与愿违。在这种情况下，其只能通过乞讨、拾荒等方式谋生，在熟悉环境之后，有的则在附近租房居住，再慢慢演变成长期在外租房乞讨。因病残而无法自食其力的流浪乞讨人员通常是以"老乡带老乡"的方式共同在外流浪乞讨，大多在户籍地享有最低生活保障金和残疾人生活补助金等，也有部分因与亲属或者户籍地失联多年而从未申请过社会救助。同时，这部分人员的行动有一定季节性的特征，例如：逢年过节其会回到家乡，某些节气时其会到特定的城市或者区域乞讨、生活。

## 三、无意识流浪

无意识流浪人员主要是指因精神或者智力上存在障碍，无法辨识自身当前的行为，从而走失或者被遗弃在街头的人员。随着城市之间的交通越来越便利，这部分人员也越来越明显。其可能是临时起意从家里偷跑出来，也可能是与家人外出时走丢，还有可能是被亲属遗弃在外，他们大多在车站周边流浪时被发现和救助。还有一种情况是，他们在打工的过程当中病发，没有得到及时的救治，离开工作地之后找不到回去的路而开始无意识流浪。无意识流浪人员很难自己找到亲属或返回家中，需要社会的及时发现和救助，否则他们就会演变成我们偶尔在公路边、桥底、涵洞等地见到的自言自语、形象"犀利"、独来独往的流浪人员。

## 四、家庭支持不足

家庭支持不足可能是因为流浪乞讨人员没有亲属，可能是因为有亲属但失联多年、与亲属关系淡漠或因家庭矛盾离家出走。

所以，这里的家庭支持不足有的是完全没有家庭支持，也有的是家庭支持相对不足。在现实服务中，有的流浪乞讨人员从来没有登记过户籍信息，有的是几十年前就背井离乡且没有办理过二代身份证，这部分流浪乞讨人员大多为中老年人，在寻亲上存在比较大的难度，其也难以获得家庭的支持。另外，有的流浪乞讨人员则是因家庭矛盾而离家出走，与家属失联多年，在此情况下，其往往觉得无法面对家人，不愿意主动寻亲，甚至家人已经将其户籍注销，导致救助寻亲工作面临极大困难。

## 五、利益导向

因经济利益而流浪乞讨的人员，大多是我们通常所说的"职业"乞讨人员和"跑站"人员。顾名思义，"职业"乞讨人员就是以乞讨为职业的人员，其乞讨方式往往比较专业，乞讨道具齐全，并且大多租房居住；"跑站"人员则是轮流到各个救助管理机构求助、要求解决临时食宿问题的人员，全年辗转于各个救助管理机构之间，部分"跑站"人员则是以治病、占用医疗资源为目的。总体而言，"职业"乞讨人员和"跑站"人员都不符合主流社会的价值追求，也是向社会大众宣传救助理念和提升社会大众识别能力的重点关注对象。

"职业"乞讨和"跑站"有可能帮助流浪乞讨人员较轻松地获得较好的经济收益或者解决其日常生活所需，因而在没有行政手段介入的前提下，这部分流浪乞讨人员的改变意愿较低，也更不愿配合救助管理机构和社会力量的弃讨返乡、寻亲安置、就业推荐等介入服务。

## 六、自我放弃

随着全国救助管理机构和社会力量对流浪乞讨人员寻亲服务的大力开展，目前滞留在街面需要寻亲的人员数量比起前几年已大幅减少。但是18—59周岁的就业年龄段的流浪人数占比在逐年攀升，这部分人员大多受过一定程度的教育，特别是其中的"80后""90后"和"00后"，他们若愿意回家则随时可以自行返乡，但是其往往不愿意回家，要么是与家人关系不好，要么是认为返乡之后的生活还没有在外流浪自由自在，要么是认为自己现在太过落魄而无脸回家面对亲人。这部分人员如果继续无法找到合适的工作，就会慢慢演变成长期滞留街面的流浪乞讨人员。随着时间推移，他们会逐渐适应流浪乞讨的生活，与家庭几乎失去联系。这部分人员在外流浪乞讨的生活相对稳定，形成较为固化的行为模式和生活习惯，安于当前的生活状态，缺乏改变动机。

## 第三节　城市流浪乞讨人员救助需求 [①]

对于流浪乞讨人员的救助需求，除了需要考虑流浪乞讨人员个人层面的救助需求，还要考虑救助服务层面的救助需求，如果救助服务层面的问题没有得到解决，往往也难以采取更好的手段去满足流浪乞讨人员个人层面的需求。流浪乞讨人员个人层面的

---

① 本节由袁娟娟撰写。袁娟娟，社会工作师，广州市鼎和社会工作服务中心服务总监。

需求主要是从马斯洛需求层次理论的角度去分析的。流浪乞讨人员救助服务层面的需求则是从宏观和中观上去分析的，参与力量在开展救助服务时要综合考量平台、网络、资源、规范指引等。

## 一、流浪乞讨人员个人层面

马斯洛需求层次理论把需求分成生理需求、安全需求、爱和归属需求、尊重需求和自我实现需求五类，依次由较低层次到较高层次排列。对应到流浪乞讨人员身上，首先，其生存需求需要得到满足，特别是在酷暑、寒冬、台风等极端天气下的生存需求需要被特别关注；其次是安全需求、爱和归属需求，通过寻亲帮助其获得家庭和户籍地政府部门的帮助，从而获得较好的安置和照顾；再次是尊重需求，对于一些有就业能力的人员，可以通过帮助其就业使其自食其力，从而得到更多的尊重；最后是自我实现的需求，流浪乞讨人员通常缺乏有效的途径去获得更多的知识，可以为其提供学习平台帮助其不断提升自我，从而更好地融入社会。

### （一）基本生存需求

流浪乞讨人员面临的最直接的困境就是当前的衣、食、住、行无法自行解决，通常需要来自外界的帮助。因而在为流浪乞讨人员提供救助服务时，需要关注其当下的生存需求是否已得到满足，如没有则需要链接资源为其提供相关物资帮助或者将其转介至政府救助管理机构。另外，在酷暑、寒冬、台风等极端天气时需特别关注其生命安全，提前告知或者指引其到附近的庇护场所暂避，为有需要的人员提供紧急的衣物、食物资助。

## （二）返乡安置需求

流浪乞讨人员在外流浪的时间久了之后，往往与家人较少联系，甚至失去联系。特别一些年龄偏大的流浪乞讨人员，大多外出多年，要么外出前就没有登记过户籍信息或者办理过二代身份证，要么自身健康、记忆出现问题难以记起家庭信息，要么与家人失联多年一时找不到亲属，要么户籍地发生拆迁、搬迁等，这些情况都导致这部分流浪乞讨人员难以独自寻亲，也难以获得家庭和户籍地的支持。

在实际服务案例中，有不少外出流浪超过十年的流浪乞讨人员因多年失联被家属或者户籍地注销了户籍，增加了寻亲难度。因而需要帮助其进行寻亲，帮助其与家属和户籍地建立联系，以便获得家庭和户籍地支持，对符合条件的流浪乞讨人员则帮助其返乡安置，彻底摆脱流浪乞讨困境。

## （三）就业帮扶需求

对于有就业能力、就业意愿的流浪乞讨人员，不管其是返回了户籍地，还是仍然滞留在城市街头，都可以向其转介就业资源或者直接提供就业辅导服务，使其能够自食其力，提升自我效能。通常而言，返回户籍地后的就业帮扶服务可以重点链接其户籍地就业部门、社会力量、亲属的就业资源，尽可能帮助其在户籍地就近就业，以确保其在就业的同时仍与亲属及户籍地政府部门保持密切联系，在有需要的时候能够及时获得家庭支持、社会支持，也能满足其社会交往的需求。而滞留在城市街头的流浪乞讨人员的就业帮扶服务，则可侧重于向其介绍城市的求职渠道、技能资格证学习和考试、职工社保知识、异地补办身份证方法等，必要时可链接资源资助其考取相关职业资格证书。

### （四）社会融入需求

流浪乞讨人员面临的一个比较现实的问题是其既无法融入所在城市的生活，又脱离了其成长的环境，将自己置于一个边缘化的处境中。在这种处境下，流浪乞讨人员很难了解城市的生活变化，更难接触城市的社会资源；同时又无法了解户籍地的生活变化，也无法接触户籍地的社会资源。

在救助服务中，有不少个案经过寻亲安置服务后，回到了户籍地，也获得了稳定的生活资助，完全可以在户籍地正常生活，但是其因无法适应户籍地的生活，而选择再次回到街头流浪乞讨。类似这样的个案，需要提供学习的平台让其了解户籍地的各种社会资源，包括户籍地的社工站、村（居）民服务中心等，帮助其熟悉社区和参与社区活动，从而逐渐融入社区。而对于一些长期滞留在城市街头的流浪乞讨人员，同样需要为其提供学习的平台，让其了解所在的城市和周边的社区资源，了解各项救助政策和就业政策，了解当下的就业环境等，同时也让其与社会保持沟通，活跃其思维，提升其改变动机。

## 二、流浪乞讨人员救助服务层面

流浪乞讨人员救助需求的层次跨度比较大，需要的服务类型也比较多，通常难以由单一的救助管理机构或者社会力量完成救助任务，而是需要多家参与力量协同开展。这就产生了新的需求，也就是救助服务层面的需求——如何调动各方力量参与，各方参与力量如何开展服务、如何协同、如何获得支持等。

## （一）平台需求

为了号召更多的政府力量和社会力量参与流浪乞讨人员的救助服务，也为了保证各方力量的有效参与，搭建服务平台是一个行之有效的办法，也是一个势在必行的需要。首先，搭建平台能够更好地统筹服务，设置数据中心、服务中心、资源中心、寻亲服务、危机介入、就业帮扶、返乡安置、源头治理、志愿服务、救助宣传等专业服务板块，将流浪乞讨人员所在地和户籍地的服务联动起来，也将所在地的服务规范化；其次，搭建平台能够更好地帮助各方力量找准自身定位，政府救助管理机构、属地和户籍地管理部门、社会工作机构、专业寻亲团队、爱心团队等能够直观了解当前流浪乞讨人员救助服务内容，能够根据自身所长参与其中，更能根据现实个案需求选择需要联动的其他参与力量；最后，搭建平台能够更好地发现服务缺陷和服务缺失，在服务过程中去反思和补充当前救助服务内容的不足，有针对性地号召其他专业力量补充进来。

## （二）网络需求

流浪乞讨人员虽然在总体上有相对集中的一些露宿点，但是其出现还是比较零散和偶然的，或者说城市的各个角落都有可能会出现流浪乞讨人员。这就对流浪乞讨人员的及时发现和救助提出了比较大的挑战，仅依靠救助管理机构和政府购买服务项目的工作人员很难做到及时救助，更难快速地发现他们。因此，搭建一个"纵向到底、横向到边"的救助网络能够更有效地帮助解决这个问题，将属地管理部门、网格员、环卫工作人员、出租车司机、居民等也拉到救助网络中，由这些每天生活在社区的民众去发现流浪乞讨人员，然后通过救助网络报告给救助管理机构、各社会力量等，调动附近的救助力量快速前去评估其需求、快速进行救助或者转介。

### （三）服务规范和指引需求

随着参与力量的增加，各参与力量的愿景、使命、价值观等也有所差别，其对流浪乞讨人员、救助政策等的了解程度也不一，因而在开展具体服务时的做法也会有所不同。为了保障服务质量和提高服务水平，在流浪乞讨人员救助服务层面上还需要建立一系列的服务规范，并提供相关培训督导，帮助各参与力量进行整改和完善自身服务，提高整体服务水平。例如，可以制定社会力量能力建设指引、资源管理指引、源头地社会力量联动机制服务指引、救助管理社会工作服务项目指引、街面巡查劝导服务流程和工作方法指引等。通过具体规范和指引去规范各个参与单位的行为和服务，从而保障流浪乞讨人员救助服务的顺畅开展。

### （四）服务支持需求

服务支持需求主要是社会力量在参与流浪乞讨人员救助服务时所需的督导培训支持、资源支持。督导培训支持主要针对社会力量的机构组织、一线工作人员、志愿者等。社会力量类型较多，每个力量的愿景、能力、经验等都不一样，也容易因此产生各种分歧。因此需在机构组织的层面策划开展相关的能力建设培训，使各社会力量明确自身和对方参与救助服务的初衷、目标和要求，便于进一步联合开展服务。例如，开展组织愿景与使命、组织文化建设等方面的培训。同时，需要根据一线工作人员和志愿者的能力提供以下三大类别的督导培训：

一是对当前救助状况认识。例如：流浪乞讨人员特征和需求，当前救助服务开展情况，国内外救助服务现状与对比等。

二是介入的方法与技巧。例如：社会工作介入流浪乞讨人员的方法和技巧，面谈技巧及不同类型流浪乞讨人员的介入策略、介入伦理与自我保护，各个部门和组织之间如何相互配合及转介，救助相关政策知识和理论知识，文书及档案管理，案例及故事撰写技巧等。

三是一线工作人员、志愿者的潜能发挥。例如：法律知识、医护知识、培训技能在一线救助服务中的运用，方言在建立关系和寻亲返乡工作中的应用等。

而资源则是社会力量是否能够持续参与流浪乞讨人员救助服务的保证，如何获取和共享资源是社会力量应重点关注的问题。在现实服务过程中，帮助社会力量获取和共享资源将促使流浪乞讨人员层面的需求更容易得到满足。例如：流浪乞讨人员返回户籍地后，将其转介至户籍地的社工站，并帮助社工站获得当地商会的支持，由户籍地社工站和商会共同帮助该流浪乞讨人员在当地就业或者获得培训，这一方面将流浪乞讨人员救助服务进行了延伸，另一方面也将流浪乞讨人员稳固在户籍地，有效防止"反复救，救反复"的问题发生。

# 第三章　角色与功能：社会力量参与的定位

社会工作服务机构、科技企业、慈善组织和志愿团队，是社会力量参与流浪乞讨人员救助服务的主体。社会力量参与流浪乞讨人员救助服务，在政府救助体系中越来越发挥出补充、丰富、完善和创新功能。社会力量参与救助服务，能有效完善救助服务网络、提升救助服务质量、形成预防机制、巩固服务成效和弘扬社会主义核心价值观。社会力量参与流浪乞讨人员救助服务需要遵循一定的价值原则，以人为本，助人自助，价值中立，案主自决，切实保障流浪乞讨人员的合法权益。

## 第一节　社会力量参与救助服务的主要类型[①]

近年来，党中央、国务院高度重视流浪乞讨人员救助工作，形成了政府主导、民政牵头、部门负责、社会参与的良好局面。

当前的流浪乞讨人员救助服务中，参与力量众多，但处主导地位的仍是政府救助力量，其次是参与程度不一的社会力量。2003 年颁布施行的《城市生活无着的流浪乞讨人员救助管理办法》及《城市生活无着的流浪乞讨人员救助管理办法实施细则》

---

① 本节由袁娟娟撰写。袁娟娟，社会工作师，广州市鼎和社会工作服务中心服务总监。

明确要求各地县级以上城市人民政府应当根据需要设立流浪乞讨人员救助站，应当采取积极措施及时救助流浪乞讨人员。这奠定了当前流浪乞讨人员救助服务的基础，也使得各级政府救助管理机构成为流浪乞讨人员救助服务中的主导力量。之后随着救助服务体系的完善、社会力量参与程度的提高和专业技能的应用，不同类型的社会力量分工合作，承担不同的功能，扮演不同的角色。

## 一、社会力量参与救助服务的专业力量：社工机构

社工机构主要是通过政府购买服务的方式参与流浪乞讨人员救助服务，利用社会工作专业的三大手法进行介入。比起流浪乞讨人员当前的生存需求，社会工作更关注其长远的发展需求，与直接提供衣、食、住、行方面救助的政府力量相结合，既能帮助流浪乞讨人员解决当前的生存困难，也能关注其长远发展，从根本上解决"救反复，反复救"的问题。在实践过程中，社会工作介入流浪乞讨人员救助服务主要有外展服务、寻亲服务、流动学堂、源头治理、资源整合、就业帮扶、心理关爱七大类，覆盖流浪乞讨人员的发现、建立关系、介入、结案、跟踪回访等整个服务过程。

从个案工作的角度来说，寻亲服务、就业帮扶、心理关爱均属于个案工作手法。寻亲服务主要针对疑似精神病、高龄、未成年等因各种原因与家人失去联系，在外生活没有保障，自身没有能力解决困难的流浪乞讨人员，社会工作者通过寻找家人，获得家人的支持，从而帮助他们回归家庭。就业帮扶通过帮助流浪乞讨人员找准自我定位，学会利用各类正规平台求职，学习新的

职业技能和处理好同事之间的关系，以提升其就业信心和就业期望，最终达到长期稳定就业并摆脱流浪乞讨困境的目的。心理关爱是指了解流浪乞讨人员的过往经历，找到他们内心的症结所在，提供情感抚慰、心理支持，帮助他们寻找情绪的平衡点，学会正确看待客观事件，调节自我情绪，以正常心态应付各种复杂情境，促进他们以更健康的状态应对社会生活。

从小组工作的角度来说，流动学堂属于小组工作手法之一。流动学堂通过课堂教学、讲座分享、参观交流等形式向流浪乞讨人员提供政策法规、健康卫生、社会通识、社会保障、求职就业等内容的教育服务，帮助其提升能力，学会获取社会支持并融入社会。区别于一般意义的学校课堂，流动学堂的形式、地点、内容更具有灵活性，能够及时根据流浪乞讨人员特征和需求的变化进行调整，课堂地点可以是室内也可以是街角，只要方便流浪乞讨人员集合且不造成影响即可。社会工作者在服务过程中可针对某一类或某几个具有共同需求的流浪乞讨人员设计有针对性的课堂内容，丰富课堂形式，以达到提高流浪乞讨人员的积极性和参与度，从而达到提高流浪乞讨人员救助服务成效的目标。流浪乞讨人员的文化水平普遍不高、社会化程度较低、认知水平较低，导致他们来到陌生城市的生活比较艰难，跟不上社会的脚步，社会工作者开设多种多样的教育课堂，促其能更好地适应社会。

从社区工作的角度来说，外展服务、源头治理、资源整合均属于社区工作手法。外展服务指社会工作者主动走出去，深入流浪乞讨人员聚集的区域，主动接触并与他们建立关系，调研了解他们的困境与需求，从而提供适当的服务，提升他们的能力并协助其摆脱流浪乞讨的困境。源头治理则积极发挥社会力量参与救助服务的专业和柔性作用，搭建家庭和社会支持系统，积极开展寻亲返乡、跟踪回访、资源整合等服务工作，形成跨省市多元参与的服务网络，促使流浪乞讨人员早日回归家庭、回归学校、回归社会。通过整合公益资源使得公益资源发挥更大效能，为流浪乞讨人员提供更多、更全面的救助帮扶服务。

## 二、社会力量参与救助服务的科技力量：科技企业

2023 年第十一个全国救助管理机构"开放日"活动的主题是"科技赋能筑大爱，温情救助守初心"。这体现了科学技术已经成为流浪乞讨人员救助服务的新支撑、新力量，并且已经助力流浪乞讨人员救助服务取得显著的成效。科技企业，特别是网络科技企业，大多通过多元合作的形式参与流浪乞讨人员救助服务，主要是利用自身的科学技术为流浪乞讨人员救助服务打造服务平台、提供服务便利和提高服务效率。科技企业的参与，直接体现了科学技术在服务实践中的应用，也体现了企业社会责任的承担和履行，更用"科技＋善意"的形式号召了更多的社会大众参与寻人寻亲服务，弘扬社会互助和志愿服务精神，促进社会成员团结友爱。

比较突出的科技力量是字节跳动的"抖音寻人"公益项目，其核心原理是基于地理位置精准弹窗技术做寻人寻亲资讯分发，用科技手段帮助各类失散家庭寻找走失者或者帮助走失者寻找亲属。还有民政部开发的全国救助寻亲网、广东省政府打造的移动政务服务平台"粤省事"小程序等，都有科技企业参与的身影，

为寻人寻亲服务提供了诸多便利。

## 三、社会力量参与救助服务的慈善力量：慈善组织

参与流浪乞讨人员救助服务的慈善力量主要是指慈善会、基金会和行业协会等非营利、非政府组织，这些组织主要发挥资源整合、服务支持等枢纽型组织的功能。资源整合不仅仅是针对人力、物力、财力资源，更是整合各地的服务资源，以便于服务对象在就业或者返回户籍地后能被转介到合适的服务组织，以确保长期的服务成效。服务开发、服务梳理、服务规范化、培训指导、理论提升等都是慈善组织在流浪乞讨人员救助服务过程中所能提供的服务。

在实践过程中，慈善组织利用自身作为枢纽型组织的优势，整合相关的人力、物力、财力资源；协助其他参与流浪乞讨人员救助服务的社会力量进行公开募捐，拓展资金来源；协助救助管理机构、其他参与流浪乞讨人员救助服务的社会力量等进行相关课题研究，提供专业培训；协调有捐赠意愿的社会力量向有需要的救助管理机构、其他社会力量、流浪乞讨人员个案等进行捐赠，提高服务质量；汇总各救助管理机构和其他社会力量的服务信息，搭建沟通平台；联合各救助管理机构和其他社会力量进行服务提炼，制定服务规范等。

## 四、社会力量参与救助服务的民间力量：志愿团队

志愿者是参与流浪乞讨人员救助服务的最小单元，也是最能与流浪乞讨人员沟通、共情和成功劝导的服务力量，更是直接

铺设在基层的服务网格员。志愿者来自各行各业,有较易发现流浪乞讨人员的司机、环卫工、社区居民等,有定期参与志愿团队服务的学生、宗教信徒、退休职工等,有企业临时组织开展志愿服务的员工等。这些志愿者和志愿团队基本都直接面向流浪乞讨人员开展关怀服务,提供临时的食物、衣物等支持,开展寻亲服务和就业推荐,也会资助一部分流浪乞讨人员返乡、就医或者入学等。

同时,由于志愿者和志愿团队经常不求回报地直接提供食物、衣物、资助等支持,流浪乞讨人员对他们的认同度也较高;同样地,流浪乞讨人员在面对他们所提供的寻亲返乡、推荐就业等方面服务的配合度也较高。志愿者和志愿团队的深度参与大大提高了流浪乞讨人员救助服务的服务质量和服务能力,特别是在社会倡导方面,志愿者通过影响身边人让更多的市民了解救助服务、了解如何有效救助、了解如何在日常工作生活中识别出真正有需要的流浪乞讨人员、了解如何向相关的服务机构求助。

在实践过程中,自发组织和参与流浪乞讨人员救助服务的志愿团队、志愿者普遍与政府救助管理部门接触较少,特别是一些具有宗教背景的志愿团队,往往是在服务过程中与其他社会力量接触或者收到政府救助管理部门合作邀请后,才深入了解政府救助服务政策。因而,各参与流浪乞讨人员救助服务的社会力量,包括社工机构、科技企业、慈善组织和志愿团队等,可考虑形成便于相互合作的协同机制,与政府救助管理部门形成联动机制。

## 第二节　社会力量参与救助服务的现实意义 [1]

　　2012 年颁布施行的《民政部关于促进社会力量参与流浪乞讨人员救助服务的指导意见》中指出，促进社会力量参与流浪乞讨人员救助服务，有利于及时发现流浪乞讨人员；有利于为流浪乞讨人员提供个性化、多元化、专业化的帮扶服务；有利于弘扬社会互助和志愿服务精神；有利于拓宽救助服务途径和方式。[2] 这四个"有利于"说明了社会力量能够深入参与流浪乞讨人员发现、救助、管理的整个服务流程，并在服务网络、服务质量、服务机制、服务成效等方面得到进一步完善和提高，在具体救助服务开展和弘扬社会主义核心价值观上有着重要意义。

　　从社会治理的宏观角度来看，社会力量参与流浪乞讨人员救助创新了国家救助服务的治理方式，是推进国家治理体系和治理能力现代化的客观要求。从救助管理服务的发展来看，社会力量参与流浪乞讨人员救助服务的现象的出现，其自身特有的资源整合优势、多元化救助优势、专业化救助优势起到了很好的补充作用，是我国救助事业发展的必然趋势。

　　社会力量是一股具有活力和丰富潜力的参与力量，积极引导

---

① 本节由袁娟娟撰写。袁娟娟，社会工作师，广州市鼎和社会工作服务中心服务总监。

② 中华人民共和国民政部网：《民政部关于促进社会力量参与流浪乞讨人员救助服务的指导意见》，https://xxgk.mca.gov.cn:8445/gdnps/pc/content.jsp?mtype=1&id=14635，2012 年 12 月 29 日。

社会力量参与流浪乞讨人员救助服务并激发其潜能，能够更好地调动社会资源、完善救助服务网络、提升救助服务质量，并且建立有效的预防机制和巩固机制，形成政府主导、民政牵头、部门负责、社会参与的良好局面。

## 一、有效完善救助服务网络

《社会救助暂行办法》第三条强调，国务院民政、卫生计生、教育、住房城乡建设、人力资源社会保障等部门，按照各自职责负责相应的社会救助管理工作。县级以上地方人民政府民政、卫生计生、教育、住房城乡建设、人力资源社会保障等部门，按照各自职责负责本行政区域内相应的社会救助管理工作。明确说明社会救助工作是由多部门、多机关统筹负责相应的社会救助管理工作，涉及救助对象在住房保障、社会福利待遇、教育权利、卫生计生等救助工作。同时，《城市生活无着的流浪乞讨人员救助管理办法实施细则》第一条对流浪乞讨人员有明确的界定："因自身无力解决食宿，无亲友投靠，又不享受城市最低生活保障或者农村五保供养，正在城市流浪乞讨度日的人员。"在社会救助中，政府救助部门还需要界定流浪乞讨人员救助条件，核实救助对象的真实身份以及情况，相应部门协助完成对救助对象的审查。但在实际工作中，对这四个条件的判断并非易事，核实救助对象的真实身份往往需要较多的人力和物力，并且审查过程非常烦琐，且完成审查之后还需要相应部门向救助对象提供相应服务。然而各部门并没有发挥相应的作用，《社会救助暂行办法》对这些部门具体应该行使何种职能、履行什么样的职责都没有细致规定，这给实际工作带来了许多不便，导致各部门之间互相推诿。政府救助管理部门虽然在社会救助中占主导位置，但社会救助是一个多部门协同合作的综合工作。政府救助管理部门与属地管理部门之间常常会因为信息闭塞、交流不畅、交接不顺、责任推卸等原因导致对救助管理工作产生阻力，严重影响流浪乞讨人员的权益保障。

在新的救助管理体制下，政府及其相关部门应该是救助的主体，但这并不意味着政府是唯一的救助主体。一个完全包办社会保障的政府只是简单的对公众偏激的保障权利需求的迎合，在这种情况下使更多的人变成寄生于保障制度之下的懒汉，也使其他的社会组织推卸了应该担负的公共社会责任。[①] 所以，社会力量参与流浪乞讨人员救助服务具有重要意义。

从行政管理层面讲，针对流浪乞讨人员的救助服务大多由政府救助管理部门和属地管理部门开展，形成了救助服务自上而下的主脉络，也是当前流浪乞讨人员救助服务的主力。随着社会力量的广泛参与，逐渐形成了草根式的自下而上的救助服务网络，分散到基层的各个角落和服务细节中，能够快速发现和接触到流浪乞讨人员并及时提供救助。这种自上而下的政府救助管理服务与自下而上的社会力量救助服务相结合的服务网络有利于及时发现流浪乞讨人员，并将服务延伸到源头地，拓宽服务网络。

如今，救助机构的救助方式与职能拓展也面临着"内卷"的困境。救助机构的功能主要包括临时住宿、急病救治、协助返

---

① 尹海滨：《我国城市流浪乞讨人员行政救助研究》，黑龙江大学，2014。

回，由于大部分的流浪人员留站的时间较短，还没有及时去了解他们流浪乞讨深层次的原因、找到解决办法，受助人员就需要离站返乡了。许多老年人为了谋求生计可能会再次走上了外出流浪和乞讨的道路，这种重复救助所带来的社会效果较弱，还浪费了大量社会救助资源。因此，想要有效地解决"内卷"这个问题，必须首先要能够依托后续其他制度作为支撑，才能够让受助者真正地摆脱生活中的困境。[①]

社会力量具有群体数量大、接触面广的特点，志愿团队对于流浪乞讨人员也有较多的实践经验，他们主要在街面直接接触流浪乞讨人员并提供服务，在直接服务中总结介入手法，开发更多的服务内容，为社会救助带来更多可能，形成具有可操作性和可借鉴性的服务模式，也因此产生更多与政府部门、社会力量之间的联动模式，自下而上地搭建了具体化、专业化、全面化的服务网络。

## 二、有效提升救助服务质量

社会力量自身具备各种资源，不管是人力、物力、资金等物质上的，还是知识、方法、技巧等非物质上的，同时社会力量还具有动员、整合包括公益慈善资源、志愿资源、非营利组织资源等社会救助资源的功能。这些资源都能够很好地保障流浪乞讨人员救助服务顺利开展，并且开发出更多能满足救助对象需求的服务。

社会力量参与救助服务，利用其非政府机构的角色优势、专业理念、资源等深入流浪乞讨人员内部，了解流浪乞讨人员实际

---

① 何燕妮：《流浪乞讨人员救助管理制度的理论与实践研究》，长江大学，2021。

需求，提升救助服务质量。通过社会力量自身的资源去调动流浪乞讨人员救助服务提供者的积极性，在服务内容、服务策略、服务手法等方面进行革新，开展专业、有效的救助服务，这种有效救助能快速提升流浪乞讨人员对接受救助的成效的期望，从而提升流浪乞讨人员的配合度，这种配合度也将反馈到救助服务提供者的积极性中，形成服务循环，不断促进服务质量提升。

社会力量的参与一方面补充了当前政府救助的不足，另一方面也调动了政府救助的积极性。社会力量的参与可以将社会力量的资源和政府救助管理部门的资源进行融合、互补，提高资源利用率，形成政社联动模式，调动政府救助管理部门的积极性。

### 三、有效形成预防机制

流浪乞讨人员救助服务的预防机制主要体现在两个方面：一是在流出地进行宣传倡导，指导人们在遇到困难时积极主动向救助部门求助，尽快回归正常社会生活，并将有可能走失的人员登记到"易走失人员名册"中，加强跟进，避免无意识流浪人员的产生；二是在流入地的车站、劳务市场设立服务点，对因务工不着、寻亲不遇、被盗被骗等临时遇困的人员进行快速救助，避免其长期陷入流浪乞讨的困境中。

在实际救助服务过程中，不难发现，对连续流浪乞讨超过三个月的人员，在进行介入时，其改变意愿通常较低，具体表现为不想返乡、不想与家人联系、不想就业或者对就业要求高。因为其已融入流浪乞讨人员群体中，有同伴，掌握各地派餐信息，会利用救助资源，甚至掌握乞讨等挣钱方式，再回到按时上下班、按时完成任务的工作节奏中往往会感到压力太大，而回到家庭又会感觉被嫌弃，增加了救助难度。

## 四、有效巩固服务成效

长期流浪乞讨的人员在返乡安置或者就业之后，往往存在一段较长的适应期。其原本的社会关系被切断，新的社会关系尚未形成，带着对未来生活的期待和未知，又面临着各种新要求，容易使其产生逃避心理，甚至再次回到原本的流浪乞讨生活环境中。社会力量的参与能够将流浪乞讨人员救助服务延伸到流浪乞讨人员返乡或者就业之后，保障其在返乡或者就业之后的一段时间内仍然能够及时获得救助支持，避免再次外出流浪乞讨。

有许多个案是在返乡安置或者就业后又返回继续流浪乞讨，其中甚至有不少是返乡申请五保救助并成功入住当地老人院生活或被纳入当地居家养老服务对象的人员，其返回继续流浪乞讨时表示在老家生活无聊，计划等年纪更大的时候再回去。如果能够调动流出地的社会力量参与，进行服务转介和定期回访，帮助其适应当地的生活，将有效巩固服务成效。

## 五、弘扬社会主义核心价值观

对于流浪乞讨人员的救助服务，事关困难群众基本的生活需要和衣食冷暖，关系到群众的民生福祉，对于促进社会的公平正义、提高综合治理能力具有重要作用。

党的十八大提出，倡导富强、民主、文明、和谐，倡导自由、平等、公正、法治，倡导爱国、敬业、诚信、友善，积极培育和践行社会主义核心价值观。[①] 和谐集中体现了学有所教、劳有所得、病有所医、老有所养、住有所居的生动局面，友善强调公民之间应互相尊重、互相关心、互相帮助。

社会力量参与流浪乞讨人员救助服务，一方面在积极鼓励大家互相关心、互相帮助，形成友善的社会氛围；另一方面也在帮助流浪乞讨人员能够学有所教、病有所医、老有所养，创建和谐社会。

## 第三节　社会力量参与救助服务的价值原则[②]

总体而言，流浪乞讨人员救助服务就是一个助人的行为，社会力量在进行这一助人行为的过程中，其所秉持的价值观、伦理原则等都影响着自身所采取的策略、所开展的服务、所采用的服务方式以及对流浪乞讨人员的权益保护等。

### 一、社会力量参与流浪乞讨人员救助服务的价值观

社会力量参与流浪乞讨人员救助服务，需要秉持以人为本、助人自助、价值中立、案主自决的价值观，才能更好地保障流浪乞讨人员的人身权利；应尊重其个人选择，不批判，并且帮助其提升个人能力。

---

① 胡锦涛：《坚定不移沿着中国特色社会主义道路前进　为全面建成小康社会而奋斗——胡锦涛在中国共产党第十八次全国代表大会上的报告》，https://www.12371.cn/2012/11/18/ARTI1353183626051659_all.shtml，2012 年 11 月 18 日。
② 本节由袁娟娟撰写。袁娟娟，社会工作师，广州市鼎和社会工作服务中心服务总监。

## （一）以人为本

以人为本指以人民为根本的价值观念，以满足人民的物质及文化需求、促进人民全面发展、实现人民权益为主要依归。社会力量在服务过程中，应该本着人性化、为流浪乞讨人员着想和谦和的态度，真诚地对待流浪乞讨人员的问题和需求，及时给予回应，并通过专业服务来解决问题和满足需求。同时，社会力量应当积极推进相关社会福利政策的制定和实施。

## （二）助人自助

助人自助指通过帮助有困难、有需要的人，使其在克服眼前的困难的同时，增强面对和解决问题的能力。由于流浪乞讨人员大多来自比较贫穷的地区，文化程度较低，缺乏相关职业技能，对城市生活及就业、社会救助政策了解不足，社会力量在为他们提供帮助时，需特别注意挖掘及培养其解决困难的能力。

## （三）价值中立

流浪乞讨人员生活及成长的环境、当前面对的困境、过往经历等都是其形成当前价值观的重要影响因素，在面对流浪乞讨人员的价值取向与社会力量的价值取向不一致时，需要社会力量在提供服务的过程中保持价值中立，不去褒扬、批判或者指责流浪乞讨人员。

## （四）案主自决

自决权是个人尊严的体现，即便社会力量是出于好意，也不主张代替流浪乞讨人员作决定，否则将不利于流浪乞讨人员的自尊和潜能发掘。社会力量需坚守个人自由和自主自治的价值，但当流浪乞讨人员使用自决权有可能危害自身、他人或社会利益时，社会力量必须要重新评估"自决"对流浪乞讨人员个人、他人和社会的影响，适当采取"有限自决"的措施。

## 二、社会力量参与流浪乞讨人员救助服务的伦理原则

伦理原则是将价值观转化为实际行动时，在操作层面上对人的行为的一种实际指导和判断准则。在社会力量参与流浪乞讨人员救助服务中，需要遵循接纳、同理心、尊重、包容、个别化、知情同意、保密等伦理原则。

### （一）接纳

社会力量在服务过程中，应该尊重流浪乞讨人员的价值偏好、习惯、信仰等态度，不应对流浪乞讨人员的生理、心理、种族、民族、性别、年龄、职业、社会地位、信仰等产生歧视。

### （二）同理心

社会力量在服务过程中，应该站在流浪乞讨人员的角度看待问题，设身处地地了解其现实困难，认真倾听其诉求，真诚对待其所提出的问题和需求，并且及时给予回应。

### （三）尊重与包容

社会力量在服务过程中，不应将自己的价值观强加于流浪乞讨人员，更不应批判指责流浪乞讨人员的言行和价值观，应当尊重包容流浪乞讨人员的言行、价值理念、决定等。

### （四）个别化

社会力量在服务过程中，应该尊重流浪乞讨人员的个体差异，要充分考虑到流浪乞讨人员的生理、心理、种族、民族、性别、年龄、职业、社会地位、信仰等实际情况，提供不同的服务

内容和使用不同的服务方法以回应其独特需求。

### （五）知情同意

社会力量在服务过程中，应该与流浪乞讨人员保持良好沟通，并且有义务向其提供必要的信息，让流浪乞讨人员在充分知情的前提下选择服务的内容和方式，并在事关流浪乞讨人员利益的决策中由其自决。

### （六）保密

社会力量在服务过程中，应当保护流浪乞讨人员的隐私，未经其同意或允许，不得向第三方透露涉及其个人的身份资料和其他可能危害其权益的隐私信息。在特别情况下必须透露有关信息时，社会力量应向机构或有关部门报告，并告知流浪乞讨人员有限度公开隐私信息的必要性并采取相关保护措施。

### （七）伦理困境及抉择

伦理困境是指社会力量在实践中遇到的一种在道德上难以取舍的模糊和难以找到满意方案的境地，常见的伦理困境包括保密问题、服务对象自决、人情与法规的矛盾、价值介入与客观性的矛盾、个人利益与社会责任、有限的资源分配等。

当遇到伦理困境及需要抉择时，可按以下步骤决定优先次序：① 保护生命；② 平等与差别平等；③ 自主和自由；④ 最少伤害；⑤ 生活质量；⑥ 隐私和保密；⑦ 真诚和毫无保留地公开信息。

## 三、社会力量对流浪乞讨人员权益保护

在社会力量参与流浪乞讨人员救助服务中，应该注意保护流浪乞讨人员的知情权、参与权、尊重权、隐私权、安全权、

投诉权。

## （一）知情权

流浪乞讨人员有权了解社会力量的服务资质、发展历史、服务项目等基本情况；对社会力量的法人代表、社会力量与职能部门的关系、社会力量组织架构等拥有知情权。

社会力量为流浪乞讨人员提供如何申请接受和退出服务的相关资料，确保流浪乞讨人员清楚服务程序。社会力量处理申请的程序应包括以下事项：

第一，流浪乞讨人员、职员及其他关注人士可阅览流浪乞讨人员申请接受服务和退出服务的政策和程序。

第二，社会力量明确申请受理的期限，在规定的期限内给予流浪乞讨人员接受或者拒绝的答复。如果社会力量拒绝服务申请，需向该申请人交代拒绝原因，并尽量将申请人转介到其他适当的服务机构。社会力量对申请者开展一视同仁的评估，以确定是否接受申请，为服务申请者提供服务。

第三，流浪乞讨人员在接受服务时，社会力量应与其签订书面的服务协议。对于限制民事行为能力或无民事行为能力的流浪乞讨人员，由其法定监护人与社会力量签订书面的服务协议。服务协议应明确流浪乞讨人员和社会力量双方的权利与义务、联系方式等信息，并就服务次数、服务方式、服务后果或服务成果等方面进行协商。另外，所提供的服务可能对流浪乞讨人员带来的风险，社会力量也要给予交代。

## （二）参与权

社会力量提供有关评估、服务内容、服务程序等的资料给其他社会力量、流浪乞讨人员及其他关注人士阅览，提供表达意见和建议的渠道。社会力量应在制定、实施、评估等各个服务阶段充分考虑这些意见和建议，鼓励并让流浪乞讨人员有机会讨论提供服务方面的问题、坦诚提出他们关注的事情。

社会力量在服务开展初期，应重视流浪乞讨人员的参与，根据服务形式，增强流浪乞讨人员的参与程度。如个案服务初期可与流浪乞讨人员一起讨论其面临的问题，并共同确定介入目标、时间、面谈地点、频率等；在小组服务初期，可与流浪乞讨人员一起制订小组契约，并在小组过程中注意培养小组动力；小组中期及后期，社工应给予流浪乞讨人员更多的自主空间，提升流浪乞讨人员的参与度。

### （三）尊重权

流浪乞讨人员不论性别、年龄、经济状况、身体和智力状况，在接受服务时、在服务机会的获得上，社会力量应保证一律平等对待。在向特殊人群提供服务时，社会力量应尽量考虑到并能够提供满足其特殊需要的场地、活动安排等。

（1）社会力量在与流浪乞讨人员见面时应调整好个人情绪，以正面、友善的态度与流浪乞讨人员接触。

（2）社会力量对流浪乞讨人员的称呼应征得流浪乞讨人员的同意。

（3）社会力量在与流浪乞讨人员面谈时，所使用的语言不得具有侮辱性或贬低性，不批判、不贴标签。

（4）社会力量应根据流浪乞讨人员的需求及特点设定服务时间。

（5）社会力量应尊重流浪乞讨人员的意愿及建议。

（6）社会力量应真诚地与流浪乞讨人员沟通，及时给予流浪乞讨人员合适的赞赏，眼神要与对方有所交流，并在倾听过程中适时给予回应。

（7）社会力量应多留意流浪乞讨人员的优势，把流浪乞讨人员视为一个有能力的人。

（8）社会力量不得损害流浪乞讨人员的利益。

### （四）隐私权

在不违反法律法规的情况下，社会力量对流浪乞讨人员的个人信息要进行严格保密，以确保流浪乞讨人员的隐私权得到保护。当出现流浪乞讨人员信息因社会力量管理或工作失误泄露时，社会力量应按以下应急方案处理：

（1）当社会力量发现有关流浪乞讨人员应予保密的信息遭到泄露时，应第一时间对泄露途径进行控制，以避免再次传播。如：与相关传媒（网络、电视、报纸等）、相关人士协商要求其保密。

（2）在社会力量控制流浪乞讨人员信息再次传播的同时，应当将事件及时告知相关组织负责人和当事流浪乞讨人员并征询其意见。

（3）社会力量应积极与流浪乞讨人员就所发生的事件进行协商，以争求流浪乞讨人员的谅解，并对当事流浪乞讨人员进行补偿。补偿方式由社会力量与当事流浪乞讨人员共同协商决定，应在社会力量能力范围内尽量满足流浪乞讨人员的要求。

（4）社会力量应对相关责任人进行问询，由相关负责人综合事件发生的成因、处理方法和及时度、事件最终造成的影响等各方面因素制订对相关责任人的处理方案。处理方案应对当事流浪乞讨人员和当事责任人进行公开，并允许流浪乞讨人员提出建议，同时允许当事责任人进行申辩。社会力量在综合此两者意见后对处理方案进行修订并执行。

（5）事件平息后，社会力量应对事件起因、经过、结果和处理情况进行整理并酌情向社会力量内部或社会公众进行公布，对外公布内容需隐去相关需要保密的信息。

（6）社会力量应在事后组织成员对事件进行讨论和总结。并及时吸取经验，完善相关制度，提高服务质量。

当出现以下情况时，社会力量需向有关部门、个体等报告流浪乞讨人员的部分隐私：流浪乞讨人员有违法犯罪行为或者计划，流浪乞讨人员有自杀倾向，流浪乞讨人员自身为未成年、智力障碍、精神障碍等限制行为能力人，流浪乞讨人员监护人要求透露隐私，公安机关等执法部门要求透露隐私，等等。

## （五）安全权

安全权主要表现在环境安全、人身安全和私人财产安全方面。社会力量采取一切合理步骤，以确保流浪乞讨人员处于安全的环境。

### 1. 环境安全权

社会力量办公室需配备和有效地保养所有消防设备及其他必需的安全设施设备，让流浪乞讨人员了解紧急事故应变程序，并定期进行消防演习。社会力量每年需开展最少两次消防演习，掌握消防逃生技能，并能在发生火灾时及时、有序地疏散在办公室接受服务的流浪乞讨人员，确保其人身安全。定期检查开展服务的现场环境及邻近环境，以评估是否有安全问题，并进行整改完善。社会力量的服务如果涉及运送流浪乞讨人员，则必须采取恰当措施以确保道路交通安全。

### 2. 人身安全权

社会力量采取一切合理措施确保流浪乞讨人员人身安全，以免流浪乞讨人员人身安全受到侵犯。社会力量应鼓励并让工作人员、志愿者和流浪乞讨人员有适当机会提出有关语言、人身或性侵犯等方面的问题。

### 3. 私人财产安全权

流浪乞讨人员接受服务时，社会力量采取一切合理措施确保流浪乞讨人员私人财产安全。流浪乞讨人员人身安全或财产安全受到损害时，可以及时向社会力量申诉，若流浪乞讨人员认为情节严重，有权报警，交由警方处理。

### （六）投诉权

每一位流浪乞讨人员对社会力量及其服务均有自由投诉的权利，社会力量需保障流浪乞讨人员的投诉得到回应且做好保密工作。

社会力量应提供处理投诉的制度和程序给流浪乞讨人员、工作人员、志愿者及其他关注人士阅览。所有投诉和处理结果等相关内容均应记录在案。

（1）社会力量应指定专门的人员负责受理流浪乞讨人员投诉及其调查、处理和反馈工作。

（2）社会力量可在办公室、微信公众号等开设投诉专栏，公布投诉电话，广泛征求流浪乞讨人员对服务的意见和建议，及时反馈给有关负责人进行整改，并回复投诉人。

（3）社会力量对投诉内容记录在案，对投诉事项进行督促整改，并将落实与反馈情况进行通报。

第二篇　方法篇

# 第四章 内容与供给：社会力量参与的服务技术与指引

社会力量参与流浪乞讨人员救助服务的内容灵活多样，具有与社会力量自身专长相关联的多样性和专业性。从内容与供给上划分，社会力量参与流浪乞讨人员救助服务主要有七大类：外展服务、寻亲服务、流动学堂服务、源头治理服务、资源整合服务、就业帮扶服务、心理关爱服务。外展服务、寻亲服务、流动学堂服务、资源整合服务、就业帮扶服务、心理关爱服务主要是在流入地直接开展服务，源头治理主要是在源头地开展服务。

## 第一节 外展服务 [①]

现代外展社会工作服务起源于 20 世纪 60 年代的香港，原先是针对 16—25 周岁的青少年开展的服务工作，后被运用到性工作者、吸毒者等多个群体的服务中。[②] 外展社会工作是一种整合性的工作方法，它以社会工作者主动寻找工作对象为外在形式，在开展工作的过程中综合运用个案、小组和社区工作的方法，以

---

[①] 本节由袁娟娟撰写。袁娟娟，社会工作师，广州市鼎和社会工作服务中心服务总监。

[②] 张琪琪：《外展社会工作介入露宿者救助的策略探究》，《法制与社会》，2018 年第 28 期。

实现满足流浪乞讨人员需求，挖掘其潜力，实现流浪乞讨人员社会功能恢复的目标。

由于流浪乞讨人员居无定所、流动性大的特点，面向流浪乞讨人员的帮扶服务更需要社会工作者走出办公场所，到流浪乞讨人员聚集的露宿点、乞讨点、租住地才能与他们接触并开展服务，因而也产生了适用于流浪乞讨人员救助服务的外展服务。

## 一、概念界定

本书中，外展服务指社会工作者和志愿者主动走出去，深入流浪乞讨人员聚集的区域，主动接触并与他们建立关系，调研了解他们的困境与需求，从而提供适当的服务，提升他们的能力并协助其摆脱流浪乞讨的困境，根据其个人情况及需求，为其提供社会关怀、寻亲返乡、就业辅导、资源链接、政策指引等服务，促使其回归家庭、回归社会的过程。

## 二、服务内容

### （一）发现

发现是帮扶服务的前提，社会工作者和志愿者可通过多种途径主动发现、寻找流浪乞讨人员。

（1）条件允许的情况下，可通过视频联网平台线上巡查发现。

（2）通过联合政府救助管理部门和属地管理部门的现场巡查发现。

（3）通过社会工作者和志愿者的驻点巡查、日常派餐关怀活动发现。

（4）通过舆情反馈、市民反映流浪乞讨人员情况时发现。

## （二）观察

当社会工作者和志愿者发现流浪乞讨人员后，应先对其进行观察，并保持适当的距离。

（1）观察其是否有明显外伤、病症，是否出现疑似精神异常，是否有同伙或受制于他人等情况。

（2）观察其是否处于醉酒状态，是否有暴力行为，是否携带刀具等危险物品。

（3）观察其是否携带未成年人或属于未成年人。

（4）观察女性流浪乞讨人员是否怀有身孕。

（5）观察其是否存在"职业"乞讨、强讨或结伴乞讨行为。

（6）观察其是否属于长期露宿人员、拾荒人员等。

## （三）初判

社会工作者和志愿者观察后应迅速对流浪乞讨人员作出初步判断。

（1）如初判为疑似危重病人或者严重醉酒者，应立即联系应急机构到场处置。

（2）如初判为疑似流浪精神病人、未成年人、携带未成年人，有暴力行为或者携带有危险物品，应立即联系110到场处置。

（3）如初判为"职业"乞讨、长期露宿人员、拾荒人员，应考虑如何进行问询。

## （四）问询

社会工作者和志愿者通常按以下步骤进行问询：

（1）**亮明身份**。主动向流浪乞讨人员出示相关证件，表明身份，进行自我介绍，消除其心中疑虑和戒备。

小贴士：我是社工/志愿者×××，请问您需要什么帮助吗?

（2）**了解情况**。有针对性地了解流浪乞讨人员姓名、年龄、户籍信息、家庭状况、残疾/低保等基本情况，流浪乞讨背景，主要经历和现状，掌握其真实需求，是否接受过救助管理机构救助，对其需求进行初步评估，预计能否通过各方努力实现，为下一步沟通交流和处置奠定基础。

小贴士：掌握家庭状况、残疾/低保等基本情况后，可以联系其家人及户籍地相关部门，为其返乡后得到妥善安置提供支持。

（3）**宣讲政策**。宣传社会救助政策，特别是在户籍地可以享受哪些社会救助政策，通过什么途径申请相应的救助。解读救助管理机构可提供临时食宿、协助返乡、急病救治等救助的相关政策。

小贴士：针对因病、因残而流浪或乞讨的服务对象，告知其社会救助政策的地域性、属地性特点，其必须返回户籍地，并在户籍地申请，才能得到长期救助和资助，而流入地只能提供临时性救助，打消部分救助对象占用医疗资源、不劳而获的依赖性想法。

（4）**建立档案**。详细记录流浪乞讨人员的具体信息，按照"一人一档"的要求建立个人档案，并动态更新掌握流浪乞讨人员的信息。

小贴士：及时登记个人基本信息、健康状况、是否接受过站内救助服务、生存现状、生活方式等，建立档案，一人一档，并及时完善救助信息。

## （五）交流

当了解流浪乞讨人员相关情况后，社会工作者和志愿者应主动与其进行交流，交流时应注意以下问题：

（1）保持足够时长。每名流浪乞讨人员交流时间原则上不少于15分钟，不可简单应付了事。可从彼此都比较关心和感受得到的天气、温度等日常话题入手，再延伸至其在流入地的生活状况、户籍地低保等社会救助情况、家庭状况等。

（2）扩大交流范围。在了解流浪乞讨人员的一些基本信息的基础上，还需要进一步了解其对自身流浪乞讨行为、对救助管理部门和对城市管理的看法，对帮扶就业或协助返乡的看法，对自己未来的打算等，力争较为全面地掌握其具体情况。

（3）建立信任关系。流浪乞讨人员居无定所、生活无着、身陷困境，在流入地一般没有可以依靠的亲戚朋友，日常得到的关心也非常少。因此，我们在沟通中可多表达关怀和问候，让他们感受到社会工作者和志愿者的善意和关注，逐渐让其熟悉我们，建立良好的信任关系。

（4）保持价值中立。有一些流浪乞讨人员年轻力壮，身体健康，但是主观上不愿意工作，觉得工作既辛苦又赚不到更多的钱，远不如每天睡懒觉，以乞讨为生来得舒服容易。也有一些流浪乞讨人员选择流浪乞讨是因为觉得在家待着没有自由，感到拘束。对于上述边缘人格价值观的流浪乞讨人员，我们在交流过程中需要注意保持价值中立，不要刻意批判他们，也不要将个人的价值观强加于流浪乞讨人员身上。这样双方才能友好沟通，在沟通的过程中再慢慢地影响他们的想法和行为。

（5）**尊重服务对象。**流浪乞讨人员普遍存在自卑心理，有的脾气暴躁，特别是在谈到自己的现状和流浪乞讨原因时会觉得很丢人。在交流时要注意避免使用"自作自受""不值得帮""没能耐"等字眼，尽量避免让流浪乞讨人员感到不被尊重，或者被责怪、被怜悯。

*小贴士：*主动向流浪乞讨人员问好，问他们吃过饭了没有，最近有没有不舒服，需不需要衣物等等，通过这些日常的问候打开话匣子，缓和初次交流的尴尬局面。或者从近期的重点话题入手，如极端天气预警信息交流与提示、大家共同关心的重大公共卫生事件等，便于找到共同关心的话题，进而促进交流顺畅。应避免单刀直入式的交流方式："你要不要进救助站？""你什么时候离开？"

## （六）引导

社会工作者、志愿者与流浪乞讨人员的交流中，会存在不同意见和观点，但保持中立态度并不等于认同，而是避免发生不必要的冲突，要注意引导流浪乞讨人员回归到正确的价值观上来。

（1）**就地救助引导。**宣传救助政策，征询其是否需要进站救助，救助机构可以免费提供住宿、饮食、返乡车票等临时救助服务（住宿时长不超过十天，特殊情况以实际需求为准）。

（2）**就地就业引导。**对于中青年流浪乞讨人员，引导其实现就业，帮助其摆脱现状，自力更生。为其指引人才市场、大型工业园地址，并提醒其防止受骗。

（3）源头劝返引导。对于需要办理残疾补贴、低保补贴及符合三无孤寡养老条件的流浪乞讨人员，劝导其回户籍地办理相关事宜。对于因病、因残而导致流浪乞讨的人员，劝导其回到户籍地申请社会救助。对于离家出走的流浪乞讨人员，劝导其与家人进行联系和沟通。

（4）临时管控引导。极端天气及特殊时期，引导流浪乞讨人员到救助管理机构求助或到附近的临时庇护场所暂住，并做好相关政策解释工作，力争达到流浪乞讨人员的全力配合。

个案介绍：愿先生（化名），35岁，年轻力壮，长期在车站流浪露宿。由于文化程度较低和没有职业技能，愿先生难以找到满意的工作，在身份证丢失后只能在车站以帮旅客拉行李谋生。社会工作者向其介绍救助站的服务和性质，建议其通过救助站购票返乡办理身份证，然后再外出找工作。愿先生同意并返乡办理了身份证。社会工作者又向其推荐合适的就业岗位，最终愿先生在一家布展公司成功就业，摆脱了流浪露宿生活。

## （七）劝说

社会工作者和志愿者对流浪乞讨人员进行引导后，可择机进行劝说，劝说步骤如下：

（1）提问切入。流浪乞讨人员中大多数生存能力弱、没有一技之长，也不善于表达，交流中容易出现冷场局面，需社会工作者通过提问的方式切入主题，让其有问有答。

（2）认真倾听。流浪乞讨人员普遍独自生活，缺少陪伴，渴望倾诉，一旦有社会工作者主动接触他们时，有的流浪乞讨人员就会滔滔不绝地诉说。对于流浪乞讨人员诉说的内容，社会工作者要认真倾听，通过其诉说内容寻找兴趣点和目标点。

(3) **甄别核实**。流浪乞讨人员表述或提供的信息不一定真实，有的是虚假的或编造的，对其提供的信息宁可信其有，不可信其无，在使用其信息时应进行认真甄别核实。

(4) **明事知礼**。建立基本信任关系后，可对其晓之以理、动之以情，阐述其流浪、乞讨或露宿行为对自身、家庭、周边街坊、市容市貌、社会秩序、社会稳定和社会治理所产生的影响，让其充分认识到自身行为所带来的不良影响。

(5) **劝导进站**。劝说时，要耐心细致、循循善诱，同时注意观察流浪乞讨人员心理上的变化，可慢慢劝导其到救助机构接受救助、暂住及返乡。

个案介绍：唐伯（化名），78岁，属高龄孤寡长者，在外结伴租房乞讨多年。唐伯已形成自己的固有生活模式，改变动机小，与他人和社会互动意愿极小。社会工作者在多次见面和关怀后才与其建立信任关系，其自述户籍地政府部门不管自己，无奈才在外乞讨生活。社会工作者通过其提供的户籍信息联系了其户籍地居委会，了解到当地属于林场，而他由于年轻时只在林场工作了两年，所以没有退休金；而又由于他的户籍在林场里，所以他没办法免费到地方的老人院生活（林场没有老人院）；但是林场向他提供了宿舍和低保金，只是他在外流浪习惯了，不愿意长期住在宿舍里。社会工作者将了解到的信息向他进行一一讲解，建议其综合考虑自身的健康情况和当前流浪乞讨生活的困难，回到户籍地生活。社会工作者同时向户籍地继续了解情况，寻找获得居家养老服务的方法。

## （八）转介

对于有需要的流浪乞讨人员，社会工作者和志愿者要及时转介。

（1）向公安机关转介。发现未成年人、携带未成年人、疑似流浪精神病人、有暴力倾向和行为的流浪乞讨人员，现场拨打110，并保留报警回执备查。

（2）向医疗机构转介。发现危重病人、身体不适的流浪乞讨人员，现场拨打120，未能现场接走流浪乞讨人员的情况需要索要诊断证明备查。

（3）向城管部门转介。发现携带大型动物乞讨、噪音扰民乞讨的，应现场拨打12319、12345，向城管部门及时反映情况。

（4）向属地转介。对于乞讨人员长期出没、露宿人员长期聚集区域，需向属地街（镇）或相关部门反馈，并做好往来函件归档、专题会议纪要、专项行动等资料完善归档工作。

（5）向流出地转介。对于有返乡需求、户籍信息不明或户籍信息无法查实的流浪乞讨人员，协助其向户籍地相关部门联络沟通、发函查证，适当的时候，向流出地转介。

个案介绍：吴伯（化名），68岁，流浪露宿30多年，不曾返乡找过妻儿，也未曾办理过户籍，因而处于"黑户"的状态。社会工作者介入时，其坚称自己是本地人，但是多次带其到派出所核查均无果。社会工作者了解到吴伯前妻和儿子在广东省清远市生活，但是都不愿意理会他。于是将吴伯转介至救助站，借助救助站购票返乡，其在清远市查询户籍信息并复印各类证明后又返回求助。社会工作者查看吴伯带回的各类复印件了解到其曾是本地赴清远市的知青，但是当年并无户籍系统，其也未曾登记过户籍。社会工作者在咨询过户籍中心、派出所、社工站后，将吴伯转介至社工站，由社工站继续跟进其重新落户等事宜。

## （九）记录

社会工作者和志愿者要及时记录救助服务工作情况，完善各项工作流程，总结服务经验。

（1）**个人建档**。按照相关要求，一人一档，做好物资派发、救助信息登记，完善资料整理、汇总和上传工作。

（2）**信息比对**。对于长期出现、不愿透露个人信息的流浪乞讨人员，拍摄清晰的正面照片，进行信息比对。

（3）**掌握规律**。尽量完整记录其活动轨迹、生活现状、流浪或乞讨原因，掌握规律。

（4）**关注重点**。对于未成年人、携带未成年人、疑似流浪精神病人、危重病人、高龄长者等重点流浪乞讨人员，及舆情反馈区域和案例，需要进一步做好救助信息登记、救助措施跟进、救助成效跟踪等各项工作。

**小贴士**：服务对象流动性大，需要一人一档形式建立档案，涵盖其姓名、性别、健康状况、户籍地、生活方式、流浪乞讨原因、家庭状况等信息，并不断予以完善，建立街面救助服务数据库。

## 三、服务技巧

### （一）劝导服务方法

（1）**关心法**。初期在与流浪乞讨人员接触时，可直接询问其"有什么事情需要帮助吗？""你身体有没有哪里不舒服？"等，直接而快速地了解到流浪乞讨人员的需求和情况，也使得流浪乞讨人员很快地知道社会工作者的目的，避免其猜测。

个案介绍：成大哥（化名），其经常以"血淋淋"的形象出现在街头乞讨，头上、手上和地上都常有血迹，因而被其他流浪乞讨人员戏称为"猪血哥"。社会工作者直接询问其"有什么事情需要帮助吗？""你身体有没有哪里不舒服？""你怎么受的伤？""需要我们送你到医院治疗吗？"……面对社会工作者的关心，"猪血哥"只好承认自己身上的血迹是猪血，是其在菜市场购买并且涂抹于身上的，以此获取路人的同情。

（2）澄清法。当与流浪乞讨人员接触中，发现流浪乞讨人员有误会或者错误认识时，应及时澄清说明。同样一件事情、同样一句话，不同人由于理解角度不同而可能产生误会，一旦发生理解上的偏差甚至误会，社会工作者要及时纠正或澄清说明，主动化解可能产生的矛盾。提供合理化建议，帮助流浪乞讨人员纠正认识和寻求适当的求助渠道。此方法适用于交流、劝导环节。

个案介绍：张大叔（化名），43岁，双脚腐烂不能行走，高温天气仍然穿着棉袄。在劝导过程中，张大叔表示想要在这座城市进行免费治疗，其认为这里的人有钱而自己的情况又很惨，应当得到免费救治。社会工作者向其澄清一般的医疗救助只能回户籍地进行申请，并向其说明残疾金、低保金、医疗救助等各项应向哪些部门如何提交申请，而这里则无法满足以上需求。

（3）劝导法。在面对"职业"乞讨人员时，需要让其明白"乞讨不是其'发财致富'的方法"，有就业能力的要学会自食其力，没有就业能力的可以在户籍地申请各类政府救助，而不是以伤害自身健康（长时间暴晒、躺卧街头、不注意健康卫生、饮食不规律等）为代价的乞讨赚取收益。劝导其关注个人健康、家庭健康和社会健康，改变自身行为和配合属地管理部门的工作。

个案介绍：小宗（化名），18岁，自小跟着父亲在外乞讨，至今已差不多十年，不曾入学，因而在其价值观中：乞讨是一个正当职业。小宗经常在人流最密集的时间和地点跪地磕头乞讨，拒绝就业。社会工作者经过长期的跟进劝导，告知其当前的管理规定、求职渠道、适合其的工作类型和薪金、正常就业和生活对其"发财致富"的作用、其磕头乞讨对个人的伤害和他人对其的不好印象等。目前，小宗已减少乞讨行为，不定期进行派传单、擦鞋等兼职工作。

（4）**真诚法**。在与流浪乞讨人员接触时，要以真实诚恳的态度，平等相待，来不得半点虚假、蔑视。流浪乞讨人员长期处于封闭孤独的环境中，往往疑心、自卑心较重，不太轻易相信陌生人。在与其接触时需要注意自己的言行，当流浪乞讨人员蹲、坐、卧时，在保障自身安全的情况下，社会工作者也应采取蹲、坐的姿势，尽可能与其保持视线平行，避免因俯视而造成流浪乞讨人员的心理压迫感。此方法适用于交流、引导环节。

个案介绍：唐军（化名），男，35岁，一级残疾，每天开着改装后的电动车到车站、寺庙等处乞讨，性格比较敏感和自卑。面对社会工作者的关怀，唐军常常不予回应也不离开，如若发现有人拍照则会大声辱骂。社会工作者在沟通过程中保持安全的心理距离、平视、礼貌等，使得他觉得社会工作者不具威胁性，逐渐接受社会工作者的接近和关怀，开始表露个人的心理和过往经历。并且有时候还会咨询社会工作者的意见和建议，在遇到其他需要救助的流浪乞讨人员时，他还会打电话告知社会工作者，请社会工作者前去介入。

（5）提问法。为打破初次与流浪乞讨人员接触时冷场局面，主动向流浪乞讨人员提出问题，引导相互交流。有的流浪乞讨人员由于长期处于封闭状态，思维、意识不太清晰，需要通过主动提问的方式引导其思考、回答相关问题，如姓名、地址、家庭状况和家人信息、同学和同乡信息等。通过提问，将获取的相关信息进行归纳总结，提炼出有价值的信息，进而帮助到流浪乞讨人员。此方法适用于劝导环节。

个案介绍：王伯（化名），80岁，常年露宿加上酗酒导致其神志不清和表述不清。社会工作者前去跟进时，王伯不言不语，于是社会工作者进行提问：您吃过饭了吗？您叫什么名字？您需不需要衣服？您家在哪里？您有小孩吗？等等。王伯开始打开话匣子，但是由于其思路不清，所述内容经常重复和跑题。社会工作者根据其所述改变提问方式，使其只用回答"是"与"否"，例如："您老家是在武汉吗？""您老家附近是有一个中山公园吗？"等等。

（6）同理法。又叫作换位思考，指站在流浪乞讨人员立场设身处地思考的一种方式，即人际交往过程中，能够体会他人的情绪和想法、理解他人的立场和感受，并站在他人的角度思考和处理问题。在流浪乞讨人员中，因残导致流浪乞讨的人数占比较大，他们自食其力的能力有限。社会工作者应站在流浪乞讨人员的立场上去理解他们（理解并不代表认同他们的做法），不去批判他们，这样才能与他们建立信任关系，也只有这样他们才愿意与我们交谈。此方法适用于交流、劝导环节。

个案介绍：奇奇（化名），女性，20岁左右，怀有身孕，其他信息不明。奇奇处于无意识流浪状态，认为自己的肚子是天生就这么大的，极其抗拒陌生人的接近。社会工作者观察到奇奇前额的头发几乎掉光，于是出于同是年轻女孩子的同理心，向奇奇表示自己也有脱发的烦恼，询问其要不要一起到医院进行检查。奇奇立即答应并跟随社会工作者到医院做了一系列的健康检查，确保了其本人以及胎儿的安全。同时在过程中，社会工作者与奇奇谈起读书时的种种事情，从中获取了奇奇的身份信息和家属信息，最终协助其与家人团聚。

（7）中立法，是指不站在任何一方立场的一种立场，不偏不倚，不带有任何感情色彩。社会工作者在跟进过程中需要注意保持价值中立，不要去批判他们，不要将自己的想法强加于对方身上，这样双方才能友好、有效沟通，在沟通的过程中再慢慢地影响他们的想法和行为。此方法适用于交流、劝导、建立信任关系环节。

个案介绍：王大哥（化名），40岁左右，有身份证，有就业能力，但是不愿意长期工作，经常是工作小半年然后流浪大半年。其认为这才是自己想要的自由生活，因为自己一生无望，没必要再去为难自己，就这样随心所欲地过着就挺好。社会工作者不认同王大哥的价值观，但也不会去批判他，让他觉得社会工作者是明白他并愿意与他成为朋友的。经过长时间的互动，王大哥慢慢受社会工作者鼓舞减少了流浪时间，并且更积极工作。

（8）揭露法，是指揭发流浪乞讨人员隐瞒、欺骗的事，使之暴露公众之下，引导公众理解政府救助、理性施舍。"职业"乞讨人员或"有害"乞讨人员会采取隐瞒事实真相，通过虚构身世、经历，假装残疾、患病等方式，引发公众同情，当掌握一定真实情况证据的前提下，社会工作者现场揭露其欺骗行为，提醒周围街坊理性施舍，防止上当受骗。此方法适用于"职业"乞讨人员或"有害"乞讨人员。

个案介绍："怀孕"姐（化名），30多岁，不愿讲述个人信息，自称曾经做过教师。社会工作者收到某三甲医院医务社工的求助，对方表示医院门口有一位自诉丈夫刚去世而自己又怀有身孕的女教师跪在那里乞讨，请社会工作者前去提供帮助。社会工作者认真询问，总结对方所述的乞讨人员的特征，并请其将"怀孕"姐的照片发过来确认，发现是已假怀孕多年的欺骗民众进行乞讨的"怀孕"姐。社会工作者将"怀孕"姐的欺骗行为告知医务社工并请医院安保人员前去揭露，避免有其他市民上当受骗。

### （二）工作技巧

（1）当出现拒绝接受交流时的处理技巧。一是及时转移话题。不要在一开始交流的时候，就反复问询"你需不需要帮助？""你要不要进站？"等问题，可从其可能比较关心与关注的身体状况、天气或者近期的大事件入手。二是外围了解情况。通过周边的商铺、街坊等相关联群体，了解其基本情况，如籍贯、活动规律，再寻找话题。三是提前做好铺垫。很多流浪乞讨人员是因为不熟悉才产生抗拒与不信任心理的，可为下次探访和救助提前做好铺垫，如"我是×××，我下次再来看你吧"。

个案介绍：打着"某民间剧团"的幌子卖艺的乞讨团体，大概有6—10人，互相认识，两两结伴卖艺乞讨。其拒绝到救助站求助，也拒绝返乡，因为卖艺乞讨能有不错的收入，因而社会工作者再次询问其是否要到救助站求助已无作用。社会工作者可从人文关怀的角度去关怀服务对象，也可以向附近的商铺等了解服务对象情况，不断获取服务对象的信任和信息，从而达到了解服务对象背后需求的目的。

（2）当出现暴力行为倾向时的处理技巧。当发现流浪乞讨人员有暴力行为倾向时，社会工作者一定要冷静思考，采取适当的措施应对。一是在保持足够的安全距离的同时，极力用温和的言语安慰流浪乞讨人员，如"不要激动，我们不是坏人，我们马上离开……"二是及时报警，疏散周边围观的群众。三是在公安到场后，跟进处理结果，相关信息登记备查。

个案介绍：邹某（化名），男，30岁，有小儿麻痹症后遗症，"职业"乞讨人员，情绪易怒且有暴力行为，曾在劝导过程中打砸了附近的共享单车、垃圾桶等。社会工作者立即与服务对象保持距离，让服务对象在一旁冷静并现场拨打了110。警察到场前维持现场秩序，避免误伤群众；警察到场后交由警察处理并配合警察询问。

（3）当流浪乞讨人员出现意识不清时的处理技巧。一是初步研判是否为疑似流浪精神病人，如是及时拨打110，报警处理。二是判断是否具有攻击行为，并向周围群众了解情况。三是开展信息搜集工作，问询其姓名、籍贯、家人信息等。四是开展联合寻亲服务，会同公安部门、救助管理机构，开展寻亲返乡服务。

个案介绍：阿陶（化名），年轻女性，在车站广场露宿。社会工作者观察发现阿陶神情呆滞、拒绝沟通、常常自言自语，怀疑其患有精神类疾病，但是没发现其有攻击性行为。社会工作者向周围群众了解到服务对象在车站露宿了一周左右，携带的行李已丢失，是东北人，但是具体信息不明。社会工作者报警处理后，通过人脸识别系统了解到其身份信息，并联系上其弟弟来穗接回。从其弟弟处了解到：阿陶为精神病人，之前有过住院治疗经历，因为疏于照顾，离家出走。

（4）当出现拒绝救助情况时的处理技巧。一是继续宣传救助政策。反复宣讲，晓之以理，动之以情。二是力争劝导离开。联合属地力量，力争劝离，避免形成"洼地"效应。三是特殊时期灵活处理。按照相关规定，结合救助工作要求，对于拒绝救助的流浪乞讨人员，妥善处理。

个案介绍：赵某、冯某夫妻俩（化名），长年租房卖艺乞讨，新闻媒体曾进行过相关报道。两夫妻以此为荣并认为自己是在自力更生，不会影响任何人。社会工作者向其介绍当前的管理政策、在人流密集地乞讨的不良影响、配合属地管理部门工作的必要性等。建议夫妻俩不要到车站、医院、商圈等人流密集的区域乞讨，避免不良影响和不必要的冲突。

### （三）特殊情况的处理工作指引

（1）当出现意外死亡情况的处理工作指引。一是及时介入。如现场处理工作仍在进行中，必须第一时间到达现场，了解该人员的基本情况，研判该人员是否属于流浪乞讨人员范畴，及时观察周围情况。二是按照相关工作流程，及时上报。三是及时跟进。通过相关部门，跟进、掌握其后续处理情况。四是根据所掌握的实际情况，形成详尽的简报。

（2）当出现媒体曝光、舆情反馈情况的处理工作指引。一是积极跟进。第一时间到达现场，了解情况，掌握动态，制订跟进措施。二是将相关案例形成材料，及时上报。三是正面回应。案例妥善处理后，按照相关应对媒体报道的工作流程，经审核，可以采取正面回应工作。

（3）当出现危重病人、传染性案例情况的处理工作指引。一是医疗转介。及时拨打 120、联系传染病防控部门，反映情况，跟进后续。二是属地转介。向属地相关部门通报情况，必要时由属地相关部门采取消杀、灭菌等措施。三是形成详尽的简报，及时上报。

（4）当出现护送意外情况的处理工作指引。一是积极施救。如流浪乞讨人员在护送车辆上出现呕吐、昏迷等情况，需要及时送医，拨打 120，积极施救。二是跟进医疗救助情况，妥善处理。三是将相关情况形成文字材料，及时上报。

### （四）应注意的几个问题

（1）**时间要求。**劝导、交流时间原则上不少于 15 分钟。不得应付了事，不得一赶了之。要用心、用力、用情做好流浪乞讨人员劝导工作。

（2）**行为规范。**严格按照工作要求佩戴工作牌、着装，不得穿奇装异服，不得穿拖鞋、短裤或者短裙。上班时间不得饮酒，不得有谩骂、推搡行为。

（3）**语言要求。**用语规范，政策解读清晰，须有自我介绍和工作介绍。不得使用歧视性、威胁性语言，不得有谩骂行为，不得使用流浪乞讨人员难以理解的方言进行交流。

（4）防范录音录像。劝导过程中，留意流浪乞讨人员、周围街坊是否有录音录像行为，合理解释，及时制止，并避免产生纠纷。

（5）呼应周围街坊。劝导、交流和救助过程中，向周围街坊解释工作性质，强调救助、帮扶意义，解释救助政策，避免产生不必要的误解。

## （五）工作流程图

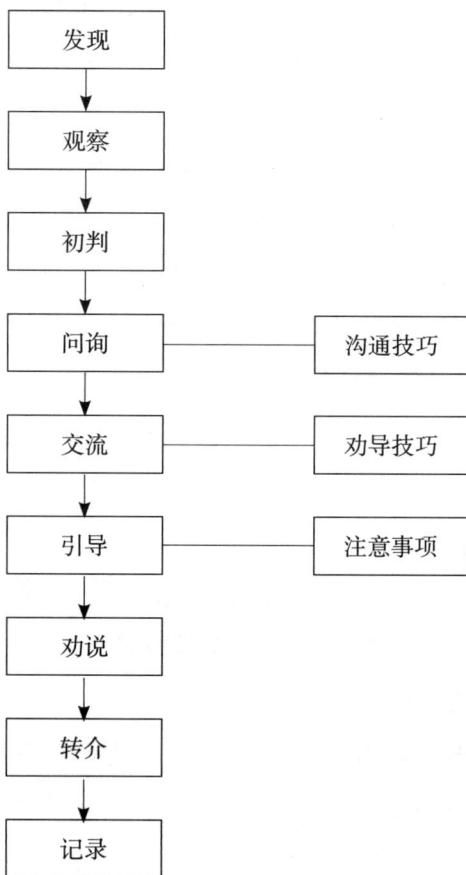

```
发现
  ↓
观察
  ↓
初判
  ↓
问询  ——  沟通技巧
  ↓
交流  ——  劝导技巧
  ↓
引导  ——  注意事项
  ↓
劝说
  ↓
转介
  ↓
记录
```

# 第二节　寻亲服务 [①]

寻亲服务是流浪乞讨人员救助服务中的重点和难点，主要对象是疑似流浪精神病人、高龄长者、未成年人等，他们因各种原因与家人失去了联系，在外生活没有保障，自身没能力解决面临的困境，导致长期流浪在外。近年来，社会救助机构引入了科技寻亲、社会力量参与，通过社会力量的扩散、实地走访等手段，解决了很多难以突破的案例。

民政部门 2020 年发布的《关于开展生活无着的流浪乞讨人员救助管理服务质量大提升专项行动的通知》[②] 指出，需大力开展救助寻亲服务行动。各地要以"大爱寻亲，温暖回家"为主题集中开展救助寻亲专项行动，民政部门要会同公安部门，通过 DNA 比对、人脸识别等方式甄别滞留人员身份信息，要充分开发利用"头条寻人"、微信公众号、寻亲热线等智能化寻亲手段，深化与社会力量的合作，拓展寻亲渠道。[③] 近年来，寻亲以及落

---

[①] 本节由王溪林、黄子琼、廖保华撰写。王溪林，社会工作师，文化学者，广州市创意经济促进会执行会长，广州市社会组织专家库成员，组织编写、出版《创新·创意·创投：广州市首届社会组织公益创投实践与探索》《广州市蓝皮书：广州文化产业发展报告（2021）》等图书，主持拍摄《瑞船连广船——"哥德堡号"重访广州全纪录》纪录片；黄子琼，助理社会工作师，广州市鼎和社会工作服务中心一线社工；廖保华，助理社会工作师，广州市鼎和社会工作服务中心一线社工。

[②] 中华人民共和国民政部网：《关于开展生活无着的流浪乞讨人员救助管理服务质量大提升专项行动的通知》，民发〔2020〕14 号，https://xxgk.mca.gov.cn:8445/gdnps/pc/content.jsp?mtype=1&id=13963，2020 年 3 月 4 日。

[③] 中华人民共和国民政部网：《民政这十年·社会事务篇》，中国民政，https://mzzt.mca.gov.cn/article/zt_20d/mzsn/bzs/202210/20221000044276.shtml，2022 年 9 月 16 日。

户安置工作成为救助管理工作的亮点。民政部升级完善全国救助管理信息系统、全国救助寻亲网，启用人脸识别、精准地域弹窗等技术，提升救助寻亲能力；指导部管社会组织当代社会服务研究院联合北京缘梦公益基金会、北京百度科技有限公司、北京字节跳动科技有限公司创立全国救助寻亲平台，调动多方力量参与寻亲工作。2018 至 2022 年，全国救助寻亲平台累计帮助 5.8 万人成功寻亲。另外，全国救助管理机构对确实无法查明身份信息的流浪乞讨人员及时启动落户安置程序，将其纳入社会保障体系，帮助其摆脱生活困境。2019 至 2022 年，全国救助管理机构累计落户安置 6.8 万名无法查明身份信息的流浪乞讨人员。

## 一、概念界定

寻亲服务，指为生活无着的流浪乞讨人员进行寻找亲属的服务，目的是核实流浪乞讨人员的身份信息，帮其联系上亲属，重建家庭和社会支持网络，引导其运用家庭和社会支持网络资源解决问题，促使其回归家庭、回归社会。寻亲服务是流浪乞讨人员服务中重要的一项服务，流浪乞讨人员本身资源稀缺，有相当部分的服务对象需要亲属的情感支持、生活照顾和物质支持。

寻亲服务通常针对有寻亲意愿、身份不明、疑似精神智力障碍人员、无户籍人员、未成年人、老弱病残孕等经评估在外流浪风险大的群体。[①] 民政部于 2014 年颁发的《生活无着的流浪乞

---

① 中华人民共和国民政部网：《生活无着的流浪乞讨人员救助管理机构工作规程》，民发〔2014〕132 号，https://xxgk.mca.gov.cn:8445/gdnps/pc/content.jsp?mtype=1&id=12890，2014 年 6 月 22 日。

讨人员救助管理机构工作规程》重点提出寻亲服务，因年老、年幼、残疾等原因不能提供个人信息的，救助管理机构应当及时报请公安机关协助核查求助人员身份，并在其入站后 24 小时内以适当形式发布寻亲公告。救助管理机构应当充分利用现有工作信息和工作渠道，为前来寻亲人员提供便利和帮助。

## 二、服务内容

### （一）辨别需要寻亲的人员类型

寻亲服务的对象可以分成两类，一类是主动寻亲的服务对象，一类是被动寻亲的服务对象。

主动寻亲，即有寻亲意愿的服务对象，无论其身份、年龄、性别、籍贯、身体情况等，社会工作者为其开展寻亲服务，联系其直系或旁系亲属及村（居）委会，告知服务对象的情况，请求给予援助，解决其面临的困难，帮助摆脱流浪的困境。

被动寻亲，即无明确寻亲意愿，未表达或无法清晰表示个人意愿，但不寻亲、继续流浪乞讨，可能威胁其生命安全。如涉及无完全民事行为能力人，疑似走失、被拐、被骗、精神障碍、智力障碍、未成年、病危等的服务对象在街面流浪乞讨的情况，基于保护生命的原则，社会工作者将为其寻亲，通过亲属了解其身心状况，知会亲属关于服务对象的现状，重建服务对象的家庭支持网络，协助其通过家庭和社会支持去应对当前的挑战。

### （二）建立信任关系

针对疑似走失、被拐、被骗、精神障碍、智力障碍、未成年、病危等的服务对象，由于其心智不成熟、被骗后警惕性变强、无法说清来由等，社会工作者需要与服务对象逐步建立信任关系，让服务对象感受到社会工作者是真心想要帮助他们的，并且能够提供帮助，使其体会到关怀与支持，愿意说出相关的信息。

### （三）了解是否有身份证件

有寻亲意愿的对象，分为两类，一类是办过身份证的，一类是未办过身份证的，俗称"黑户"。社会工作者需耐心了解其是否携带身份证、户口簿等资料。如服务对象有身份证等证件，一般通过查询当地乡镇（街道）政府联系方式，联系上村（居）委，即可联系上其亲属。若服务对象丢失身份证，社会工作者可以耐心引导服务对象表达或回忆自己的姓名、户籍地址，或者陪同服务对象到派出所查询身份信息，通过人脸识别技术，打印临时的身份证明。一般来说，这类寻亲服务能够很快联系上亲属。

对于从未办过身份证或无明确寻亲意愿的服务对象，社会工作者可通过日常交流，捕捉其姓名、地名、熟人等细节，借用"亿个村"小程序、文字资料、档案、查询救助记录等缩小核查范围，例如锁定某个县城或乡镇，逐步排查。

### （四）多方询问，掌握关键信息

社会工作者通过倾听、理解、积极关注等技巧询问流浪乞讨人员的个人经历及生活史，了解其需求，回应其需要，提供物质关怀及情感支持，循序渐进地掌握流浪乞讨人员及其重要亲属（如父母、兄弟姐妹、子女等）姓名、出生日期、身份证号码、家乡、口音等关键信息。对于身份信息模糊人员，可采用拍照记录、录制寻亲视频、写下关键信息等方式进行记录，方便后续信息对比筛查。此外，可与服务对象接触过的其他人士沟通交流，如结识的朋友、爱心人士、工作人员等，多方收集服务对象透露过的有效信息。

### （五）安抚情绪，跟进完善信息

获取关键信息不是一蹴而就的，流浪乞讨人员大多对外界存在戒备心理，有可能存在隐瞒、谎报、误报信息的情况。社会工作者需要仔细辨别，多方求证。因为多年流浪未返乡，与人交流少，流浪乞讨人员可能会忘记、误报，或忽略某些重要信息，社会工作者需要及时安抚流浪乞讨人员的情绪，打消其寻亲顾虑，增强其寻亲的信心，协助提供准确的相关信息，可提供疑似地区的照片让其辨认，补充完善身份信息。

### （六）核查身份，寻找亲人

掌握了流浪乞讨人员的基本信息后，通过"114"热线、政府信息公开网、社会力量等渠道，对接其户籍地民政部门或救助管理机构、街道（乡镇政府）、村（居）委、志愿者组织等进行核查。

### （七）确认身份，联系亲人

核查结果有两种：一种是核实成功。当核实了流浪乞讨人员的身份信息后，一般可以联系上亲属；对无亲属人员，联系上村（居）委，了解流浪乞讨人员的个人情况，符合社会救助条件的人员，指引其返乡。一种是无法核实，流浪乞讨人员所提供信息无法被证实，需继续跟进核查。

## 三、服务技巧

### （一）寻亲的基本方法

（1）"114"热线查询。通过"114"，查询流浪乞讨人员户籍地镇（街）民政部门或救助管理机构的联系方式，致电说明其基本情况，请求对方核查身份信息及亲属联系方式。可采用正面照辨认、对话辨认、视频辨认等方式，由协查方核查流浪乞讨人员身份，联系上村委或亲属核实身份，即寻亲成功。无亲属的流浪乞讨人员，能够核实身份，指引其返回户籍地申请救助，以保障其后续的基本生活，某种程度也可称为"寻亲"成功。

该方法适用于有详细的家庭住址或有身份证的服务对象，如果原行政区域调整或变更，社会工作者要进一步询问或查询确定辖区。

（2）发协查函。当协查方要求对接政府部门发协查函方可进行核查时，社会工作者应向项目购买方（民政部门、救助机构）申请，拟发协查函至户籍地政府部门。这可确保寻亲效力及准确性，打消协查方对社会工作者身份的疑虑，借此社会工作者可更详细地了解服务对象的情况。社会工作者要向对方了解清楚收函单位名称、地址、联系方式、联系人及签收时间，以备发函。社会工作者将了解到服务对象的基本情况及其需求反馈至购买方，由政府部门之间进行沟通协调，联系亲属帮扶，解决服务对象的生活困难等问题。除了联系亲属寻求帮扶，也可以尝试链接政府部门的帮扶政策，运用社会资源解决服务对象的难题。

（3）联动社会力量核查。对于经过长时间的努力挖掘，仍然无法了解到完整的身份信息的流浪乞讨人员，社会工作者可通过今日头条等媒体，借助互联网平台寻人。网络寻亲的特点是发布范围广，响应快速，认识服务对象的人士只要使用互联网就有机会看到寻亲信息，给予回应。发动让爱回家、蜗牛公益团队等社会力量，组织实地走访、入户访问、多方调查等，核实信息真实性，并联系亲属。

（4）借助公安部门人脸识别技术。对口齿不清、疑似精神智力障碍、未成年等无法说清身份的流浪乞讨人员，联动公安部门进行人脸识别，识别出疑似身份信息后再进行核查，联系亲属或村（居）委辨认。或者直接联系户籍地辖区派出所，告知服务对象的情况，请对方进行核实，并联系亲属。

（5）护送入站求助寻亲返乡。救助管理机构为政府正式的社会救助机构，寻亲方式多元化，寻亲经验丰富，通过 DNA、指纹、人像比对、科技网络寻亲等方式，寻亲成功的概率高。对于街面有寻亲意愿的流浪乞讨人员，可护送入站进一步开展寻亲返乡工作，或联动救助管理机构力量，合力开展寻亲工作。

### （二）电访寻亲的工作步骤

（1）查询服务对象户籍地所在城市区号。

（2）致电"区号+114"热线，查询服务对象户籍地政府乡镇（或街道办事处）、县（区）民政局、救助站、村（居）委等联系方式。

（3）致电服务对象户籍地的政府部门或村（居）委，表明社会工作者的身份，说明服务对象的情况，请求对方协助核实其身份及联系亲属。

（4）征得服务对象及协查方的同意，可将服务对象的相关照片、文字、视频资料等，发给对方查询。

小贴士：您好，我是 ×× 区民政局社会工作者，我辖区内发现了一位叫 ××× 的流浪人员，自称是 ×× 村的村民，向我们求助寻找亲人，请您协助核查他是否为该村村民，并联系其亲人了解情况。

## （三）寻亲的工作态度

（1）社会工作者的态度要真诚、专业，要将服务对象面临的问题及寻亲的需求传达到位，请求对方协查。

（2）灵活应对。对方如有疑问或误会，社会工作者要耐心解释并感谢他们的帮助。

（3）保持良好的心态。寻亲服务是挫败感和成就感并存的一项工作，可能快速找到服务对象的亲属，帮助其结束流浪的生活；也可能花费很长时间都难以找到；还有一种情况，在多方努力下找到了服务对象的亲属，但对方基于种种原因不愿与服务对象联系。因此，社会工作者要保持良好的情绪，坚持不懈，不放弃任何线索。

## （四）特殊群体的寻亲技巧

### 1. 户籍注销、身份不明或无户籍人员

有个别流浪乞讨人员因多年未返乡更新户籍，或失联多年后家人以为出现意外等原因导致户籍注销。这些服务对象可能不清楚自己户籍的情况，寻亲难度大。社会工作者需要耐心地向其解释户籍注销的情形，引导其联系亲属核实身份，如录制寻亲视频，指导服务对象自我介绍、讲述家庭情况等基本信息，发至服务对象户籍地村（居）委，由村（居）委走访当地进行辨认、识别。当有亲属或同村人辨认出服务对象，村委提供相关的证明材料，即为寻亲成功，社会工作者指引服务对象返乡到户籍地派出所恢复户籍、补办身份证即可。

有些服务对象从未落户，自称没有任何亲属健在。社会工作者可为其录制寻亲视频，联系公益寻亲组织或网络寻亲，由志愿者对其进行口音辨认，缩小范围，尝试确定其来源地。社会工作者为其提供的寻亲服务，实际上是尝试运用各种力量查明其原户籍信息，使其能够以合法程序落户，享受公民权益。

### 2. 疑似走失、被骗、被拐人员

疑似走失、被骗、被拐人员警惕性变高，可能难以信任社会工作者。社会工作者要积极安抚服务对象的情绪，指引其到派出所报案，并引导其联系亲属渡过眼前的难关。社会工作者可以陪同服务对象到派出所查询个人身份信息，联系家人，排查是否为走失、被骗、被拐人员。

### 3. 疑似精神障碍、智力障碍、认知障碍人员

疑似精神障碍、智力障碍、认知障碍人员说出来的信息可能零零散散，社会工作者需要耐心询问其家人及家乡的情况，从侧面找到寻亲的突破口。尤其要关注服务对象随身携带的物件，了解是否有身份证、家人联系方式、就诊证明、残疾证等资料；将服务对象的相关资料拍下，细心地查找，联系亲属核实并反馈情况。

### 4. 听力、言语障碍人员

对听力、言语障碍人员采用纸笔沟通交流，引导其写下有关个人或家人的信息，必要情况下征集懂手语的志愿者协助翻译，根据获取的信息开展寻亲服务。

### 5. 病重人员

发现疑似病重的流浪乞讨人员，先关注其身体情况，并报120求助。医院在收治服务对象后，医务人员会联系救助机构开

展身份甄别及寻亲工作。社会工作者可通过救助机构了解服务对象信息，并联系其亲属。

### 6. 未成年人

发现疑似未成年人在外流浪乞讨，先稳定其情绪，了解其监护人是否在附近，是否能够投靠亲友；若一个人遇困流浪，需报110求助，由相关政府部门实施保护性救助，排查是否为走失、被骗、被拐，帮助其联系家属或返乡。

## 四、典型个案

### 合力救助，寻亲送返

**身份不明的流浪长者**

黎伯（化名），75岁，虽然年纪大，但他精神状态很好，性格比较开朗，侃侃而谈，人非常善良，还收养了几条流浪狗。他把自己的东西收拾得非常整齐，平时还会买菜做饭，靠好心人的帮助及捡废品，勉强能够维持生活。他向社会工作者倾诉自己命苦，6岁丧父，7岁丧母，9岁离家，至今未婚，离家后就一直过着漂泊的生活。年轻时到处打工，后面年纪大了就开始流浪的生活。他称自己内心非常渴望回到家乡，漂泊在外几十年，希望能够落叶归根。社会工作者告知会尽力为他寻找家人，让他多回忆自己的信息。他非常开心，但又觉得希望非常渺茫。

**社会组织走访寻亲成功**

社会工作者了解到他返乡的意愿，策划为他寻找家人。社会工作者引导他回忆自己的信息，了解到他从未办过身份证，能记得的信息不多。他记得家乡以前叫大东公社（音），不知道所属乡镇，其他的想不起来。他记忆模糊，提供的线索范围较大，为进一步确定范围，社会工作者向当地街道了解情况，发现黎伯提供信息与街道提供的信息有出入，街道提供的姓名为黎某芬，据查，其早前进救助站求助时报名字为黎某芬。无法确认他的真实姓名，这为寻亲工作加大了难度。他提供的公社地址是几十年前的，现在公社改乡，无法联系改制后的村委核查，只能确认到镇，无法确认村名。社会工作者将目前寻亲遇到的情况总结下来，结合督导老师和其他社会工作者同事的建议，寻求让爱回家志愿团队协助，该团队有分布于各地的志愿者力量，有着当地人熟悉当地情况的优势，可以进行实地走访了解情况。

　　社会工作者开展工作的方向目标有两个：一是整合现有的线索，向让爱回家志愿团队寻求协助寻找家属；二是继续跟进，安抚其情绪，打消其顾虑，获取更多寻亲信息。社会工作者将他的正面照及基本信息发给让爱回家志愿团队，让爱回家志愿者到疑似村庄进行实地走访了解情况。走访后找到疑似黎伯的亲属，但是需要进一步核对信息。

　　社会工作者来到黎伯露宿点，告知其寻亲情况，向其注入返乡信心，真诚地表示寻亲工作需要他的参与以及合作，请其讲述自己家庭的信息进行核对。他提供了更多家庭信息，称自己母亲是父亲的第二任妻子，父亲的名字是黎洪军（音），但是不记得母亲的名字。社会工作者将新获得的消息反馈给让爱回家志愿者团队。同时，区救助队对接户籍地民政部门，联系村委核查，联系到疑似服务对象的侄子和侄女，通过照片，其疑似亲属表示不能确认是家属，最后商议录制视频进行辨认。

社会工作者带着兴奋和希冀的心情，再次到露宿点寻找黎伯录制寻亲视频，指引其描述个人家庭情况。视频发送过去后，经侄子、侄女及村书记辨认，黎伯确为该村村民。

**多方联合，护送返乡**

黎伯侄子、侄女工作比较忙，没有时间前来接他，希望社会工作者能够护送他回家。他的侄子表示返乡后会给予照顾，协助落户和养老安置。社会工作者到达露宿点，告知黎伯找到了他侄子，他非常开心，终于能够回家了。同时他也非常担忧返乡后的生活，社会工作者给他普及五保和养老安置政策，让他返乡后办理，解除了他的担忧。

后由广州市天河区民政局流动救助服务队、天河区珠吉街道办事处和广州市鼎和社会工作服务中心、让爱回家广州志愿者服务总队联合护送黎伯返乡。经过两个多小时的车程，在村口等待已久的家人们迎上来，一路心事重重的黎伯终于露出笑意，几百公里路途的劳顿被熟悉的乡音融化。黎伯住在侄子为他收拾好的老屋，后在村支书的联系沟通下，黎伯被安置住进了当地敬老院，终于能够安度晚年。[①]

# 第三节　流动学堂服务 [②]

流浪乞讨人员社会工作介入服务主要有三大工作手法：个案

---

① 案例源自广州市鼎和社会工作服务中心 2021 年度广州市天河区民政局街面流浪乞讨人员社会救助服务项目。

② 本节由袁娟娟撰写。袁娟娟，社会工作师，广州市鼎和社会工作服务中心服务总监。

工作、小组工作、社区工作。流动学堂类似于小组工作，小组工作以团体或小组为对象，并通过团体或小组的活动为其成员提供社会服务。其目的是促进团体或小组及其成员的发展，使个人能借助集体生活加快自身的社会化；协调和发展个人与个人、个人与团体和团体与团体之间的社会关系；发挥团体或组织的社会功能，促进社会的进步与健康发展。但因流浪人员的流动性，无法连续性地开展，因此设置了符合流浪乞讨人员特性的流动学堂。

流浪乞讨人员的文化水平普遍不高、社会化程度较低、认知水平较低，导致他们在陌生城市的生活比较艰难，跟不上社会的脚步。社会工作者开设多种多样的教育课堂，通过讲授、示范、参观、交流等使流浪乞讨人员提升自身能力，更好地适应社会生活。

## 一、概念界定

流动学堂服务，是广州市鼎和社会工作服务中心依托近八年的流浪乞讨人员救助服务实践和总结提出的创造性的概念。广州市鼎和社会工作服务中心在流浪乞讨人员救助服务中，逐渐形成了较为系统和完善的服务模式，也提炼出了比较全面具体的介入策略、介入方案、介入手法，同时也发现了一些经常出现的群体性的需求问题，更适合通过小组工作的方法进行介入。常出现的情况如下：

（1）因求职被骗、务工不着、被拖欠工钱等原因导致流浪露宿的个案屡见不鲜。

（2）存在许多流浪乞讨人员在接受完社会工作者的帮扶服务返回家乡或者就业后，又再次返回广州市流浪乞讨。

（3）流浪乞讨人员长期生存在相对封闭的亚文化中，与普通社会大众接触较少，对当前经济、政策、文化等的变化了解较少，未能及时利用资源摆脱困境。

（4）流浪乞讨人员的文化程度普遍较低，学习和利用新知识的能力较差，同时也缺乏学习途径。

因此，广州市鼎和社会工作服务中心在服务过程中积极创新，探索出契合流浪乞讨人员需求的流动学堂服务。流动学堂服务通过课堂教学、讲座分享、参观交流等形式，向流浪乞讨人员提供政策法规、健康卫生、社会通识、社会保障、求职就业等内容的教育服务，帮助其提升能力，学会获取社会支持并融入社会。

区别于一般意义的学校课堂，流动学堂的形式、地点、内容更具有灵活性，能够及时根据流浪乞讨人员特征和需求的变化进行调整，课堂地点可以是室内也可以是街角，只要方便流浪乞讨人员集中且不造成影响即可。社会工作者和志愿者在服务过程中可针对某一类或某几个具有共同需求的流浪乞讨人员设计有针对性的课堂内容，丰富课堂形式，提高流浪乞讨人员的积极性和参与度，从而达到提高流浪乞讨人员救助服务成效的目标。

## 二、服务内容

在流动学堂服务开展前，社会工作者和志愿者需对流浪乞讨人员进行需求调研，了解他们的特征和需求并形成调研报告，为下一步制订流动学堂服务方案提供指导。在流动学堂服务开展时，社会工作者和志愿者需根据不同的内容和主题确定不同的教案，教案需具有可操作性并附有与每一节课相关的参考资料，尽可能形成一些知识小册子发放给流浪乞讨人员。如果条件允许，知识小册子尽可能制成图文并茂的、便于携带的小本子，利于阅读和理解。在流动学堂服务开展时和开展后，社会工作者和志愿者需及时进行课堂记录和评估，根据实际情况调整后续的课堂内容，并根据课堂学员的个人情况进行后续的个案帮扶。

### （一）课堂内容

流动学堂教学服务内容从地域上可分为源头地和流入地两大类，同时由于流浪乞讨人员常与救助管理机构的服务相关，因而加上了临时救助，共三大类。

源头地教学服务常涉及低保、五保、医保、养老、残疾金等政策法规方面的内容，个人卫生、疾病认识、康复、护理等健康卫生方面的内容，政府部门、网络平台、防盗防骗等通识教育方面的内容，主管部门、申请方式、保障额度等社会保障方面的内容，以及新农村建设、乡村振兴等脱贫攻坚方面的内容。

流入地教学服务常涉及个人卫生、传染病认识、紧急就医等健康卫生方面的内容，城市认识、垃圾分类、防盗防骗等通识教育方面的内容，心理疏导、健康操等放松身心方面的内容，职业技能、求职面试、人际关系、职工社保等求职就业方面的内容。

临时救助教学服务常涉及临时救助、治安管理等政策法规方面的内容，个人卫生、传染病认识等健康卫生方面的内容，节日活动、健康操等放松身心方面的内容。

从内容分类上，流动学堂教学服务又可分为政策法规系列、健康卫生系列、放松身心系列、通识教育系列、社会保障系列、求职就业系列、脱贫攻坚系列共七大系列的服务内容。

| 源头地 | 健康卫生系列 个人卫生、疾病认识、康复、护理等 |
|--------|-----------------------------------------------|
| | 政策法规系列 低保、五保、医保、养老、残疾金等 |
| | 通识教育系列 政府部门、网络认识、防盗防骗等 |
| | 社会保障系列 主管部门、申请方式、保障额度等 |
| | 脱贫攻坚系列 新农村建设、乡村振兴等 |

临时救助

- 政策法规系列 临时救助、治安管理等
- 健康卫生系列 个人卫生、传染病认识等
- 放松身心系列 节日活动、健康操等

| 流入地 | 健康卫生系列 个人卫生、传染病认识、紧急就医等 |
|--------|-----------------------------------------------|
| | 通识教育系列 城市认识、垃圾分类、防盗防骗等 |
| | 放松身心系列 心理疏导、健康操等 |
| | 求职就业系列 职业技能、求职面试、人际关系、职工社保等 |

## （二）课堂形式

### 1. 课堂教学

对各个系列的教学内容进行规划，形成各个系列各个主题的教案，教案内容需涵盖该主题课堂的流程安排，教学资料，与流浪乞讨人员相关的要点、课件、视频等。

社会工作者、志愿者可直接按照教案内容和要求面向流浪乞讨人员进行授课和讲解。对于其中某些主题，可改为由从事该职业的志愿者直接根据自身工作经验进行讲解，或者在课堂最后由有相关经验的流浪乞讨人员现身说法，增强课堂成员的直观感受。例如，在讲解低保申请时，可事先了解课堂成员中有谁曾经申请过低保，由其在讲解结束后和大家分享自己申请低保的要求、步骤、时限、所需提交材料等。

### 2. 课堂示范

根据课堂内容和流浪乞讨人员的接受能力，采取课堂示范的方式对教学内容进行讲解。例如：情景扮演在危急情况下如何进行紧急求医，模拟求职面试场景等，便于流浪乞讨人员更直观地掌握其中要点。

### 3. 参观学习

根据课堂内容和课堂进度，协调和安排流浪乞讨人员到相关单位进行参观学习，以帮助其更直观地了解课堂所讲的内容，也更清楚自己需要为此掌握哪些技能或者知识。例如：在职业技能主题的课堂中，可与物流分转点、菜鸟驿站等合作，带领课堂成员到现场参观，直接了解这些用人单位所需的工种，以及每个工种要求员工具备哪些技能。

### 4. 实践指引

根据课堂内容和进度，协调和安排流浪乞讨人员到相关单位进行实践，以帮助其快速利用所学的知识，并且因此指引其主动改变现状回归社会。例如：在求职面试主题的课堂中，与正规的劳动市场合作，带领课堂成员到劳动市场现场面试求职，直接了解各种工作的薪资水平、要求等，也能让其在此后的生活中学会到这些正规的劳动市场求职，避免上当受骗。

### （三）课堂评估

### 1. 过程评估

在流动学堂服务开展过程中，社会工作者和志愿者要及时对课堂技巧、课堂过程、课堂成员表现和课堂成员意见等进行记录。特别是对课堂成员表现、社会工作者和志愿者的工作技巧进行记录和评估，反思不足之处和提出改进意见，了解课堂成员的学习进展和适应程度，适时修正课堂教案，改善工作技巧。将课堂过程中的记录、总结、课堂成员意见反馈、课堂过程中发生的重大影响事件等资料进行收集保存，为课堂结束时的评估提供支持。

### 2. 结果评估

在流动学堂服务的各个阶段，社会工作者和志愿者要及时做好每次课堂的课堂技巧、课堂过程、课堂成员表现和课堂成员意见等记录。在课堂的最终阶段，社会工作者和志愿者要将这些记录进行总结归纳，评估整个课堂的目标达成情况、教案适用情况、课堂形式适合情况、社会工作者和志愿者的工作技巧存在哪些优缺点和课堂成员学习成效，评估流动学堂对流浪乞讨人员及社区的影响程度。

### 三、服务技巧

#### （一）针对不同需求开设不同主题的流动学堂

**1. 高龄长者的需求**

长年在外流浪乞讨的高龄长者，特别是与家人失联多年的高龄长者，其对家乡变化和社会保障容易存在了解不足。适宜对其开设新农村建设、乡村振兴等脱贫攻坚内容和低保、五保、医保、养老、残疾金等政策法规内容的流动学堂，提高其寻亲和返乡的积极性和信心。

**2. 临时遇困人员的需求**

临时遇困人员大多为务工不着、寻亲不遇、被盗被骗等人员，其大多就业意愿或者返乡意愿比较强。适宜对其开设临时救助等政策法规内容，网络认识、防盗防骗等通识教育内容，以及职业技能、求职面试、人际关系、职工社保等求职就业内容的流动学堂。帮助其到救助管理机构获得临时救助，到劳动市场求职，尽快返乡或者就业。

**3. 年轻露宿群体的需求**

80后、90后的年轻流浪露宿人员的比例在近几年有较为明显的上升，其身体健康并受过小学或者初中的教育，但是大多缺乏职业技能，对待工作比较容易眼高手低，往往因就业不顺心而选择流浪露宿，偶尔打零工以维持日常开销，不愿返乡。适宜对其开设职业技能、求职面试、人际关系、职工社保等求职就业内容和个人卫生、传染病认识、紧急就医等健康卫生内容的流动学堂，引导其做好自我保护、职业规划和人生规划。

## （二）设置适宜的课堂时长和形式

### 1.控制课堂时长

多数流浪乞讨人员比较自由散漫，注意力难以集中。如果是课堂教学的形式，课堂时长宜为 10 至 15 分钟，课堂内容需主题突出且简单明了，课堂后增加相关视频播放或者有经验者的现身说法以增强记忆。课堂示范、参观学习、实践指引等形式课堂教学的时长可自由设计，以不超过两小时为宜。

### 2.减少文字读写

建议多增加课堂示范、参观学习、实践指引等形式的课堂教学，尽量丰富、有趣、有记忆点，尽可能减少文字读写。例如：讲解返乡申请五保的方式、讲解进救助管理机构求助的流程等，可以图画的形式展现出来，标记每一步的前后顺序和注意事项等，便于流浪乞讨人员理解。

## （三）注重志愿者培育，以提高流动学堂成效和影响

### 1.挖掘专才志愿者

志愿团队中蕴含着巨大的能量，能够从各个方面帮助提高流动学堂的服务质量和成效。因而需要注意在志愿团队中挖掘志愿者的专长和才能，最简单的方式是去了解每名志愿者的教育背景和职业背景，例如法律背景、医学背景、心理学背景，或教学背景等。组织志愿者运用自身所长去向流浪乞讨人员开展相关主题的流动学堂的教学。

### 2.与高校志愿团队合作

流浪乞讨人员的文化程度普遍较低，以 2021 年广州市中心城区街面流浪乞讨人员调研为例，文盲占比为 13.38%，小学

包括小学未毕业占比为 56.35%，初中包括初中未毕业占比为 23.91%。这部分人员步入社会后大多找不到合适的平台接收资讯或者参与再教育，容易受到各种信息误导。可与高校志愿团队合作，组织大学生志愿者为流浪乞讨人员开办各类时事资讯、政策向导、平台使用等流动学堂，帮助其紧跟时代变化，学会正确利用各类平台。

### 3. 提升志愿者能力

在开展流动学堂前以及过程中，需要注意对志愿者的培训，主要包括以下几类培训内容：了解流浪乞讨人员的特征及类型、确定流浪乞讨人员的需求，如何运用专业知识、熟悉了解政府针对流浪乞讨人员的救助政策、增强志愿者的自我保护意识等。同时，需要增强志愿者对流浪乞讨人员帮扶、对流动学堂的认识，指导其更好地扮演服务者、教育者的角色。

### （四）调动资源为流动学堂提供支持和保障

#### 1. 固定场地提供综合性服务

社会工作者很多时候需要前往各个露宿点或者租住地开展流动学堂服务，时间和场地难以固定，虽吸引了许多的流浪乞讨人员参与其中，但是难以保证流浪乞讨人员能够长期参与或者定期参与。如果能够链接到固定的场地资源，则可以增加固定的流动学堂服务，甚至制定课表，让流浪乞讨人员定期参与。这样一方面利于流动学堂服务的开展和推广，另一方面也便于掌握街面流浪乞讨人员的情况和变化。

#### 2. 物资支持吸引流浪乞讨人员参与

流浪乞讨人员容易面临衣食问题，如有相关物资支持，更容易吸引其参与流动学堂，特别是固定场地的流动学堂。例如：逢周一、三、五上午在某室内开展流动学堂活动，所有流浪乞讨人员均可参与，而参与的人员课后可在这里就餐和换洗衣服，餐食和衣物为免费提供。其间，社会工作者和志愿者登记流浪乞讨人员信息、指引其或就业或返乡、帮助其寻亲和申请救助等。

## 四、典型个例

### 流动学堂：助力改变，助力回归社会

**我终于是个"有身份"的人了**

"我终于是个有身份的人了！有了身份证，我就可以找份稳定的工作啦！"当鼎和社工将成功补办的第二代身份证交到杨大哥（化名）手上时，他激动地向社工表达了感激之情，并表示会好好保存这来之不易的身份证。

杨大哥今年三十多岁，正值盛年，且身体无碍，具有劳动力，有机会通过正式劳动改善自身生活，摆脱流浪露宿的困境，但因身份证丢失而无法正常工作、租房。在街面上与杨大哥有着同样境遇的流浪露宿人员并不在少数，他们均碍于面子等原因，迟迟不愿返回原籍地补办身份证，从而造成就业、租房时身份证明的困扰，进而长时间的流浪、露宿。鼎和社工与杨大哥等人结缘于流动学堂，从而开启异地补办身份证的旅程。

**异地补办身份证的缘起**

2021年3月起，鼎和社工开展流动学堂教育服务，在街面上多次开展"健康卫生""政策法规""就业辅导""生活通识"四个系列教育主题，包括疾病预防、个人清洁、环境保护、民法

普及、低保五保政策宣讲、就业渠道、生活常识等不同主题的教育活动。通过流动学堂，社会工作者一方面培养流浪露宿人员树立正确的三观及学习正确的行为方式，帮助他们重新社会化，改变对个人、家庭、社会的认知；另一方面，通过流动学堂学习的多种多样的新知识，流浪露宿人员可以通过自己的力量改变生活，回归社会。

在流动学堂开展的过程中，社会工作者发现大部分中青年流浪露宿人员具有劳动力，并且有就业的意愿，但因身份证件遗失而陷入务工不着，进而露宿街头的困境中。"我们也想好好找份工作，但没有身份证，去面试都没什么人敢要我们，前两天我就去附近的快递点面试了，那边的工作待遇不错，一个月有好几千呢，但没有身份证，快递点的老板不敢要我。他还跟我说，要是我能把身份证办下来，可以直接过去上班。"在街面露宿、靠打散工维持生活的杨大哥在流动学堂结束时，拉着鼎和社工说了这样一番话。针对这种情况，鼎和社工机构积极发挥慈善专项基金效能，依托慈善专项基金，开展身份证件异地补办专项救助行动。

### 回到起跑线上，成功就业

2021年5月，身份证异地补办专项救助行动开始。在信息收集阶段，鼎和社工、志愿者通过开展流动学堂，收集登记有意向补办身份证且户籍尚在、办理过第二代身份证等符合异地办理条件人员的相关信息，随后通过东莞市让爱回家公益服务中心协调相关政府部门，截至2022年年底，总计为二十余名长期露宿的中青年流浪人员成功补办身份证，所需费用由慈善专项基金支持。

针对办理成功且已拿到身份证的流浪露宿人员，鼎和社工及时在集中露宿区域开展就业主题的流动学堂教育活动，通过就业渠道介绍、常见工种讲解、面试技巧、就业信息推荐等主题内容，为流浪露宿人员成功就业、回归社会打好基础。在活动中，很多人对于就业信息十分关注，不仅认真听讲，而且主动借用手机，联系用人单位了解工作内容，并约定面试时间。几天后，鼎和社工陆续收到发来的信息或接到打来的电话："我已经开始上班了！现在在餐饮店当服务员，工资虽然不高，但这边包吃包住。谢谢你们！没有你们帮我补办身份证，我就没办法像现在这样上班啦，太感谢你们啦！""我昨天就到快递点上班了，今天下班打算跟同事去公司附近看看房子，太感谢你们了。"经过统计，已有近十人成功就业，逐步摆脱困境，回归正常的生活轨迹。

**流动学堂的延伸和扩展**

流动学堂深受欢迎，现场效果很好，经过不断总结，鼎和社工开发了统一的教案、教材、教具，形成了完善的流动学堂教育服务模式。基于流动学堂教育服务模式的灵活性和普适性，其可以应用于不同地方、不同人群。广州市救助管理站、广州市救助管理站市区分站、广州市番禺区救助管理中心、广州市花都区救助管理站等社会工作服务项目，纷纷引入流动学堂服务模式，丰富救助服务形式，优化救助服务内容，提升救助服务成效。

鼎和社工前往广西梧州交流学习时，梧州市救助管理站对于流动学堂教育服务模式十分感兴趣，并计划在站内引进流动学堂服务。流动的学堂，持续的关怀。流动学堂教育服务模式，以关怀之心，助力改变，助力回归社会，助力服务社会。[①]

## 第四节　源头治理服务 [②]

源头治理服务是流浪乞讨人员救助工作中的重点，"反复救、救反复"的现象较为突出，很多服务对象回归家乡后无法稳定生活，只能重新出来流浪乞讨。唯有保障流浪人员在家乡的基本生活，对家庭有归属感，才不会再出来流浪。目前社会工作者在源头治理服务方面面临较大挑战，主要是联系源头地（流出地）社会组织，协助解决服务对象返乡后的难题，还需要与政府救助部门不断探索实践源头治理服务工作。

为全力推进源头治理的工作，民政部 2020 年发布的《关于开展生活无着的流浪乞讨人员救助管理服务质量大提升专项行动的通知》指出，对已经返家的，要组织人员或委托当地村（居）民委员会了解其家庭状况，对存在生产、生活及基本医疗保障方面困难的，要将其详细情况报送乡（镇、街道）及相关部门，乡（镇、街道）及相关部门要按照职责落实有关政策予以帮扶，避免其再次陷入困境；对确无家可归的，户籍所在地救助管理机构（民政部门）应当主动接收，并协调当地人民政府妥善安置。[③] 各

① 案例源自广州市鼎和社会工作服务中心 2021 年度广州市天河区民政局街面流浪乞讨人员社会救助服务项目。

② 本节由袁娟娟撰写。袁娟娟，社会工作师，广州市鼎和社会工作服务中心服务总监。

③ 中华人民共和国民政部网：《关于开展生活无着的流浪乞讨人员救助管理服务质量大提升专项行动的通知》，民发〔2020〕14 号，https://xxgk.mca.gov.cn:8445/gdnps/pc/content.jsp?mtype=1&id=13963，2020 年 3 月 4 日。

级民政部门要指导救助管理机构建立易流浪走失人员信息库，将送返本辖区的精神障碍患者、阿尔兹海默症患者、肢体和智力残疾人员、反复流浪乞讨人员等纳入信息库统一管理，并将信息通报给乡（镇、街道），由乡（镇、街道）组织人员通过实地走访、电话询问等方式进行回访，发现反复流浪乞讨的情况要及时反馈民政部门，原则上回访频率不低于每两个月一次，回访期不少于一年。

## 一、概念界定

在流浪乞讨人员救助服务过程中，帮扶服务常面临"反复救、救反复"的局面，而流浪乞讨人员则常面临"回不去、留不下"的局面。要解决帮扶服务的问题则必须先解决流浪乞讨人员返乡安置的问题，其中流浪乞讨人员面临的"回不去、留不下"就是源头治理所要解决的问题。为稳定流浪人员返乡生活，民政部于 2003 年发布实施的《城市生活无着的流浪乞讨人员救助管理办法实施细则》的第十八条指出，流浪人员户口所在地、住所地的乡级、县级人民政府应当帮助返回的流浪乞讨人员解决生产、生活困难，避免其再次外出流浪乞讨；对遗弃残疾人、未成年人、老年人的近亲属或者其他监护人，责令其履行抚养、赡养义务；对确实无家可归的残疾人、未成年人、老年人应当给予安置。[①]

---

① 中华人民共和国民政部网：《城市生活无着的流浪乞讨人员救助管理办法实施细则》，https://xxgk.mca.gov.cn:8445/gdnps/pc/content.jsp?mtype=1&id=15233，2003 年 7 月 21 日。

流浪乞讨人员来自全国各地，但大多集中于经济欠发达的区域或者流入地的周边城市。在此情形下，如何调动这些城市的本土资源助力流浪乞讨人员返乡安置就成了开展流浪乞讨人员救助服务的重要环节，也是源头治理的重点工作之一。

源头治理就是要加强社会力量跨省市之间的通力协作，从源头上减少流浪乞讨人员，加强源头综合治理工作的探索，从根本上解决贫困流浪乞讨人员"两不愁、三保障"问题，将其稳固在当地，防止其外出流浪乞讨。源头治理要积极发挥社会力量参与救助服务的专业和柔性作用，搭建家庭和社会支持系统，积极开展寻亲返乡、跟踪回访、资源整合等服务工作，形成跨省市多元参与的服务网络，促使流浪乞讨人员早日回归家庭、回归学校、回归社会。

## 二、服务内容

### （一）源头治理重点

#### 1. 寻亲核实

第一，入村入户走访。组织和指导源头地的社会力量进行入村、入户实地走访，直接了解流浪乞讨人员所述信息是否属实，调查其家庭关系和家庭经济状况等，同时也要了解其所在社区的服务资源，为后续的转介和进一步介入提供支持。

第二，联系亲属。联系流浪乞讨人员直系亲属或者旁系近亲属，进行面谈或者电话沟通，请亲属辨认流浪乞讨人员，必要时也可以请村（居）委、邻居等一起进行辨认，确认是本人后需继续联系能为流浪乞讨人员返乡提供协助的亲属，确保流浪乞讨人员返乡后能够得到安置。例如，亲属能提供住所供流浪乞讨人员过渡，能提供资金资助，能协助恢复户籍和申请社会救助等。进一步确认流浪乞讨人员家庭关系和家庭经济状况。

第三，核实身份。请亲属、村（居）委、邻居等帮助出示相关证件，核对流浪乞讨人员身份信息，确认是其本人。例如，亲属通过照片和视频辨认确定是其亲属，并且提供该名流浪乞讨人员的户籍证件进行比对以确定是其本人，同时需注意是否存在户籍被注销的问题，如果已被注销，所提供的信息是否与本人对得上以及村（居）委是否能够出具证明。

### 2. 协助接回

向亲属、村（居）委说明前往流浪乞讨人员所在地接回的流程，协助亲属、村（居）委准备异地接回所需的证明材料，与流浪乞讨人员所在地志愿者保持沟通，确保流浪乞讨人员在当地等待，必要时跟随亲属、村（居）委前去流浪乞讨人员所在地直接接回。对于亲属、村（居）委无法前去接回的，需及时告知流浪乞讨人员所在地志愿者，将流浪乞讨人员转至当地救助管理机构进行救助，由当地救助管理机构购票或者送返，协助亲属、村（居）委到户籍地车站或者户籍地救助管理机构接回。

### 3. 救助帮扶

第一，协助恢复户籍。协助流浪乞讨人员、亲属、村（居）委与户籍部门对接，协助准备和提交证明材料，跟进相关进度。向流浪乞讨人员、亲属说明恢复户籍的流程和可能需要的时间，帮助其提前做好心理准备。

第二，协助申请社会救助。了解流浪乞讨人员户籍地的社会救助申请条件和救助金额，评估流浪乞讨人员的情况是否符合条件，协助符合条件的流浪乞讨人员递交申请材料，并跟进审批结果。另外，需向流浪乞讨人员及其亲属说明审批结果以相关管理部门的意见为准，并不保证一定能申请到低保、五保、残疾人补贴等。

第三，协助入学。了解流浪乞讨人员户籍地的教学资源，督促并协助义务教育年龄段的流浪乞讨人员尽早返校，帮助有需要的流浪乞讨人员到技术学校进修。挖掘社区资源，为其中有需要的流浪乞讨人员提供助学金。

第四，协助入院治疗。了解当地定点医疗机构和医疗救助条件，协助符合条件的流浪乞讨人员申请医疗救助并到当地定点医院、精神病医院接受治疗。

### 4. 巩固成效

第一，返乡生活适应。帮助返乡的流浪乞讨人员适应有别于流浪露宿生活的社区和居家生活，增加对所居住社区（乡村）的认识，学会利用社区（乡村）资源，积极参与社区（乡村）活动，满足社会交往需求，如引导其积极参与社区志愿服务和村集体节日庆祝活动。

第二，人际关系协调。引导返乡的流浪乞讨人员主动与亲属、邻里保持沟通，学会掌控个人情绪和宣泄不良情绪，有效解决相互之间的矛盾，促使其能更好地融入当地生活，并达到帮助有需要的人员获得家庭照顾和社区照顾的目的。例如，引导其在农忙时节主动询问亲属、邻里有哪些需要帮助的地方，自己在哪些地方又需要亲属、邻里的帮助，形成互帮互助的良好氛围。

第三，就近就业。对返乡的流浪乞讨人员进行就业能力评估，根据评估结果和个人意愿进行就业推荐或者转介至相关的就业机构继续接受帮扶。同时，须帮助其提高职业认知和对自我能力的认知，建议其就近就业以便在有需要的时候能够及时获得家庭、社区等的支持，对于想要外出去其他城市就业的人员则引导其通过亲友带领或者其他正规渠道进行就业，避免在求职和就业过程中上当受骗。

### 5. 跟踪回访

第一，电话回访。在流浪乞讨人员返乡后，社会工作者或者志愿者按第一个月、第三个月、第六个月的间隔进行电话回访，其间有需要的可以适当增加回访次数，第六个月回访时如其有稳定的经济来源、生活照料、生活模式则之后不再进行回访。回访内容主要涉及其当前与何人共同生活，有没有稳定的经济来源，主要经济来源是哪些，如果其生活不能完全自理是否有人照料等等。

第二，入户回访。在征得流浪乞讨人员及其家属的同意后，社会工作者或者志愿者可进行入户回访，回访时间、内容等和电话回访相同。

### 6. 两地共享

第一，信息共享。流入地和源头地社会力量将各自了解到的来自对方城市户籍的流浪乞讨人员信息进行共享，共同梳理其中需要对方进行寻亲核实、协助接回、救助帮扶、巩固成效和跟踪回访的人员信息，将介入后的跟进记录与对方共享，同步介入情况，整理建立易走失人员名册，做到有的放矢。同时，将了解到的两地政策、规定等的差异进行共享，为救助帮扶提供支持。

第二，资源共享。一般而言，流入地和源头地的社会力量发展不均衡，两地的资源也有所差别，需要注意汇总各类资源进行共享。以广州市为例，作为流入地，其社会力量发展较为完善，参与流浪乞讨人员救助服务较早，有比较多的经验积累；在督导和培训方面的资源更为丰富，也有较为稳定的物资资源和基金资源，在与源头地开展源头治理工作时能与对方进行督导培训资源共享、物资资源共享、基金资源共享，甚至可对一些返乡后的流浪乞讨人员进行异地资助。

### 7. 宣传预防

第一，开展救助宣传活动。在流入地和源头地分别组织开展社会救助宣传活动，讲解源头地低保、五保、残疾救助、医疗救助等政策，指引符合条件的流浪乞讨人员返乡申请救助，帮助源头地的潜在易流浪乞讨群体及时申请救助，从源头上减少流浪乞讨人员数量。

第二，开展外出就业指引。在源头地针对有需要外出务工的人员开展外出就业指引，特别是没有固定工作、需要先到外地找工作的这部分人员，指引其学会到正规的求职网站、劳动市场等找工作，学会识别欺诈信息和了解劳动保护、社保等法规。

第三，开展异地求助指引。在源头地针对有需要外出的人员开展异地求助指引，特别是留守儿童以及计划到其他省市务工或者生活的人员，指导其在遇到困境时积极主动向警察或者救助管理机构求助。

## （二）工作制度

### 1. 协商制度

两地的社会力量代表签订战略合作协议，统筹当地的社会力量与对方的社会力量进行合作，协议所涉及的工作内容、参与单位、工作制度等需经过双方社会力量代表协商确定。

### 2. 沟通制度

建立两地社会力量沟通平台，指定双方对接人，由对接人维护当地社会力量的沟通平台信息，及时沟通和跟进后续结果，达到有效沟通、信息共享、资源共享的目的。

### 3. 监督制度

两地的社会力量代表定期开展相关工作自查，设定自查表格，督促双方在法律、法规框架内开展工作，防止违法违规问题发生。

### 4. 保密制度

对共享的信息、数据、资源等资料双方要妥善保管，未经允许，不得外泄。若需对外使用相关的资料，须经双方同意后方可使用，并对涉及流浪乞讨人员个人隐私的信息进行隐匿处理。

### 5. 宣传制度

两地的社会力量代表共同负责相关工作的宣传事宜，宣传稿件互审。对于其中涉政府信息的内容，需按照相关工作流程向救助管理部门报备和审核后方可向媒体提供。

### 6. 参加和退出制度

以自愿参加为原则，流入地和源头地的社会力量在参与源头治理工作时，要分别在流入地和源头地推选一个社会力量代表，由两地的社会力量代表签订战略合作协议。参与单位如需退出源头治理战略合作协议，需提前一个月向对应的社会力量代表提出申请，由对应的社会力量代表向所有参与单位公示 7 个工作日之后方可正式退出，退出后不再参与源头治理工作。如是对应的社会力量代表要退出源头治理战略合作协议，在提出申请前需将代表身份转给其他社会力量再执行退出制度。

### （三）资源调动

#### 1. 发挥"老乡"作用

流浪乞讨人员大多对陌生人比较警惕和不信任，对社会工作者所说的可以返乡申请的各类救助也持怀疑态度，而来自家乡的志愿者的现身说法则可大大提高劝导成效，使其能够更配合提交材料或者直接返乡申请。同时，在户籍地的志愿者对当地的政策和政府部门也比较熟悉，能够更方便帮助流浪乞讨人员提交材料并申请各项救助。

#### 2. 借助现有团队

尽可能与户籍地的志愿团队建立合作关系，直接利用当地的志愿者资源开展源头治理工作，省去早期的调研、走访等时间；或者通过其他团队与当地的密切联系直接开展源头治理工作。

#### 3. 借助网络平台

通过网络平台将信息反馈到户籍地，获得户籍地的关注和协助，从而建立常规化沟通联系，及时反馈信息和解决问题。例如，借助今日头条、抖音寻亲等网络平台发布寻亲信息，引起户籍地关注，通过户籍地的社会力量和政府部门进一步核实和快速寻亲成功。

### 4. 设立专项基金

与慈善会、基金会等有公开募捐资格的组织联合设立专项基金，用于满足开展源头治理工作的出行、住宿等需求，同时也满足部分特殊个案的返乡过渡资金资助需求，保障源头治理工作的顺利开展。

## 三、服务技巧

### （一）调研源头治理需求

在开展源头治理前需进行调研。一是了解本地流浪乞讨人员的主要流出地、现状、现状成因等；二是了解主要流出地的社会资源，包括但不限于流出地的志愿者协会、社会组织联合会、社会工作服务站、志愿团队、地区商会等，其中特别留意曾参与或关注流浪乞讨人员帮扶服务的社会力量。要有针对性地联络流出地社会力量，调动相关社会资源，并制定有针对性的联合介入策略和方法。

### （二）调动社会力量资源

社会力量资源包括人力资源和物资资源，其中人力资源更为重要，特别是具备心理学、社会工作等专业背景的志愿者资源。人力资源需要负责流出地与流入地的对接、寻亲核实、协助接回、救助帮扶、巩固帮扶、跟踪回访等工作，因而需要尽可能地调动两地的志愿者和社会工作者。物资资源主要是满足志愿者和社会工作者在进行走访、帮扶时产生的额外支出，以及满足一些特殊个案的资助需求。物资资源可以联络慈善会、商业协会、爱心企业等。

## （三）签订源头治理协议

为保障源头治理工作的有序开展和维护双方利益，建议双方签订相关合作协议，协议内容对双方的合作内容、义务、权利等进行商定。在此基础上可附上服务执行计划，便于双方开展服务。

## （四）开展两地互助共享

及时相互反馈长期在对方城市街面流浪乞讨人员及返乡受助人员信息，建立信息互通、资源共享平台，分别指定专职人员对共享平台管理维护，及时将相关协查、寻亲、接领、护送、安置、回访、成效等情况纳入共享平台管理。互派专家指导，互相学习培训，共同研究救助管理工作重点难点问题，促进源头治理能力的提升。

# 四、典型个案

## （一）流入地源头治理典型个案

### 离家 28 年的他，终与家人团聚

**另辟蹊径，获取信息**

梁小伟（化名），曾露宿在海珠区凤阳山上，2020 年 2 月，在征得他的同意后，海珠区凤阳派出所将他护送到了广州市救助管理站求助，没有查询到他的身份信息。

来到救助管理站的梁小伟显得非常木讷，面对工作人员与社会工作者的聊天谈心，他总是保持沉默，与同住的舍友也缺乏沟通。为了核实他的身份，一科服务组与项目组组成寻亲小

组，开展寻亲工作。通过反复的聊天、观察其日常沟通，寻亲小组发现他会讲广东话，偶尔会在宿舍唱山歌，猜测他户籍在两广地带。

但怎样都无法撬开梁小伟的嘴巴，寻亲小组的成员都很焦急。商量过后，工作人员决定打破原有的面谈方式，从男性角度出发，尝试性地给了他一根烟，他沉默着抽烟，边抽边在纸上写下了"广西""石破""梁小伟"的字样。根据他写下的信息，工作人员立刻着手寻亲工作，但通过民政和公安系统均未查询到有效信息。

**源头治理，联合寻亲**

恰逢广州市社会力量参与救助服务联动机制建立，项目组积极参与，共同开展合力救助工作。此后，项目组联合广州各社会组织开展合作，共同帮扶流浪乞讨这一群体。在征得站内同意后，工作人员将梁小伟的照片及其自述的个人信息发到联动机制办公室，由鼎和社会工作者联络参与单位——让爱回家志愿团队，将其相关信息发到疑似户籍地志愿者群。很快，梁小伟同村的志愿者认出了他，并将此事告知了梁小伟的侄子，在志愿者的帮助下，工作人员与梁小伟的侄子取得了联系，并告知梁小伟在广州市救助管理站的情况。

**核实身份，家属接回**

梁小伟的侄子得知叔叔的消息，第一反应是非常激动，但冷静下来后，想到叔叔离家出走没多久后就改嫁的婶婶，和从小在自己家长大刚结婚没几年的堂弟和弟媳，此事还需要了解他们的想法。同时，根据他的记忆，与救助管理站的工作人员反复确认身体特征，并最终确认了梁小伟的身份。

梁小伟的哥哥们得知寻找到了梁小伟，激动过后连忙询问梁小伟现在的精神状态，因 20 多年前，梁小伟因鞭炮爆炸的意外导致头部受伤，控制情绪的神经损伤严重，持刀伤人后因精神异常没有承担法律责任，但是家人害怕梁小伟仍有暴力倾向。工作人员将梁小伟入站求助以来的精神状态告诉他们，梁小伟除了过分沉默不愿表达自我外，并无任何异常情况，在站内生活也从未表现出任何暴力倾向。梁小伟的哥哥们得知这一情况后，放下心来，专心做梁小伟孩子的工作。

2020 年 12 月，梁小伟的家人和让爱回家志愿者来穗将其接回。梁小伟返乡那天，从他一如从前平静的眼神中，并未发现他的情感波动。但在梁小伟家人将他接回老家后，让爱回家志愿者分享了几张梁小伟与家人团聚的照片，照片中，梁小伟与哥哥紧紧拥抱在一起痛哭失声，旁边的亲人也忍不住流下泪水。[①]

## （二）流出地源头治理典型个案
### 源头共治，让返乡流浪人员得到有效帮扶

反复流浪人员刘德（化名），男，33 岁，滨州市户籍，智力残疾四级。18 岁时父亲去世后，其精神开始出现异常，经常外出流浪，被多次救助送返。他与母亲共同生活。母亲今年 56 岁，目前精神状况不佳，但未进行过诊治和精神残疾鉴定。

---

[①] 案例源自广州市鼎和社会工作服务中心 2020 年度广州市救助管理站流浪乞讨人员专业社工服务项目。

### 生活艰难，反复流浪

为减少刘德反复流浪状况，找到解决问题的根源，从源头上排忧解难，依托"救助＋社工"滨州市返乡流浪人员源头治理精准帮扶项目实施开展，滨州市救助管理站工作人员、社会工作者对其进行了多次家访。他的家中没有任何家具和炊具，据村干部和亲属讲述，家中所有物品均被他的母亲变卖，母子二人仅有一张床和一个地铺。

刘德本人有低保和残疾补贴，母亲因为没有做过诊治和相关鉴定，无法享受任何补助。家中的田地由刘德大伯代种，母子二人的生活主要靠同村的大伯家给予帮助和支持。

### 找到需求，设定目标

滨州市救助管理站工作人员、社会工作者家访中发现，他母亲头上有多处被刘德击打的伤痕，其亲属反馈，刘德未曾攻击除母亲之外的人，因母亲喜欢不停地唠叨，激发了他的愤怒情绪。

刘德不定时外出流浪，有时半月不回家，回家后整个人消瘦如柴，面临很大的生存风险，刚开始亲属会到处去寻找，时间久了，亲属也习以为常，没有时间和精力外出寻找。他的母亲没有任何社会福利政策保障，为了生存，变卖了家中所有物品，精神状况已经越来越不正常，需要送院诊治。刘德的精神状况变得比之前更加严重，没有按时服药和就医，反复流浪，导致其病情越发严重。母子二人都有送院诊治的迫切需求，需要有康复的途径，能定期接受治疗；他的母亲也需要申请社会救助，使二人的生存问题得到更好的解决。

### 合力救助，排忧解困

工作人员一是协助其获取相应政策支持，重新进行残疾鉴定。滨州市救助管理站工作人员、社会工作者与区残联和其家庭所在的街道残联进行对接，了解残疾人鉴定所需的材料，并为母子二人报名预约；准备鉴定材料，协助母子二人进行残疾鉴定。二是协助刘德获得康复的途径，协助刘德母亲申请社会救助。通过对接残疾人帮扶政策和医疗资源，协助刘德母子二人申请到免费救治，协助家属办理住院手续，刘德和其母亲同时获得专业的康复治疗；协助亲属为刘德母亲申请办理低保补贴。

### 源头治理，标本兼治

滨州市救助管理站建立了滨州籍流浪乞讨人员返乡安置和易流浪走失人员信息台账，实行动态管理。通过购买服务的方式，聘请专业社工机构进行全面摸底走访，不断完善数据信息。通过入户走访，形成专业评估报告，梳理精神障碍患者、阿尔兹海默症患者等高风险返乡流浪人员，并反馈至县区、乡镇，督促其做好监护和帮扶工作，确保返乡流浪人员得到有效帮扶。

通过实地走访、定期电话回访的形式，对受助对象进行动态管理，能实时掌握受助对象的即时情况，及时发现风险因素，调整帮扶措施，做好前置干预，降低重复流浪风险。通过就业帮扶搭建服务对象就业咨询平台、链接相关爱心企业，为服务对象提供就业岗位。通过"社工＋心理咨询"模式，为受助人员开展个案帮扶与心理援助，为其增能赋权，帮助服务对象重建自信，提高其自身调适能力和发展能力，激发其内在改变的动力，逐步建立与周边群体及家人的良好人际关系，协助其顺利回归家庭的同时，更好地融入社会。通过为无监护人或无监护能力的服务对象对接免费医疗康复机构，为服务对象获取免费康复救助，协助其落实政策，从根本上解决了重复流浪问题。[①]

## 第五节　资源整合服务[②]

在流浪乞讨人员帮扶服务中，社会力量参与者需要担负起多种角色，需要满足流浪乞讨人员多样化的救助需求。因此，流浪乞讨人员帮扶服务必须秉承多样性原则，采用多元化的救助介入方式，同时还要满足流浪乞讨人员的多样性救助需求，在物质需求、精神需求和心理健康需求方面提供全方位的服务，进而提升流浪乞讨人员社会救助的有效性。[③]

从当前的社会救助运行情况看，现阶段救助资源存在较为明显的浪费现象，即救助资源并未得到充分利用。当前，在社会救助过程中，各救助主体，特别是社会力量所掌握的救助资源尚不能实现其自身价值，即其分散状态使不同救助主体所掌握的救助资源并没有充分发挥其应有的功效。因此，将分散的资源集中起

---

[①] 案例源自滨州市海燕社会工作服务中心"救助＋社工"滨州市返乡流浪人员源头治理精准帮扶项目。

[②] 本节由王静、马海潮撰写。王静，东北师范大学社会学硕士，广州市团校（广州志愿者学院）讲师，社会工作师；马海潮，社会工作师，广州市鼎和社会工作服务中心项目主任。

[③] 秦喆：《论流浪乞讨人员社会救助工作介入研究》，《秦智》，2022年第10期，第82页。

来，实现"1+1>2"的效果，是资源整合的最终目标。[①]

## 一、概念界定

资源整合就是将资源视为一个系统或整体联系，通过对系统或整体联系的各个要素进行加工和重组，使之相互联系、相互渗透，形成更为合理的结构，实现整体优化、功能优化，使资源能够发挥更大的功能，实现更大的效益。

本书中的资源整合为公益资源整合，是指将公益得到的社会资源相互协调成为一个整体，使之成为公益组织掌握、支配和动员的资源过程和状态。[②]通过公益资源整合，使得公益资源发挥更大效能，为流浪乞讨人员提供更多、更全面的救助帮扶服务。流浪乞讨人员帮扶服务中的资源整合主要涉及资源的分类、募集、共享和分配。

## 二、服务内容

### （一）资源分类

分类，是任何科学研究的基础和前提。它是根据对象的共同点和差异点，将对象区分为不同种类的逻辑方法。资源分类，是在比较资源之间的共同点和差异点的基础上，根据共同点将资源归纳为较大的类，根据差异点把资源分为较小的类，从而将资源

---

① 陈泉辛：《社会救助多元主体的整合路径》,《人民论坛》,2019 年第 12 期，第75 页。

② 丰武海：《浅谈公益资源整合》,《全国商情（理论研究）》,2012 年第 23 期，第41 页。

区分为具有一定从属关系的不同级别的系统，即为资源分类。[①]

在本书中，我们将流浪乞讨人员救助帮扶服务所需的资源根据形态分为人力资源、物质资源和财政资源三大类。

### 1. 人力资源

在流浪乞讨人员帮扶服务中，人力是一个核心资源，人力资源的质量水平和适配程度决定着帮扶服务的产出和成效。同时，人力资源的广泛利用也有助于吸引更多的社会力量参与针对流浪乞讨人员的帮扶服务。

政府部门工作人员、慈善基金会工作人员、社会组织工作人员、企业员工、学生、社区居民等都是可利用的人力资源。在流浪乞讨人员帮扶服务中，最主要的人力资源是社会工作者、社区志愿者、学生志愿者。

### 2. 物质资源

在流浪乞讨人员帮扶服务中，物质资源主要是指围绕流浪乞讨人员的衣、食、住、行及帮扶服务的客观存在物。有了这些物质资源，能够在一定程度上解决流浪乞讨人员当前的衣、食、住、行需求，同时也能支持帮扶服务持续开展下去。

衣物、食物、被褥等是流浪乞讨人员露宿所必需的物质资源，主要源自政府救助物资和慈善基金会、企业、个人捐赠。除了长期需要的食物外，根据实际情况流浪乞讨人员有不同的物质资源需求，如严寒天气主要需要热食、热饮、棉衣、棉被等驱寒保暖的物质资源；酷暑天气主要需要饮用水、凉茶等消暑降温的

---

[①] 杨子生：《资源分类初探》，《玉溪师范学院学报》，1994 年 Z2 期，第 88 页。

物质资源；台风天气主要需要雨衣、雨伞、衣物等避雨保暖的物质资源。

### 3.财政资源

在流浪乞讨人员帮扶服务中，财政资源主要是指政府部门为流浪乞讨人员所筹集和供给的帮扶经费和资金。财政资源除了对流浪乞讨人员的直接帮扶和购买服务帮扶外，也营造了一个良好的外部条件，获取更多社会力量的关注和参与。

流浪乞讨人员救助专项资金和流浪乞讨人员救助补助资金是直接用于流浪乞讨人员帮扶服务的财政资源。此外，政府还通过购买社会工作服务、志愿者服务等专项服务，来支持对流浪乞讨人员的帮扶工作。

### （二）资源募集

### 1.政府部门

在流浪乞讨人员帮扶服务中，政府部门承担第一责任主体的职责，在救助政策法规制定、救助资金保障和人员调配方面有着明显优势。政府部门通过财政预算、财政补助的方式募集资源，主要运用于救助机构内的临时救助、街面流浪乞讨人员救助帮扶及政府购买用于流浪乞讨人员帮扶服务的社会工作专项服务。

社会力量在参与流浪乞讨人员救助帮扶服务时，可根据流浪乞讨人员无解决途径的共性需求，制订可行性解决方案并向政府部门提交提案；或针对社会力量无法处理的个别需求向政府部门寻求帮助，如乘坐飞机、火车、大巴等公共交通需实名制购票，未办理二代身份证或离乡多年的无户籍流浪乞讨人员无法正常购票，救助机构可在经过与流浪乞讨人员户籍地核实身份后通过救助编号代替身份证号的形式帮助其返乡。

### 2. 社会组织

在流浪乞讨人员帮扶服务中，社会组织包括行业协会、商会、志愿者协会、其他非政府组织等。其中，慈善会、基金会通过社会募捐或自筹的方式募集被服、食物等物质资源或资金，并通过捐赠给政府机构、社会组织等，用于流浪乞讨人员帮扶的物资支持；其他社会组织可根据流浪乞讨人员的需求主动向慈善会、基金会申请或组织内部募捐的方式募集相关资源。另外，社会组织的人力资源是流浪乞讨人员帮扶服务的重要资源，提供充足的人力开展寒冬送温暖、夏日送清凉、寻亲、外展夜展、流动学堂等服务。

### 3. 爱心企业

爱心企业在市场经营中获取利益的同时，也关注其自身对社会的影响，通过捐赠物资或鼓励员工参与志愿服务提高社会影响力。在流浪乞讨人员帮扶服务中，爱心企业有着丰富的人力、物质等资源，可利用企业员工志愿者自身的优势为流浪乞讨人员的求职、就业等提供辅导，以及为适合的流浪乞讨人员提供就业岗位和物质支持。

### 4. 社区志愿者

社区志愿者队伍作为社区治理不可或缺的重要主体，在提升社区治理水平、推动社区治理过程中发挥着极为重要的作用，截至 2023 年 4 月 7 日，"i 志愿"平台显示注册志愿者已逾 1 600 万人。在流浪乞讨人员帮扶服务中，社区志愿者团队、社区居民是主要的人力资源，主要参与驻点巡查、寒冬送温暖、夏日送清凉、寻亲、外展夜展、流动学堂、跟踪回访、救助政策宣传、源头治理等服务。

### (三) 资源共享

#### 1. 资源共享平台

社会力量在参与流浪乞讨人员帮扶服务时经常出现各组织拥有资源类型和服务所需资源不匹配或资源不足的情况。组织间通过合作可以促进资源的有效整合和充分利用，实现优势互补。组织间的资源共享，是指在社会领域中，组织能够从其他组织或者合作网络中获取与自身发展相匹配的公益资源，使得资源能够出现最佳配置效应，最大限度地提升公益资源的利用率。组织间实现资源共享能够在一定范围内优化资源配置，既可以使稀缺资源得到充分利用，又可以减少因重复工作带来的资源浪费。[①]

在流浪乞讨人员帮扶服务中，资源共享平台的搭建可以为流浪乞讨人员带来更全面、高效、优质的服务。

#### 2. 资源管理

在流浪乞讨人员帮扶服务中，资源管理主要包括物质资源管理和人力资源管理，其中物质资源主要为捐赠物资，捐赠管理工作包括公益项目的设计、筹资、分配、使用，以及捐赠项目实施后的监督和评价等多个环节。首先，要完善物资接收分配机制，优化、健全接收分配工作流程和工作规则，简化分发中间环节，使款物的使用、分配更加准确高效。其次，要坚持捐赠款物使用

---

① 裴丽、韩肖：《我国草根 NGO 联盟组织间的资源共享模式探讨——基于华夏公益联盟案例分析》，《行政论坛》，2017 年第 2 期，第 98 页。

信息的公开化和透明化，及时回应社会公众的关切，把公众关注的诸如募捐资金、款物使用等信息进行公示，接受社会监督，提升公信力，树立良好的形象。① 人力资源管理方面主要为志愿者管理：第一，结合实际制订组织长短期规划，明确组织的志愿者招募目标；第二，结合政府出台的志愿者管理相关规定和组织自身特色，形成组织自身的志愿者管理条例，尽量完善、系统和严谨；第三，建立长期的志愿者关系并保持长期稳定的沟通；第四，借助信息化时代的志愿者管理工具，做到志愿者便捷规范管理和风险控制。②

### 3. 资源互补

参与流浪乞讨人员帮扶服务的社会力量，各参与组织所拥有的资源各不相同，如慈善基金会拥有充足的物质资源，但是缺乏人力资源，并且不熟悉流浪乞讨人员的详细情况，可能会导致资源误发或滞留；而志愿者团队拥有充足的人力资源，但物质资源匮乏，对流浪乞讨人员的认知有限，无法为流浪乞讨人员提供基本生活保障和更深入的帮扶服务；爱心企业的人力资源和物质资源都比较充裕，但是对流浪乞讨人员的情况和需求等知之甚少，无法独自开展帮扶服务。因此，各组织要资源互补，才能充分利用自身的资源，为流浪乞讨人员提供帮扶服务。如通过联动的方式，让各组织一起参与驻点巡查、寒冬送温暖、夏日送清凉、寻亲、外展夜展、流动学堂、跟踪回访、救助政策宣传、源头治理

---

① 许守刚、徐凯、司春峰：《新冠肺炎疫情期间公立医院接收社会捐赠的管理体会与启示》，《江苏卫生事业管理》，2020 年第 31 卷第 10 期，第 1300 页。

② 刘蔡琴：《论社会组织的志愿者管理》，《卷宗》，2019 年 9 月第 11 期，第 286 页。

等服务。

### （四）资源分配

#### 1. 资源需求

流浪乞讨人员类型复杂，有自身能力不足或没有生存能力的残疾人、老人、儿童等弱势群体；有因自身喜欢自由生活而将流浪乞讨当作一种生活方式的群体；有因习惯不劳而获而将乞讨当作职业的群体。因此，他们对于资源的需求也呈多样化。在流浪乞讨人员帮扶服务中，应对流浪乞讨人员开展需求调研，了解流浪乞讨人员需求，以便有针对性地开展服务。另有个别流浪乞讨人员存在差异化需求，需通过个案帮扶的形式提供精准服务。

#### 2. 资源调配

流浪乞讨人员存在区域性聚集的情况，但也会因气候、天气、属地部门管理等原因出现流动的情况，同时，也会因身体、心理等原因出现需求转变的情况。社会组织在开展帮扶服务时也会因流浪乞讨人员的流动和需求转变等原因，出现所需帮扶资源变动的情况。因此，社会组织间应保持积极、畅通的沟通，进行组织间的资源调配，确保资源及时、准确地用于流浪乞讨人员帮扶服务中。另可通过多组织联合开展服务的形式，避免不同组织为同一流浪乞讨人员提供资源支持而导致资源浪费。

#### 3. 资源使用公示

社会力量参与流浪乞讨人员帮扶服务中，通过资源共享、资源互补等方式调配资源时，应严格遵守《中华人民共和国慈善法》《慈善组织公开募捐管理办法》等法律法规，用途需要公开透明、有理有据，及时准确做好物质资源明细，按要求进行公示。

### 三、服务技巧

#### （一）目标确定与需求调查

流浪人员露宿生活的所需所求追求实用性，社会工作者需要明确开展资源整合的目标及目的。整合资源是为了保障流浪人员的生存需要，也便于社会工作者后期开展其他介入服务，而不是供养好吃懒做的服务对象。因此，为了避免不必要的资源浪费，社会工作者需要先通过外展调查流浪人员的切实需求，再根据需求寻求合适的资源。一般来说，流浪人员首先需要的是物资资源，例如面包、饼干、八宝粥、泡面等食物，寒冬时需要棉衣棉服，酷暑时需要解暑用品，等等。其次是人力资源，在寻亲返乡方面，需要政府、社会工作者、志愿者、社会大众提供助力。至于社会关系、社会政策知识等则因人而异，各有所需，需要社会工作者根据实际情况提供具体的服务。

#### （二）发现和链接资源

了解了服务对象的需求之后，社会工作者链接资源时应有针对性。链接资源的前提是发现资源，即要明确资源的类型。在社会工作中，资源指的是社会工作者以及所在机构能够为服务对象链接到的物力和社会资源，及服务对象自身以及周边环境系统中具有的资源，包括自身资源、人力资源、物质资源、政策资源、组织资源和文化资源等等。其中，流浪人员较为需要的外部资源，一是物资资源，社会工作者可以通过联系爱心企业募捐面包、饼干等食品，或者参加"99公益日"等公益活动开展募捐等；二是人力资源，社会工作者可以通过签订合作协议、联合行动、组织招募等方式寻求警察、救助队、志愿者团队以及社会组织等各方人力支持。例如，寻亲志愿团队是专门协助服务对象寻亲的，其队员通过互联网、实地走访等方式开展寻亲工作，是重要的寻亲资源。

### （三）接收和管理资源

链接回来的资源需要及时接收及管理。对于物质资源，社会工作者需要将接收到的资源分类统计，并妥善入库存放。对于人力资源，则需要分类做好名册，便于管理。对于其他资源，也需要根据实际情况做好分类登记，以便后期利用。

### （四）分配和利用资源

是否能有效地分配及利用资源是社会工作者能否合理整合资源的体现。对于物资资源，社会工作者要按照"保障生存、按需分配"的原则，在外展过程中，优先给予无劳动能力的流浪老人、妇女、儿童等群体。其次，按照服务对象需要给予其所需物资。对于人力资源，社会工作者则需要在开展服务过程中加以利用，通力合作，解决服务对象问题，例如社会工作者协助无名氏寻亲，需要联合公安部门做人脸识别确定身份，救助队、街道等提供正式支持，寻亲志愿者提供寻亲协助等。对于其他资源，例如政策资源，社会工作者可以提供政策咨询服务，协助服务对象了解与申请与其相关的社会福利政策、就业政策等。

## 四、典型个案

### 聋哑小伙千里寻家，缘梦公益助力团圆

2022年9月15日下午，在外漂泊多年的聋哑男孩小柴（化名）终于回到了阔别已久的家乡。这是15年后小柴第一次踏上

这片故土。一路被救助站的车护送着，家乡清凉的秋风拂过面颊，他的眼眶却湿了。

### 失聪失语，童年不易

这个男孩的聋哑不是先天性的。3 岁那年，一场持续的高烧让小柴在病愈后再也听不见声音，且再无法亲口表达自己的心声。因为父母长年在外务工，小柴一直待在爷爷奶奶身边，没有念过书。所以性格内向的他甚至不知道自己的名字，不清楚自己来自哪里，也很难像其他孩子那样融入集体。这也是他部分的幼年记忆。

### 意外走失，一路流浪

2007 年的夏天，时年 13 岁的小柴和一个长他几岁的同村男孩去到镇上玩。而就是这次外出经历，让小柴走失了，一离家就是 15 年。不知道怎样才能回家的这些年里，小柴一直在各处流浪。这期间，他也遇到了好些人，而这些不同的经历丰富了他的人生，也一步步将他送往回家的路。

### 流浪中的转站，总有爱在助力回家

起初的漂泊时光里，小柴吃了很多苦。因为无法与人正常交流，这让始终想回家的小柴迫切想要学会与他人沟通。所幸的是，后来他确实跟着其他聋哑人学习手语和一些简单的文字，这使得他逐渐有勇气去接触更多的人，甚至感到重回家乡是有希望的。

在小柴一度无处可去的时候，是一位偶遇的朋友带着他去了河南新乡。也恰是在这儿，小柴又遇到了好心收留他的火锅店，并成为一名可以自食其力的员工。

2022 年，已满 28 岁的小柴由于思乡心切，用手语向火锅店店长表达了自己的寻家心愿，这时的他大致知道自己来自江西上饶。听闻小柴的想法，当初善意收留小柴的老板娘很支持这个男孩找家。于是在 2022 年 8 月，通过河南新乡救助站的帮助，小柴被转接到了南昌市救助管理站。

北京缘梦公益基金会寻人工作站在得知小柴渴望寻家的消息后，第一时间为其扩散了寻亲信息，并积极与当地救助站保持着联系，期待能够将小柴的故乡、家址更加具体化，从而早日护送他回乡团圆。

幸运的是，这些努力有了回音。小柴老家的一位村干部在看到寻亲信息后，将消息传给了早年丢失儿子的同学。而这位村干部的同学正是小柴的父亲……

在历经 15 年的辗转后，小柴终于在 2022 年的 9 月 15 日乘车回到了老家。这一天，全家都跑出来迎接这个太久没能回家的孩子，离散之苦顷刻间化作相拥时的热泪。小柴再度拥有了明确的家址、家人，不再用曾经的化名而是作为小柴本人正式开启新的人生篇章。

当然，这样一个温暖的七口之家也并不容易——家里的生活收入主要来自 52 岁仍在外做临时工的小柴父亲，年近 90 的爷爷奶奶早年是种田的农民，而今也行动不便了，家里还有两个正在上中学的弟弟……缘梦公益获悉情况，在助力小柴回家后，还特别资助了小柴一家 5 000 元的爱心补贴，愿帮助这个刚刚喜迎团圆的家庭暂缓生活压力、排解一些后顾之忧。①

---

① 案例源自北京缘梦公益基金会微信公众号，2022 年 10 月 13 日。

# 第六节　就业帮扶服务[①]

党的十八大以来，以习近平同志为核心的党中央把促进就业放在经济社会发展的优先位置，坚持就业优先战略和积极就业政策，推动实现更加充分、更高质量的就业。[②]就业是劳动就业，通过从事社会劳动可以获得劳动报酬，继而保障人的物质文化生活。马克思认为，自由自觉地活动即劳动，是人的本性，劳动带来的获得感以及个人自由全面发展充分满足人的精神生活。因此，就业是个体创造美好生活的源泉。[③]在流浪乞讨人员帮扶服务中，单纯地解决服务对象的生存需求并不能从根本上帮助其改变生活方式，要引导、协助服务对象就业，"助人自助"，促使其通过劳动保障物质生活，才能向美好生活转变。

## 一、概念界定

流浪乞讨人员群体中身体健康且年龄在18—59周岁的男性占比较大。这部分人员具有就业能力，也有一定的就业意愿。但

---

① 本节由马海潮、王艺汀、熊军民、何玮华撰写。马海潮，社会工作师，广州市鼎和社会工作服务中心项目主任；王艺汀，湖南农业大学经济管理专业本科，都柏林大学商学院管理咨询专业硕士研究生；熊军民，社会工作师，东莞市大众社会工作服务中心项目主任；何玮华，东莞市救助管理站股长。

② 习近平：《高举中国特色主义伟大旗帜　为全面建设社会主义现代化国家而团结奋斗——在中国共产党第二十次全国代表大会上的报告》，人民出版社2022年版，第47—48页。

③ 吕菊芳、刘怀元：《习近平关于就业重要论述的四个维度》，《湖北社会科学》，2020年第10期，第26、31页。

是自身文化程度较低、缺乏职业技能、缺乏求职平台或者过往就业经历不畅等原因，导致这部分人员现在流浪露宿，主要以拾荒和打散工为生。

在帮扶服务过程中，这部分人员大多拒绝被救助，认为自己有能力自行返乡但是不愿意返乡，认为自己应该适合福利待遇更好的岗位，只是还没有遇到。而被成功推荐就业的人员，大多数都在半年内离职，自述与同事相处不融洽或者觉得工作不顺心，然后又回到街头流浪露宿，直到钱财用尽才希望得到帮助能够再次就业。因而，在针对这部分人员的就业帮扶服务中，我们更需要去帮助他们树立正确的就业观、明确自身的优势劣势、找准自我就业定位和学习如何处理好人际关系。

流浪乞讨人员就业帮扶服务内容主要包含：求职平台认识、常见劳动岗位认识、职业测量、就业推荐、人际关系学习、职业技能培训、职工社会保障知识普及等。通过帮助流浪乞讨人员找准自我定位、学会利用各类正规平台求职、学习新的职业技能和处理好同事之间的关系，提升其就业信心和就业期望，最终达到长期稳定就业并摆脱流浪乞讨困境的目的。

## 二、服务内容

### （一）就业需求调研

#### 1. 就业帮扶对象

流浪乞讨人员就业帮扶服务中，就业帮扶对象需要满足两个方面的要求，一方面是流浪乞讨人员希望通过就业改变生活困境，主观能动性是就业帮扶服务顺利开展的必要条件；另一方面是流浪乞讨人员有一定的就业能力，能够参与正常的劳动生产，除个别用人单位为残障人士设立特殊岗位外，大部分用人单位均采取择优录取的方式，良好的就业能力也是必不可少的基础条件。其中就业能力包括身体状况、年龄两方面，帮扶对象需要身体健康，或患有疾病、残疾，但能够参与正常的生产工作。年龄方面，服务对象需满18周岁，具备个人行为能力，且不超过60周岁。

### 2.就业帮扶需求

流浪乞讨人员就业帮扶服务中，可通过对服务对象的年龄、身体状况、文化程度、职业技能、从业经历等基本情况进行分析，确定服务对象的就业帮扶需求，并对需求进行分层分类，提供有针对性的帮扶服务，如求职平台认识、常见劳动岗位认识、职业测量、就业推荐、人际关系学习、职业技能培训、职工社会保障知识普及等。

### （二）就业帮扶内容

### 1.求职平台认识

流浪乞讨人员中，有很大部分是因为缺乏求职渠道，而无法找到合适的工作，应帮助此部分人员认识求职平台，解决其就业问题。

求职平台主要包括传统的人力资源市场和线上求职APP。传统的人力资源市场包括市、区人力资源市场，可告知帮扶对象市场位置及交通信息。线上求职APP数量较多，如前程无忧、58同城、赶集网、智联招聘等，可帮助服务对象下载并教会其如何操作，对于没有手机的帮扶对象，可根据其求职岗位及条件帮助其搜索并打印相关信息。

## 2. 常见劳动岗位认识

有部分流浪乞讨人没有或只有较少工作经历，对常见的劳动岗位缺乏认知，从而缺少就业选择。在流浪乞讨人员就业帮扶服务中，可帮助此部分人员认识常见岗位，为其增加就业选择。

限于流浪乞讨人员的各种基本情况，他们可选择的岗位有一定局限性，一般为保安、保洁、服务员、快递分拣员、建筑工、各工厂杂工等劳动岗位。可为服务对象普及此类劳动岗位的一般性岗位职责、岗位要求、工作环境等知识，便于帮扶对象清楚此类岗位情况及本人是否适合此类岗位。

## 3. 职业测试

流浪乞讨人员中，有部分帮扶对象没有工作经历或工作经历过少，无法选择合适的劳动岗位，针对此部分人员可通过职业测试的方式帮助其明确求职方向，避免因无法适应盲目选择的劳动岗位，而再次流浪露宿，甚至失去就业信心。

应选择科学可靠的职业测评工具为帮扶对象提供职业测试，因职业测评工具题目较多，所以在为帮扶对象提供职业测评前应向其说明情况，确保其能够认真回答所有问题，并且职业测评结果的建议一般比较笼统，可适当为帮扶对象提供建议。

## 4. 就业推荐

有部分流浪乞讨人员因留有案底、残疾等因素，求职难度较大或者始终无法找到合适的劳动岗位，导致一直在外流浪露宿，应为此部分人员提供必要的就业推荐，促使其早日就业，摆脱流浪露宿生活。

可通过向爱心企业、残疾人就业孵化基地等推荐合适的帮扶对象，通过关注求职招聘网站获取合适的招聘信息等，帮助此部分帮扶对象尽快就业。

### 5. 人际关系学习

有部分流浪乞讨人员因从业过程中与老板、同事相处不融洽，导致失业后逃避处理工作关系问题而流浪露宿，此部分人员可以通过人际关系学习，改变与人的交往方式，重新就业、回归社会。

可通过向此部分帮扶对象普及自我认知、交往礼仪、人际关系等方面的知识，使服务对象认识到与人相处过程中的不足，注重礼节、礼貌、仪表，学会与他人相处。

### 6. 职业技能培训

有部分流浪乞讨人员因自身文化程度较低、缺乏职业技能等原因无法找到工作或无法胜任劳动职责，此部分人员可通过参加相关职业技能培训快速掌握相关技能，提高就业竞争力。

可通过参加常见劳动岗位职业技能知识线上与线下教授、链接社会资源资助参与系统的职业技能培训班等方式，帮助此部分帮扶对象学习职业技能。

### 7. 职工社会保障知识普及

有部分流浪乞讨人员缺乏对职工社会保障知识的了解，在从业过程中自身权益受到侵害时，不会运用相关法律维护自身的合法权益，求职过程中被骗缴纳违规费用或是不清楚相关的社会保障对其带来的优惠和保障。因此，此部分帮扶对象迫切需要通过普及职工社会保障知识来维护自身权益、增强就业意愿。

可通过传授《中华人民共和国劳动法》的相关知识，社会养老保险、医疗保险、失业保险、工伤保险、生育保险和住房公积金五险一金的保障和使用方法等知识，帮助此部分帮扶对象在从业过程中学会维护自身权益，在求职过程中避免上当受骗，同时增强就业意愿。

### （三）就业帮扶形式

#### 1. 求职就业主题流动学堂

流动学堂是广州市社会力量在充分调研了解流浪乞讨人员特征和需求的基础上，联合各参与单位，发挥社会工作者和专才志愿者的优势，设立的帮助流浪乞讨人员了解当下的社会生活模式，提升社会认知和社会融入能力的帮扶形式。

求职就业主题流动学堂由社会工作者、志愿者按照就业主题教案要求面向帮扶对象进行授课和讲解。根据课堂内容和帮扶对象的接受能力对教学内容进行示范，例如情景扮演、模拟面试等，便于帮扶对象掌握其中要点。根据课堂内容和课堂进度，协调和安排帮扶对象到相关单位参观学习，以提高其对课堂内容的掌握。例如参观物流分转点、菜鸟驿站、图书馆等。根据课堂内容和课堂进度，协调和安排帮扶对象到相关单位进行实践，以帮助其快速利用所学的知识。例如到人才市场现场面试求职等。

#### 2. 就业推荐个案帮扶

个案工作是以个别化的方法，对感受困难、生活失调的个人提供物质帮助、精神支持等方面的服务以解决他们的问题，增强其社会适应能力。[①] 流浪乞讨人员就业帮扶服务中的个案帮扶是

---

① 赵琪：《流浪乞讨人员救助的社会工作介入策略探究》，《法制与社会》，2017年第31期，第151页。

社会工作者遵循基本的价值理念，运用科学的专业知识和技巧、以个别化的方式为个别帮扶对象提供就业支持服务，以帮助他们成功就业。社会工作者会结合案主的基本情况、就业方向、薪资要求等方面，为就业难度较大的案主提供个别化就业帮扶服务。

### 3. 就业互助小组

小组工作是介入流浪乞讨人员救助服务的有效方法之一。小组工作强调小组活动过程及组员之间的互动和经验分享，通过小组组员的相互影响帮助小组组员改善其社会功能，促进其转变和服务目标的达成。[①] 通过小组活动，可以使组员更好地探索自己，相互影响，发挥组员间的榜样作用，更容易培养组员的归属感。社会工作者为有相似基本情况和就业需求的就业帮扶服务对象组建活动小组，定期举办小组活动，通过组员相互学习、相互督促的方式帮助帮扶对象学习就业知识、增加就业意愿、提升就业信心、强化就业能力。

### 4. 职业技能培训班

流浪乞讨人员就业帮扶服务中，职业技能培训班有正式和非正式两种。一是社会工作者、志愿者为有相同就业劳动岗位的帮扶对象组建非正式培训班，通过相应劳动岗位职业技能知识、视频教授，及寻找相应从业人员面授的方式传授相应技能知识。二是正式的职业技能培训班，其中政府部门会不定期举办免费职业技能培训班，需要社会工作者关注并转告帮扶对象相关信息。另

---

① 赵琪：《流浪乞讨人员救助的社会工作介入策略探究》，《法制与社会》，2017 年第 31 期，第 151 页。

有培训机构开设的培训班，可通过链接社会资源资助帮扶对象参与学习。

对于就业能力不足的流浪乞讨人员可以通过参与职业技能培训班的方式学习职业技能，提升就业竞争力，选择更好的就业岗位。

### （四）就业帮扶管理

#### 1. 跨组织合作

社会组织拥有不同的就业途径和帮扶对象，组织间可通过相互合作、紧密沟通的方式进行信息沟通，整合就业信息资源，为帮扶对象提供就业帮扶。另外，社会组织可联合开展小组活动或就业培训，帮助就业帮扶对象拓宽就业渠道、提升就业效率。

#### 2. 社企合作

社会组织与爱心企业合作，利用爱心企业的人力、物质等资源，发挥企业员工志愿者自身的优势为流浪乞讨人员的求职、就业等提供辅导，鼓励爱心企业为适合的流浪乞讨人员提供就业岗位和物质支持。

## 三、服务过程

### （一）了解基本情况及就业意愿

社会工作者在开展就业帮扶服务前，需要先行了解服务对象的基本情况，包括姓名、年龄、工作经历、精神状态、身体健康状况等，一般而言，身心健康、45 岁以下、无犯罪记录的人员就业选择较多，而年龄较大、有犯罪记录、身体条件较差的人员就业难度较大。因此，收集服务对象的整体情况首先有利于社会工作者评估其就业难易程度，制订相对应的服务计划。其次，社会工作者选择何种介入手段及方式也取决于服务对象的就业意愿强弱，对于有劳动能力但无就业意识的服务对象，则需要提高其就业意识，唤起其主观能动性，才能协助解决就业问题。

## （二）介绍服务内容

社会工作者开展服务需要征求服务对象同意，并介绍服务内容，让服务对象可以自主选择所需要的服务。

## （三）提供正式帮扶服务

在确定开展服务之后，社会工作者所要做的便是提供正式的帮扶服务。一般服务步骤为：协助服务对象制订职业规划、学习制作就业简历、掌握面试技巧、了解就业招聘信息、协助寻找工作、提供入职指引等，可以根据服务对象情况增加或减少相应服务。对于就业意愿强烈的服务对象，社会工作者可以在就业信息咨询、就业技能辅导等方面入手；对于就业意愿不高的服务对象则可以从职业规划、兴趣等方面开展服务。

## （四）跟踪回访

服务对象成功入职之后，社会工作者需要定期跟踪回访，协助其适应新工作，在评估服务对象能够稳定就业之后结束服务。

## 四、典型个案

### 重构社会支持网络，帮助困境夫妻成功就业

与困境夫妻的相遇

一位社会工作者早上刚上班的时候，遇到一对外省来粤的青年男女在办离站手续，他们要去外面找工作，向社会工作者询

问交通路线。社会工作者按照地图标记，把方向和交通线路指给他们看，晚上，他们又回到救助站暂住，如此循环了三天。第四天，该名男子阿靖（化名），主动请社会工作者帮助他找工作，表示自己身无分文，不愿意空手回家面对一家老小。他28岁，性格内向，少话，满眼浸满泪花。

他来自贫困山区，上个月带着妻子来粤务工，找工作半个月无果，手上余钱快用完之时，在一处公园碰到了很多招聘地摊，招工中介打保票说能帮他们进厂，前提是每人先交500元押金，中介派车拉他们去工厂。阿靖因为找工作不顺，早已身心疲惫，希望早点进厂，于是他交了1 000元，夫妻俩上了中介叫来的小面包车前往工厂。当他以为自己碰到好运气、从此可以安心工作时，面包车停在一处人烟稀少路段，他们遭到了威胁，被强行逼着交出口袋里的钱和手机，被赶下车。他报警，警方给他们作了笔录，定性为抢劫，答应会跟进破案，随后他们被送到了救助站。

**身世不幸，仍勇毅前行**

他经历着曲折的人生。父母生了三个儿子，他是老二，为了逃避计划生育罚款，父母在他一岁时把他送给他的三叔做养子。他读小学时，知道了自己的身世，又逃回生母家，但与生父很难相处。生父母不愿意认这个儿子，认为是个负担。他亲哥和亲弟长大后都去了外省做了上门女婿。他与妻子恋爱后就搬到妻子家，离开了原生家庭，已育有一子，岳父一家对他很好，他感到庆幸。

社会支持网络理论认为，人的一生都会遭遇困难，一个人所拥有的社会支持网络越强大，就能越好地应对挑战；需要强化困难群体的社会支持网络，增强支持功能。社会工作者一方面同情他的遭遇，理解他的困境，另一方面也肯定他面对困境时不屈服于命运、勇毅前行的好品质。

### 夫妻双双就业

救助站工作人员、社会工作者耐心倾听着他不愿意返乡的原因：刚盖新房，外债多；岳父岳母年事已高，每天下地干活，还主动帮他们带小孩；家乡无处挣钱，一定要挣钱回家，不忍心空手面对家人，也愧对爱他、跟他一起受累的妻子。说着说着，他的眼泪流了下来。社会工作者叮嘱他去正规大型人才市场找工作。他表示去过人才市场，但求职无果。他请社会工作者帮找工作，希望夫妻能在一起，有个照应。社会工作者向他讲了自己可以链接到的社会资源情况，需要通过爱心人士帮忙找工作，但不见得符合他的特长和要求，也不见得能帮他找得到。他表示理解，只要有岗位他都愿意去，强过空手返乡。

社会工作者把服务对象的情况向一个开工厂的爱心人士说了，请他帮助服务对象。爱心人士表示，自己的工厂没有岗位，他去找其他朋友帮助。两天后，该名爱心人士表示有个公司愿意要人，要面试一下他们夫妻俩，看合不合乎公司要求。社会工作者转告详情，阿靖表示愿意去做工，社会工作者告诉他面试的要点后送他去面试，他们顺利地通过了面试。他接受了工作岗位，与老婆在同一个单位，工资较理想，他们很高兴。社会工作者告诉他们，因公司、工作业务、同事都是陌生的，开始阶段肯定会有些困难，他们表示能够克服。社会工作者帮他们准备好了生活物资，让爱心人士带他们去上班了。一个月后回访，夫妻俩仍在岗，正在适应环境，工作很认真。[①]

# 第七节　心理关爱服务[②]

每个人的成长经历中，都会遇到或大或小的挫折，有过这样那样的烦恼。在遇到这些挫折或者烦恼时，如何处理情绪变化，反映了我们的心理健康水平及心理应变能力。

2012 年 11 月，北京安定医院院长马辛教授介绍：中国心理卫生协会在中国科学技术协会的指导下共同研究制定，将中国精神健康评价标准定为五条：认识自我，感受安全；自我学习，生活自立；情绪稳定，反应适度；人际和谐，接纳他人；适应环境，应对挫折。关于心理健康，较为权威的定义来自《健康中国行动（2019—2030 年）》[③]，即"心理健康是人在成长和发展过程中，认知合理、情绪稳定、行为适当、人际和谐、适应变化的一种完好状态，是健康的重要组成部分"。[④]

心理因素在日常生活中发挥着重要的作用，它与我们的生

---

① 案例源自东莞市大众社会工作服务中心 2023 年度东莞市救助管理站社会工作服务项目。
② 本节由谷梦丽、蒙忠妍撰写。谷梦丽，社会工作师，广州市鼎和社会工作服务中心项目主任；蒙忠妍，助理社会工作师，广州市鼎和社会工作服务中心一线社工。
③ 健康中国行动推进委员会：《健康中国行动（2019—2030 年）》，中华人民共和国中央人民政府网，https://www.gov.cn/xinwen/2019-07/15/content_5409694.htm，2019 年 7 月 9 日。
④ 彭国球：《浅谈心理健康与精神卫生——人人都需要的心理保健常识》，《中国乡村医药》，2023 年第 1 期。

活学习、人际关系、个人情感等都密切相关，当我们出现异常兴奋、持续性低落、内心暴躁或有破坏欲等负面情绪时都需要及时干预，使我们的心理因子值处于平衡状态，避免某些因子值过高而演变成心理疾病。

流浪乞讨人员属于社会边缘群体，相较处于正常社会生活状态的人来说，他们的精神健康水平往往达不到较普遍的平均标准。且由于流浪乞讨人员的产生原因绝大部分都是家庭矛盾、工作不顺、情感受挫等生活经历，使得他们的精神状态出现不稳定，遇事易发生冲突。他们大多不知道如何排解负面情绪，当负面情绪值达到临界点时，通常会通过本能的暴力方式将负面情绪发泄出来。这使得流浪乞讨人员成为城市公共卫生、城市社会治理中的难题。

心理关爱是介入服务的重要手段。社会工作者通过为流浪乞讨人员提供心理关爱服务，了解他们的过往经历，找到他们内心的症结所在，提供情感抚慰、情绪疏导和心理支持，帮助他们建立内心的平衡，教会他们正确看待客观事件，调节自我情绪，以平常心态应付各种复杂情境，促进他们以更健康的状态应对社会及生活。

## 一、概念界定

流浪乞讨人员的性格多是独立、敏感、封闭、孤僻、自我、多疑、固执、警觉、缺乏合作意识、人生态度消极、盲目性强、自我保护意识非常强烈。[①] 在开展社会工作服务中，需要时刻注

---

① 张雪琴、徐福宪：《流浪人员心理救助指导手册》，世界图书出版公司 2013 年版。

意他们的情绪状态，在稳定他们情绪的同时，关注他们是否有极端行为的冲动，注意自我保护。

针对流浪乞讨人员的心理关爱指在通过前期建立关系阶段，评估到其存在如情绪低落、异常兴奋、焦躁易怒、抑郁自闭等情绪障碍时，了解他们出现情绪障碍的原因并为他们提供情绪疏导、心理咨询、沙盘游戏治疗、绘画治疗，缓解其消极情绪，增强其抗御心理障碍、生理疾病的勇气和信心。

## 二、服务内容

### （一）心理健康测评

在关系建立阶段，评估到流浪乞讨人员存在情绪低落、异常暴躁等心理状态不稳定时，通过心理健康测评，检测流浪乞讨人员性格、气质、兴趣、态度、品德、情绪、动机、信念等方面的个性心理特征[1]，确认流浪乞讨人员的精神状态。社会工作者需要根据流浪乞讨人员的表征选取不同的心理健康测评表，常见的心理健康测评表包括：卡特尔 16 人格因素问卷（16PF）、艾森克人格问卷（EPQ）、症状自评量表 SCL-90（焦虑与抑郁测试）、明尼苏达多相人格调查表（MMPI）。

小贴士：被试者参与测评的动机不同，会影响其回答问题的态度、注意力、持久性以及反应速度，从而影响测评的成绩，导致测评结果与实际不符。被试者在参与测评时，需要一个相对平静、安全的环境。

---

[1] 中国心理卫生协会：《心理咨询师（基础知识）》，民族出版社 2005 年版。

### （二）情绪疏导

社会工作者在与流浪乞讨人员关系建立初期，通过交谈、观察发现其存在情绪困扰后可直接提供情感支持、情感抚慰服务，了解其近期生活中的遭遇，确认其情绪困扰的原因，并对此进行开导、行为指引，帮助其寻找情绪的平衡点、学会正确看待客观事件、调节自我情绪。

个案介绍：来到救助站求助的小王（化名）与同宿舍的小李（化名）发生争吵，两人情绪激动，社会工作者先让两人分开，分别安抚两人情绪。待两人平静下来后询问原因，小王表示小李晚上鼾声如雷，导致自己完全睡不着觉，小李表示看到小王盯着自己一直嘀咕，认为小王看不惯自己。社会工作者将此情况进行客观说明，并协助小王更换宿舍，两人不再发生争执。

### （三）心理咨询

心理咨询是指一种专门向他人提供帮助与寻求这种帮助的人们之间的关系。在这种关系中，助人者的专业水平及其所创造的气氛使人们逐步学会以更积极的方法对待自己和他人。对有情绪困扰、情绪障碍的流浪乞讨人员及时开展心理咨询，是在进行人为干预。了解其个人成长史、对家庭成员的看法、社会交往状况、近期生活中的遭遇等，确认情绪障碍的深层原因，并提供情感抚慰、价值教育、情绪疏导等服务，协助其有效应对心理危机，增强其社会适应能力。

小贴士：运用专业手法帮助流浪乞讨人员在解决困难的过程中，认清个人的愿望，找到克服困难的方法。

## （四）心理疗愈

较为常用的心理疗愈技术有沙盘游戏和绘画治疗。沙盘游戏治疗需要在固定的沙盘游戏室开展，流浪乞讨人员在社会工作者和沙盘游戏咨询师的陪伴下开展沙盘游戏。通过摆放沙具、聊天等方式为流浪乞讨人员提供一个安全、信任、接纳的工作氛围，促使其放松心情，放下戒备，抒发真实想法。从而了解流浪乞讨人员的心理困境、生理困境，帮助其找到回归心灵的途径，进而在沙盘游戏治疗中化解其在身心失调、社会适应不良、人格发展障碍等方面的问题。

绘画治疗是心理健康疏导和治疗的方法之一。目前学术界对绘画治疗的概念并未达成共识[①]，我们这里所指的绘画治疗为利用图画的形式进行心理治疗。流浪乞讨人员自行创作、绘画，将情绪释放在图画中，由治疗师进行解读，分析困扰他们的症结，从而对症解题，让他们在一定的时间内得到帮助和缓解。因为每个人的成长经历、人生经历、教育水平、心理水平都不同，所以针对流浪乞讨人员开展的绘画治疗多是个体治疗。

个案介绍：多年前捡到的大黄（流浪狗）是陪伴刘伯（化名）流浪生活的"家人"。此前，各相关部门劝导刘伯返乡，但均被其拒绝。2022年大黄去世，刘伯没有了情感上的寄托，在救助队的劝导下进站求助返乡。但他到救助站后一直情绪低落，沉浸在大黄离世的痛苦中。社会工作者和咨询师介入，通过摆放

---

① 段姗姗、李昭昭、吴汶珊、尹湘、范崇菲：《心理创伤中绘画治疗实践的系统回顾》，《健康研究》，2021年第6期。

沙具，让刘伯缅怀大黄，好好与大黄告别。刘伯拿着小狗的沙具，心里默默诉说对大黄的不舍与思念，眼角流下热泪。沙盘游戏结束后，刘伯情绪平复下来，不久通过救助站购票返乡。

### （五）记录

社会工作者、心理咨询师要对开展的服务进行记录，完善心理关爱服务记录，保证服务的完整性。

（1）**心理健康测评数据统计。**填写好的心理健康测评需要立即统计分值，并将数据汇总，确认填写者的心理健康程度，为研究这一群体的心理健康总体水平做数据支持。

（2）**相关服务记录。**在每节次心理关爱服务结束后，将服务内容登记至服务记录表中；开展的沙盘游戏需要登记在沙盘游戏记录表中，一人一表，且需要体现服务开展前后的变化；开展的绘画治疗需要保存绘画作品，并将对话内容进行记录存档。

（3）**特殊情况。**如遇精神障碍较为严重的流浪乞讨人员，需要及时报警，由公安机关决定如何处理，并及时记录在案。

小贴士：若针对同一名流浪乞讨人员开展了多种心理关爱服务，需要将心理关爱服务记录汇总整理并对照其前后心理状况的变化。

## 三、服务技巧

### （一）心理咨询技巧

（1）**专注。**要求心理咨询师全神贯注地聆听当事人讲话，认真观察其细微的情绪与本能的变化，并作出积极的回应，要随着当事人的主述做出一系列言语与体语的表示。其中言语的表示通常包括"嗯""噢""是的""我明白了"等伴语。而体语表示则通常包括点头、注视、面部表情的变化、适宜的坐姿及一定的沉默等。

个案介绍：林一（化名）在进行了多次心理咨询后，终于愿意说出真实的过往经历，社会工作者在林一叙述过程中全神贯注，并配合他的叙述做出"嗯""是的"等反应，以及用相应的言语鼓励让其敞开心扉。

(2) 聆听。聆听是沟通的关键，也是心理咨询的核心。在实践中，聆听意味着学会沉默，学会全神贯注，学会设身处地地去体验当事人的内心感受并做出富于同感的反应。

个案介绍：温二（化名）表达欲强烈，在接受心理咨询服务时，主动说出在精神病院接受治疗时故意犯错想要接受电击的过往经历，其有轻微成瘾倾向。在温二讲述这段经历时，社会工作者安静聆听，在其叙述结束后向其了解对电击痴迷的原因。温二表示他经常吃精神疾病类药物，导致身体负担很大，电击会让他暂时忘记身体上的痛苦。社会工作者让他发掘其他可替代的对身体较为健康的疼痛转移方法，如：心理暗示、松弛肌肉、相互交谈、读书等，改善其对电击的单一依赖。

(3) 沉默。在心理咨询中，沉默一般具有两个功能，一个是暗示功能，一个是同感功能。沉默的运用通常需要肢体语言的积极辅助，需要以点头、注视表情变化及诸如"嗯""噢"等语言助词来表现对当事人内心体验的同感。沉默的意义在于交流同感与尊重。

个案介绍：黄三（化名）在接受心理咨询时，表示其为高级科研人员，目前在全国考察，现在来到了救助站。其对自己的言论深信不疑，并有一套独特的"理论"，社会工作者针对其"理论"提出了一些问题，其回答不上来，便说："你是不是没理解我的工作？""这个是机密，我不能透露更多。"社会工作者说的话在黄三看来全是质疑，随后社会工作者保持沉默，不再谈论此事，等黄三讲述完这套"理论"后，从其他方面切入继续交谈。

（4）宣泄。宣泄是指当事人将郁积已久的情绪烦恼与精神苦恼倾诉的过程，心理咨询师需要以专注、倾听、沉默等手段来促进、强化当事人的情绪宣泄过程，以增进心理咨询师对当事人的同感及后者对前者的信任，并建立起有效的情感。

个案介绍：孙四（化名）在外流浪30多年，一直不愿返乡。在与心理咨询师建立信任关系后，其透露了真实原因。其是家里的长子，但父母却经常对其非打即骂，其要经常帮助父母干农活，还要忍受父母的棍棒教育，而兄弟姐妹却能得到父母的疼爱。其心里极度不平衡，离家务工后便再没有和家里联系，现在想起以前受的苦还会红了眼眶。社会工作者通过专注、倾听、沉默，促进、强化孙四的情感宣泄过程，并告知会尊重其作出的选择。

（5）探讨。指帮助当事人积极地认识、思考出现问题的挫折与障碍的过程，帮助当事人在解决困难当中认清个人的愿望及克服困难的方法。

个案介绍：蔡伍（化名）今年30岁，多次求职未果导致他非常郁闷，怀疑自我。社会工作者询问其如何求职，其表示会向各个招聘单位发放简历，希望有合适的岗位时联系自己。当询问他熟练操作的工种有哪些，在发放简历前有没有确认招聘者的需求与他是否相符，他表示自己并没有太在意这些，发放简历后就等人联系，但均没有下文。社会工作者引导其在寻找工作时，先确认招聘者的需求是否符合他的就业经历，符合的话可当场与招聘者确定面试的时间、地点，主动出去。

(6) 质问。对当事人在认知和思维中出现的异议情况进行提问，目的在于推动当事人重新审视遇到的困难与挫折，克服片面性与主观性，以进一步认识自我，开发自我。

个案介绍：丁六（化名）被电信诈骗六万元，导致他对生活失去信心，经常来到救助站求助。社会工作者得知其原本努力工作，很是上进，但自从被骗了钱并看到身边很多被骗的案例后，认为就算以后赚到钱也会被人欺骗、伤害，只会白白付出劳动。

社会工作者询问他："是否打算以后靠跑站生活？""已经完全对生活失去信心了吗？"

丁六回应："我没有一刻不希望生活变回以前那样，可是之前被骗的钱没有找回来，担心自己努力工作到时又是白费一场。"

社会工作者："这样沉湎于过去，被骗的钱就能回来吗？努力让以后的自己不再被骗，你的生活才可能变回正常。"社会工作者通过质问，让丁六正视自己的问题，激发他克服困难的勇气和决心。

(7) 奖励，是指对当事人在自我发展与自我向往方面的努力与否的惩罚与奖励，意义在于消除成长中的不良意向与不妥行为，树立良好的自我形象，并予以适当的解说，帮助当事人健康地成长。

个案介绍：齐七（化名）因为智力障碍，无法说出户籍信息而滞留在救助站。他脾气较为暴躁，经常与其他受助人员发生冲突，每次被工作人员劝导后都会老实几天，过后又会控制不住脾气，如此循环。社会工作者介入，发现齐七喜欢吃糖，经常央求社会工作者帮其买糖果。社会工作者从此入手，逐次递推，要求他坚持一天、三天、五天……在与他人发生矛盾时不发脾气、平静解决，便会给他不同的零食作为奖励，帮助齐齐改善处理矛盾办法。

（8）**披露**，指通过与当事人分享个人成长过程中的成功与失败的经历来认识自我，发挥自我的特长，利用眼神、面部表情、体态等进行自我披露。

个案介绍：赵八（化名）认为自己的人生很失败，上学时成绩不好，高中毕业后开始打工，找的工作也都不尽如人意，自一年前离职后一直没找到合适的工作，很担心未来是否就这样生活了。社会工作者了解到他是因为过往失败的经历导致失去信心，告诉他："我第一次参加高考时失利，内心很是沮丧，有想过放弃，但是看到其他同学都考上了大学，我心里很是不甘心，便去复读了，那一年连上厕所都要带上书，第二年高考时才考上了心仪的大学。当遇到失败时，放弃是最容易的选项，但反思经验教训，努力改变、争取，未来才会有成功的可能。"社会工作者通过自我披露，给赵八灌输信心。

### （二）沙盘游戏技巧

（1）**介绍沙盘游戏**。向流浪乞讨人员介绍沙盘游戏、玩具、沙以及制作过程。可以让其感受沙子，或者由咨询师进行示范，移动沙子露出底部，向其解释底部的蓝色像水，侧边的蓝色像天空，同时展示玩具，告诉其玩具摆放的规则。

小贴士：需要告诉参与者在结束前可以对自己的作品进行任何改变，可以创造他想要的任何东西。

(2) 进行沙盘游戏。咨询师引导语可以是："邀请您用这些玩具和沙箱做个创作，您想怎么做就怎么做，没有时间限制。"或者可以更详细一些："您可以按照自己的想法在沙中创造任何世界，做出任何场景或者图像，或是创造任何故事，不必思考它或者了解它，想到什么就做什么，拿那些似乎在呼唤您、您对它有感觉的玩具，可以选有吸引力或者正向的玩具，也可以选择一些令人厌恶的或者负向的玩具，不管您做什么都可以，做沙盘没有对错之分，也没有好坏之分。"

小贴士：在参与者构造心理世界的过程中，咨询师的主要职责不是干涉，而是陪伴。告诉参与者他可以沉默、说话，或者向咨询师要求协助，咨询师要给参与者创造一个自由且安全的环境，帮助参与者显现自性并逐渐整合自己的心理。

(3) 治疗阶段。在参与者告诉咨询师自己的创作完成时，咨询师可以告诉参与者回溯沙盘制作时的内心感受，还可绕着从侧面、上面看沙盘作品。当参与者回溯结束后，由咨询师对沙盘作品进行分析。

小贴士：在沙盘制作过程中，咨询师要记录下玩具摆放的顺序以及参与者挑选玩具的顺序和处理方式，注意参与者对哪些玩具感兴趣或者排斥。

### （三）绘画治疗技巧

绘画治疗的应用，主要包括三种技巧。

（1）**线条法**。用铅笔或者马克笔在画纸上随意勾勒线条并将线条绘成形状后，与治疗师开始对话。

*小贴士：治疗师、社会工作者可采用建议性的语言，帮助流浪乞讨人员快速进入状态，例如："这些线条可以让你联想到什么？你随意画画看。"*

（2）**房树人法**。用铅笔在纸上画出房子、树、人，将潜意识投射到"家""树""人"上，由流浪乞讨人员讲述绘画画面，由治疗师、社会工作者进行深度解读。

*小贴士：此技巧通过明确的主题，帮助流浪乞讨人员将抽象的感觉、情绪具体化。*

（3）**自由联想法**。划分一定的区域，让流浪乞讨人员在指定区域进行自由绘画创作，创作完成后让其依据图案讲故事，了解其联想发散的方向，从而进行有针对性的治疗和整合。

*小贴士：通过流浪乞讨人员的自由创作，获取其最主要的情绪、被压抑最深的情绪、最迫切需要解决的问题。*

### （四）特殊情况的处理工作指引

（1）**出现暴力行为时的处理工作指引**。当发现流浪乞讨人员有暴力行为倾向时，社会工作者一定要冷静思考，采取适当的措施应对。一是言语安慰。保持足够的安全距离的同时，极力言语安慰流浪乞讨人员。二是中断服务。流浪乞讨人员出现暴力行为时，社会工作者需要立即中断服务，报警处理。

（2）**遇到疑似精神障碍患者时的处理工作指引**。一是社会工作者需要及时上报相关情况，由专业医生会诊。二是对于没有攻击行为、能够交流沟通的流浪乞讨人员，可主动开展心理关爱服务，了解其是否有在精神病院治疗的过往经历，询问其现在是否定期服用治疗精神类疾病的药物，是否与家人保持正常的联系，是否有残疾证件。三是对于有攻击行为或倾向的流浪乞讨人员，需要及时报警处理。

# 第五章　方法与技巧：社会力量介入典型类别的方式与手段

对不同类型和需求的流浪乞讨人员，提供的具体服务内容和介入技巧也不同，但也形成了一些具有相同类型、需求、特点与介入技巧的典型案例。

## 第一节　临时遇困人员 [①]

### 一、务工不着人员

#### （一）服务对象

务工不着人员是指因年龄、技能、学历等原因，在一定的时间内找不到工作，导致生活困难，无法满足日常开支而流浪露宿的人员。务工不着人员大多是在街面流浪露宿，依靠拾荒勉强维持基本生活，年龄大多在40—60岁之间，就业比较困难，无职业技能，不愿意做苦工；对自身能力定位不清，高不成低不就；不清楚就业方向，容易产生职业倦怠等。

#### （二）服务内容

社会工作者对务工不着人员的服务内容主要包括就业辅导、

---

① 本节由王秋丽、蒙忠妍撰写。王秋丽，助理社会工作师，广州市鼎和社会工作服务中心项目主任；蒙忠妍，助理社会工作师，广州市鼎和社会工作服务中心一线社工。

职业技能培训、就业主题教育。

(1) 就业辅导：协助其寻找就业方向与制定职业规划。以个案帮扶的形式，进行一对一就业支持帮扶，主要内容为：一是很多务工不着人员就业意向不强，需要帮其找到就业动机，鼓励其找工作；二是寻找自身的优势和劣势，运用职业测试表，协助其寻找职业的方向，制订职业生涯规划；三是协助其制作简历，指导其如何找工作；四是找到工作后，协助其适应工作模式及环境，提高工作稳定性。

(2) 职业技能培训：帮助服务对象提升就业技能。邀请专业的职业培训老师，开展持续性的职业培训，如开展工厂普工、保安等适合流浪人员的职业培训，让服务对象掌握一项技能，提升就业的成功率。

(3) 就业主题教育：以普及就业知识为主，提升服务对象对就业渠道、就业法律知识等的认知。以课堂的形式开展，开展主题为就业渠道、就业防骗、法律法规等方面，主要内容为：一是找工作前，教导服务对象如何制作简历；二是寻找工作时，教导服务对象通过网络平台、招聘会、人才市场等正式渠道找工作，注意防骗，普及常见的防骗手段；三是找到工作后，指导服务对象如何签署劳动合同，遇到劳动纠纷时如何维护自身权益。

### （三）服务技巧

社会工作者对务工不着人员的服务技巧主要包括寻找就业动机、矫正择业观、增能赋能、鼓励与支持。

(1) 寻找就业动机：激发其就业意向，促进其寻找工作。多数长期务工不着的流浪乞讨人员无就业意向，长期流浪在外，依靠向救助管理机构求助、捡废品、乞讨等方式勉强度日，久而久之没有了工作的意向。社会工作者可协助其从现实性需要、求职兴趣、成就动机、认知需要、自我提高、自我实现、服务他人等，寻找就业的动机，通过就业实现自己想要的生活，激发其就业意向。

（2）矫正择业观：矫正不正确的择业观，才能成功就业。务工不着人员找不到工作的一个重要原因是"高不成低不就"，自身学历不高，缺乏就业技能，要求工作轻松、工资高，不符合自己的条件的不做，导致难以找到合适的工作。社会工作者可为其摆正择业观，根据服务对象的个人爱好和能力，协助其进行职业规划，明确职业方向，有针对性地寻找合适工作。

（3）增能赋能：协助服务对象挖掘优点，提升其就业技能。务工不着人员常说自己没有学历、没有能力，找工作非常困难，导致其失去了信心。社会工作者应协助其挖掘自身的优点，让其认识到自己是有能力的，提升其找工作的自信心。通过就业辅导、职业培训等服务，提升其就业技能和能力，促进其成功就业。

（4）鼓励与支持：树立就业自信心，给予其适当就业支持。长期务工不着人员就业的自信心非常低，常怀疑自己找不到工作，找了几家都没被录用，会失去信心，逐渐地不想找工作。社会工作者要不断地给其鼓励，让其相信自己是能成功就业的。在找工作的过程中，服务对象会遇到困难，如不会制作简历、不懂面试技巧。社会工作者应跟进其找工作的过程，遇到困难及时给予就业支持，直到成功就业。

## （四）典型个案

### 唤醒参与社会生活的意愿

#### 护送入站，情绪低落

在一次街面巡查中，张掖市救助管理站工作人员和社会工作者在一处待拆迁房屋内，发现一名衣衫褴褛的男子，约 40 岁。该男子目光有些呆滞，在交流上有些障碍，救助站工作人员和社会工作者上前询问，在征得他的同意后，将其护送到救助站暂住。进站后，工作人员立即为其清洗换衣、理发、询问身份信息，得知该男子名叫张鹏（化名）。

工作人员与其交流过程中，发现他有一定的文化基础，能写出大概的家庭信息。在进入救助站后，他能够配合救助站的日常管理工作，身体情况良好，但在情绪和认知上存在一些问题，情绪一直比较低落，眼神有些呆滞，从不主动开口说话，也不愿交流。在了解以上情况后，社会工作者与张鹏进行了多次交流，试图了解其内心的真实需求及主要面临的问题，为后续的工作开展提供参考。

#### 艰辛的流浪漂泊生活

通过多次面谈，工作人员得知他单身一人，父母早年已去世，只有一个智障弟弟寄养在远房亲戚家中。他离家已有十余年，辗转了多个省份；工作不稳定，时断时续，生活渐渐没了着落，流浪漂泊，生活过得很艰辛，坐不起车的时候，完全靠步行。流浪生活渐渐消磨了他原本外出打工的意志，常年的流浪生活减少了他与社会群体的交流，使得他的交往和社会融入成了问题，对自己的认识和对社会的主动参与意识和能力有待恢复和提升。社会工作者联系其户籍地相关工作人员，他符合申请低保政策，可以返乡申请办理。

通过一段时间的沟通和铺垫，社会工作者取得了他的信任，建立了良好的信任关系，并专门安排他看了一段新闻：陕西大唐芙蓉园景色优美，游人如织，旅游产业带动大量当地群众就业。希望通过借助媒体平台增强其对社会的认识和对家乡的重新认知，以此带动其返乡的意愿。

**唤醒参与社会生活的意愿**

社会工作者通过观察其日常生活和进行面谈，可以直观地看到他身上的改变，从入站时的不情愿到如今已经适应，从入站时的沉默不语到能与社会工作者正常交流，他的精神状态有了明显转变。社会工作者从情感方面、认知方面，通过鼓励、感同身受等方法排遣其负面情绪，合理引导其重塑正确的生活方向，增强面对生活的能力和信心，让他对未来的生活有了憧憬，有了方向。后来，他主动提出想回家，不想再在外继续流浪，想回家乡看看，找找工作，希望救助站解决返乡问题。救助站为其安排了返乡车票。

社会工作者跟踪回访，张鹏在老家民政部门的帮助下申请到了低保，生活虽然比较困难，但总算有了基本保障。张鹏也去亲戚家看望了智障的弟弟，打算找份工作养活自己，在老家生活下去，不再外出流浪。通过救助站工作人员和社会工作者的帮扶，张鹏的社会属性得到了一定程度的恢复和提升，对自身的认识得到了加强，参与社会生活的意愿和履行亲情的职责也被唤醒。[1]

---

[1] 案例源自张掖市鹏程社会工作发展服务中心 2022 年度张掖市救助管理站购买流浪乞讨人员救助管理社会工作服务项目。

## 二、寻亲不遇人员

### （一）服务对象

寻亲不遇人员泛指离开家乡到异地寻找或者投靠亲人未果，因钱财用尽、无人接济等原因而临时陷入困境的流浪乞讨人员。寻亲不遇人员大多原本就经济拮据，对要前往的城市了解不多，更不懂得如何向政府部门求助，因而在钱财用尽、无人接济时往往选择在车站附近流浪露宿。

### （二）服务内容

社会工作者对寻亲不遇人员主要提供关怀与心理疏导服务、寻亲服务、文娱与教育服务。

（1）关怀与心理疏导服务：服务对象情绪容易不稳定，心事难以排解，容易封闭自己。社会工作者要定期与服务对象谈话，关心其身心健康、生活情况、困惑等，及时疏导其不良情绪，帮其保持愉悦心情。

（2）寻亲服务：及时指引服务对象到救助管理站求助，进行寻亲或者购票返乡。对于无法提供个人身份信息的服务对象，可通过推送全国救助寻亲网、推送今日头条、公安系统查询、人脸识别和人像比对、DNA采集和比对等方式核查其身份、寻找家属。对于能提供个人身份信息的服务对象，提供电话等让其与家人联系，根据其意愿及时为其购买返乡车票，帮助其尽快返回家乡。

（3）文娱与教育服务：寻亲不遇人员在救助管理站内求助期间，社会工作者可以为其开展一些文娱类活动，如开展手工、观影、写毛笔字等，丰富其在站生活，缓解其焦虑情绪；开展教育类服务，如开展求助方式方法、防骗防诈知识、法律法规知识等，帮助其提高自身能力，学会自助。

### （三）服务技巧

社会工作者对寻亲不遇人员的服务技巧包括建立信任、情绪疏导、细心与耐心。

（1）建立信任：社会工作者主动介绍自己以及救助服务内容，获得服务对象的信任，从而获得真实信息。部分服务对象的警惕心强，会谎报自己的真实信息或者躲避社会工作者的询问，社会工作者需为其提供关怀与陪伴，逐步获得其信任，也可利用附近的正规资源，指引其前往求助，并在此基础上进一步建立关系。

（2）情绪疏导：疏导其因陌生、寻亲不遇而产生的低落、焦虑情绪。详细向其介绍救助内容、救助流程、救助要求等，及时打消其顾虑；同时向其了解所要寻找亲人的身份信息，指导或者帮助其寻亲；根据其实际情况提供建议，指导其返乡后通过家乡资源进行寻亲或者是利用当地资源继续寻亲，稳定其情绪。

（3）细心与耐心：部分寻亲不遇人员诉说的内容逻辑混乱、前后矛盾，需要社会工作者细心分析总结，一一提出疑问并核实，从而获取有用的寻亲信息。其中，存在精神残疾或智力残疾的寻亲不遇人员，能够说出来的信息有限，要细心地记录每次问话的信息，甄别分析出对寻亲有用的信息。

### （四）典型个案

#### 台风天里寻亲不遇　及时救助送站返乡

2017 年 8 月 27 日 7 时 7 分，台风"帕卡"来袭，根据广州市气象台监测，广州市达到气象灾害（台风）Ⅱ级应急响应标准，气象灾害应急指挥部决定将广州气象灾害（台风）Ⅲ级升级为台风Ⅱ级应急响应。

面对台风天气，对于街面流浪乞讨人员的救助工作仍在持续。广州市鼎和社会工作服务中心"社工＋志愿者"街面驻点服务项目组，联合广州市救助管理站市区分站街面救助小分队和天河区街面救助小分队、白云区街面救助小分队、越秀区街面救助小分队，采取定点、定人、定时的形式，坚守在火车站、步行街、商业广场等10个驻点。派发救助卡片，宣传救助政策，劝导进站救助。27日当天，工作人员护送4名流浪人员进站救助，寻亲不遇的小伙子阿龙（化名），就是其中之一。

### "卡帕"来袭，坚守街面救助

8月27日下午，广州大雨倾盆。火车东站驻点组巡查过程中，在隐蔽的角落里，一个神情落寞的小伙子，引起驻点组工作人员的注意：他低着头坐在地上，穿着一双拖鞋，衣衫不整，神情紧张，不像是等车的乘客。

"小伙子，需不需要什么帮助啊？"救助小分队工作人员和社会工作者、志愿者走过去，跟他表明身份，问询情况。他很慌张地抬起头，不断打量着众人，又低下头，一言不发。

担心可能是太多人，他有点害怕。现场只留下一名救助队员和两名社会工作者，并给他送上矿泉水、八宝粥，让他先吃点东西。再跟他慢慢沟通交流。

### 寻亲不遇而恐慌，送站返乡

"我在这里已经露宿几天啦，你们是不是好人啊？我怎么能相信你们不是骗子呢？"吃完八宝粥之后，他终于站起来。救助队工作人员拿出身份证、工作证，递给他："我们是政府民政部门的救助队，也可以带你到车站派出所，去核验我们的身份，如果你遇到困难，我们可以送你去救助站，救助站可以帮你买票回家。"

反复看完身份证、工作证之后，他拿出自己的身份证。原来，20岁的阿龙是粤西人，几天前来广州找堂哥，堂哥准备带他去工厂打工，原来约好在火车东站碰头，但堂哥一直没出现。他的手机因为摔了一下，无法开机，他用公用电话亭的电话，打堂哥的手机也一直关机。他身上没带多少钱，既没钱住宾馆，也没钱自行买票回家，只能在车站露宿了几天，期待堂哥能够出现。

因为台风影响，几天来，车站的旅客较多。这是他第一次来广州，他不知道怎么去求助，他担心自己会上当受骗。几天时间里，他一直惊魂不定，寝食不安。社会工作者按照他提供的号码，拨给他堂哥，还是关机状态。在反复启发下，他报出来他爸爸的电话。现场电话联系上了他远在老家的爸爸，他爸爸说孩子的堂哥有事出差了，要离开广州一段时间才能回来，堂哥几天前曾经打过电话，但三方都彼此联系不上。

他爸爸也在担心着他，嘱咐他先回老家，过一段时间，堂哥会接他到广州。得知事情的来龙去脉，阿龙终于安心下来，在救助车的护送下，到救助站暂住，救助站即刻安排购票，第二天，阿龙顺利返乡。①

---

① 案例源自广州市鼎和社会工作服务中心2017年度"社工＋志愿者"街面驻点服务项目。

## 三、财物丢失人员

### （一）服务对象

部分外来务工人员因钱财丢失、被盗被抢等原因陷入临时困境，加上无家属的支持，无法继续在本地找工作或生活，需要返乡或者获得家属的支持，才能继续再就业。当财物丢失时，多数服务对象会先选择报警处理，如果派出所解决不了，其通常会被指引到救助管理站求助购票返乡。而导致财物丢失的主要原因是其安全意识不强，不注意自身的财物安全；另外，部分刚从家乡过来的外来务工人员身上积蓄少，在未找到工作的情况下，为了节省开支，他们会选择先露宿在车站、人力资源市场等附近，这更容易导致其财物丢失。

### （二）服务内容

社会工作者对财物丢失人员的服务内容主要包括物资支持、情绪疏导、安全教育、联系家属、转介服务。

（1）**物资支持**：因财物丢失，导致其生活无着，不能解决温饱。社会工作者会为其提供物资的支持，解决其暂时的吃饭及衣物问题。

（2）**情绪疏导**：因财物丢失、在外无所依靠，服务对象的情绪较不稳定，心情比较低落，有些会憎恨社会。社会工作者应关注其情绪状态，及时为其疏导不良情绪。

（3）**安全教育**：协助其回忆财物丢失的过程，让服务对象清楚自己是如何丢失财物的，以后需要注意。开展安全教育主题讲座，教导服务对象如何保管好自身的财物、财物丢失后怎么办等相关知识，提升其安全意识。

（4）**联系家属**：因财物丢失，服务对象会感到很无助，需要家人的支持，社会工作者应协助服务对象联系家属，获得家人的支持，走出临时的困境。

### （三）服务技巧

社会工作者对财物丢失人员的服务技巧主要包括转介、倾听、支持。

（1）**转介**：在街面上遇到因财物丢失而遇到困难的人，特别丢失身份证和手机的，社会工作者应劝导其返乡办理身份证，获得家人的帮助，并护送其到救助管理站买票返乡。

（2）**倾听**：社会工作者应倾听服务对象诉说自己财物丢失的情况，积极给予回应，把不好的情绪发泄出来；让其认识到钱财是身外之物，不必放心上。要注意服务对象情绪的变化，当情绪比较激动时，社会工作者要及时安抚。

（3）**支持**：服务对象来穗务工，面对突然的财物丢失，特别是手机丢失，联系不上家人，会感到很迷茫和无助。社会工作者需为其提供支持，如物资支持、联系家人、转介救助管理站等，增强其社会支持网络，渡过临时的难关。

### （四）典型个案

#### 浪子回头金不换

在流浪乞讨人员救助服务过程中，经常会遇到刑满释放人员。他们因为不好意思回家面对家人，加之跟正常的社会生活严重脱轨，重新回归社会面临极大的困难和挑战。久而久之，他们只能流浪露宿在外。而对于这部分流浪乞讨人员，政府救助力量和社会力量并没有放弃对于他们的关爱，暖心之举一直都在。

**外展巡查，救助返乡**

2023年5月，广州市白云区民政局救助小分队、善得社工项目组在开展恒常街面巡查救助工作时，在白云区社区公园发现露宿男子张明（化名），救助小分队、社会工作者上前了解情况。50岁的张明，来自广东临近省份，已经来广州务工多年，起初是在工厂上班，后因工厂效益不好而失去工作，长期没有经济收入，又意外遗失手机和钱物，导致在公园里流浪露宿，平时靠捡一些废品维持生活。

随后的时间里，救助小分队、社会工作者经常看望他，劝导他找一份工作，自力更生。他面带愧色地说道："看到你们经常来，我知道你们是真的关心我，但我找工作确实有很大的困难，我几年前因为盗窃入狱，没有了工作的信心，过一段时间我想回家看看父母，在老家找一份工作。"

2023年6月，经过耐心劝导，他同意进站返乡，救助小分队、社会工作者护送他到广州市救助管理站，救助站为他安排车票，他顺利返乡。

**反复流浪，成功就业**

一段时间后，救助小分队、社会工作者在社区公园里再次发现了流浪露宿的张明。"实在不好意思，我又回到了原点。"原来他回家待了一段时间，但因为家庭矛盾等多种原因，又重新回到广州流浪露宿。

救助小分队、社会工作者尝试各种救助方案并与其耐心协商，他慢慢有了重新找工作的意愿，对于通过就业摆脱困境达成共识，于是大家便开始为他推荐一些工作岗位。

但是在找工作时，由于他没有手机、银行卡、积蓄，以及身份证消磁等因素，找工作时常受阻，联系了多家公司均表示不合适。救助小分队、社会工作者首先想到需要帮助他补办身份证，通过提前预约、拍摄证件照片、陪同前往办理大厅、代为收取证件，他终于拿到了身份证。并且，工作人员链接社会资源，资助他一台智能手机，协助他办理了手机卡、银行卡。经过多方努力，2023 年 9 月份，他在物流园找到一份打板、码货的工作。

**积极回访，工作稳定**

对于张明能够顺利就业，救助小分队、社会工作者都很欣慰，长期的救助工作有了一个好的结局，曾经的浪子，开始了崭新的生活。但救助工作并没有止步于此，由于担心他不适应新的工作环境，很难融入集体生活，导致他自我放弃，再次流浪露宿，社会工作者多次和他通话、聊天，引导他积极工作，服从安排，遵守单位各项规定，与同事也多交流，珍惜来之不易的工作机会。同时，救助小分队、社会工作者还以朋友的身份实地回访，去工厂看望张明，用工单位主管对他的工作非常满意，他也表示会努力工作，彻底告别昨天，开启新的航程。

白云区民政局救助小分队、社会工作者以促进街面流浪乞讨人员就业为突破口，坚持流浪救助帮扶与扶志、扶能相结合，有针对性地根据流浪人员的身体状况、就业需求、能力状况进行分类评估、因人施策，通过就业帮扶、技能培训、心理建设、能力提升、适配资源等措施，不断增强流浪人员自我"造血"功能和逆抗力，同时强化政策引导、教育引导、典型引导、授人以渔，让流浪对象从依赖和颓废中走出来，最终能够自食其力、融入社会。[1]

## 第二节　弱势人员[2]

### 一、未成年人

#### （一）服务对象

未成年流浪乞讨人员指 18 岁以下的流浪乞讨人员，他们大多因家庭原因流浪，或独自或跟随年长者或被胁迫在街头流浪乞讨。16—18 周岁有完全民事行为能力的未成年人，大多因为外出务工但缺乏社会实践经验导致流浪乞讨。其中，16 周岁以下的未成年流浪乞讨人员无论是否自愿流浪，一经发现必须立即报警，并护送其至未成年人保护中心，由未成年人保护中心决定下一步安排；对于 16 周岁以上不满 18 周岁的未成年流浪乞讨人员，需要了解其具体情况，开展针对性教育引导。

#### （二）服务内容

针对未成年流浪乞讨群体，主要开展寻亲返乡服务、心理辅

---

[1]　案例源自广州市白云区善得居家养老服务中心 2023 年度广州市白云区民政局街面流浪乞讨人员社会工作服务项目。

[2]　本节由吴丽莉、谷梦丽、梁舒淇撰写。吴丽莉，社会工作师，广州市创意经济促进会副秘书长，多年管理运营广州市社会组织公益创投活动，参与编写《创新·创意·创投——广州市首届社会组织公益创投实践与探索》等图书；谷梦丽，社会工作师，广州市鼎和社会工作服务中心项目主任；梁舒淇，助理社会工作师，广州市鼎和社会工作服务中心项目主任。

导服务、义务教育普及服务、就业培训支持服务。

（1）寻亲返乡服务：在救助管理机构和未成年人保护机构求助的未成年人由机构代为监护，不能自行离开机构。社会工作者需要为其开展寻亲返乡工作，通过联系未成年人户籍地相关部门，帮其寻找家属，劝导其家人前来接领；对于家人不愿接领的，需要护送其返乡。

（2）心理辅导服务：心理辅导服务包括情绪疏导、专业心理咨询，针对情绪不稳定的未成年人，社会工作者要及时给予情绪疏导，缓解其情绪压力；针对有轻微精神问题的未成年人，需要链接专业心理咨询师为其提供心理咨询服务；心理问题较严重的未成年人，需要被转介精神病院并开展寻亲返乡服务。

（3）义务教育普及服务：我国实行九年义务教育制，针对处于义务教育年龄段的未成年人，要告知其需要接受义务教育，鼓励此类未成年人回归学校。

（4）就业培训支持服务：为16至18周岁的未成年人提供适当的就业帮扶，或者链接就业培训资源，增强其自主就业、自主择业的能力，鼓励其独立自强，走出困境。

### （三）服务技巧

社会工作者针对未成年流浪乞讨群体的服务技巧主要包括倾听及提升动机技巧、引领技巧、影响技巧。

（1）倾听及提升动机技巧：这类技巧是基于对未成年流浪乞讨人员独特性的尊重，引导未成年流浪乞讨人员对自我的正确认知，以及对未成年流浪乞讨人员解决问题的能力有信心。通过肢体及口头语言，令未成年流浪乞讨人员感到被尊重、被理解、被接纳。这些基本技巧包括专注、邀请、复述、鼓励及支持和查证等。社会工作者运用这类技巧时需要保持身体姿势的舒展和开放，传达开放、接纳的肢体语言。在谈话中，专注于未成年流浪乞讨人员的谈话内容及情绪反应。

(2) 引领技巧：这类技巧引导未成年流浪乞讨人员去深入具体地解说、探讨自己的经验、处境、问题、对人对事的感受，包括澄清、聚焦、摘要等技巧。旨在通过社会工作者的引导，让未成年流浪乞讨人员主动说出个人经历，以便解决问题。社会工作者运用这类技巧时可用问题来引发未成年流浪乞讨人员作更多、较详细和明确的表达，社会工作者对未成年流浪乞讨人员以语言及非语言所表达的内容及感受重点要留心接收，运用提问引领讨论的方向。

(3) 影响技巧：这类技巧会给未成年流浪乞讨人员施加影响，促使其从新的层面去理解问题、解决问题，运用这类技巧的前提是社会工作者与未成年流浪乞讨人员已建立良好关系，对未成年流浪乞讨人员的问题较为了解。这类技巧包括建议、教育、自我坦白、演绎、对质等。社会工作者运用这类技巧时，需要选取既适合未成年流浪乞讨人员处境，又有助于解决问题的影响技巧，以未成年流浪乞讨人员能够明白的词句、方法去表达，避免他们无法理解。

### (四) 典型个案

#### 挥着翅膀的女孩

#### 满手伤痕的琪琪

皮肤白净、身形微胖，笑时眼睛就眯起来的琪琪（化名），在常人看来，似乎只是个普通的 15 岁女孩，而在她衣袖内的左手却藏着多道刺眼的伤痕，新的旧的交织在一起，而这些伤痕，是琪琪自己用水果刀划出来的。

琪琪独自一人从四川来到广州，在酒店玩网络游戏期间遭受网友侮辱性语言攻击而号啕大哭，因哭声太大引起了酒店工作人员的注意，后来被发现左手受伤而报警。派出所将其送至番禺区救助管理中心，实施未成年人救助保护。

**缺乏关爱的琪琪**

社会工作者、驻站医生、护工密切地关注着她的生活适应情况及身心状况，持续地为她提供关怀陪伴与心理疏导服务，鼓励她正确看待网络暴力行为和选择安全有效的情绪宣泄方式，同时也为她提供书籍阅读转移注意力。

小时候的琪琪也拥有一个幸福的家庭，琪琪从小跟随父母、爷爷奶奶在老家生活。但在 5 岁那年，她的家庭发生变化，父母离婚后琪琪就再也没见过妈妈，现在的琪琪对妈妈的印象已很模糊。后来家里迎来了一位漂亮的继母和一位与琪琪年纪相仿的妹妹，渐渐地，小妹妹也出生了。随着小妹妹的到来，琪琪的生活与教育却更加被忽视了。

五六年前，爸爸与继母选择离婚，爸爸带着琪琪与小妹妹和奶奶一起生活。琪琪甚至不知道爸爸目前在何处，"他仅在逢年过节时才会回奶奶家，上次与爸爸见面已经是 2019 年的事了"。平常遇到事情时，琪琪只能与奶奶沟通，通讯录里也只有奶奶一人。但身体状态不佳的奶奶难以管教叛逆期的琪琪。"我经常喜欢自己一个人独处。"长期无人管教、缺乏家人关爱的琪琪，慢慢地变得安静，渴望着早日独立。

**返乡生活的琪琪**

辍学，是琪琪曾经"深思熟虑"后的决定，目前的琪琪对重新返回校园似乎并没有多大的意愿。番禺区救助管理中心工作人员与四川当地救助管理站工作人员、琪琪奶奶经过多次沟通协调后，琪琪被护送返乡，回到奶奶身边。

在后来的跟踪回访中得知，琪琪返回奶奶家生活一段时间后，再次独自外出，在老家的市区租房生活，同时兼职两份工作。而琪琪也兑现了她的承诺，没有继续触碰网络游戏，且近期也没有出现自我伤害行为。

对于返乡后状况较为稳定的琪琪，社会工作者依然还是有些担心的，担心她只是暂时性地改变，担心她没有监护人在身边而再次做出自我伤害的行为。对于流浪未成年人的救助保护，需要从社会倡导、源头地预防、学校教育和家庭关怀入手，或许才能解决根本问题。[①]

## 二、高龄长者

### （一）服务对象

社会上传统意义上高龄老人是指年龄在 80 岁以上的老人，他们是老年特征最突出的人口，往往具有以下特点：① 一般经济不能自立，生活自理能力差或不能自理；② 体弱多病，有的

---

[①] 案例源自广州市鼎和社会工作服务中心 2021 年度广州市番禺区救助管理中心社会工作服务项目。

甚至卧床不起和神志不清，患痴呆症比重较大；③大多数高龄老人需要家庭和社会向他们提供经济帮助、医疗服务和生活照顾，继续为社会服务的人很少；流浪乞讨人员中的高龄长者指的是流浪街头、生活无着、无依无靠，年龄在80岁以上、具有高龄老人特点的流浪老人。社会工作者遇到流浪的高龄长者们是一群年长的、可能身患不同病症的、缺乏自理能力的长者，他们既有老年人普遍性需求，如医疗的需求、生存照料的需求、情感支持的需求等，又面临缺乏社会支持的挑战。

## （二）服务内容

社会工作者可以提供的服务内容主要包括关怀与心理疏导服务、康乐活动、寻亲返乡服务、政策普及服务、跟踪返乡服务。

（1）关怀与心理疏导服务：通过关怀服务，社会工作者可以了解服务对象的身体和心理情况，对于生理不适的服务对象及时交由医护人员诊治。对于流浪的长者们，关心其情绪，了解其需求与烦恼，疏导其不良情绪，让其保持愉悦的心情和积极的心态。

（2）康乐活动：文娱活动和康乐活动在丰富高龄长者生活的同时，增加了社会工作者与其接触的途径，便于建立专业的服务关系。社会工作者应根据兴趣提供文娱活动，如书法、绘画、象棋等等；根据身体情况，提供基础疾病养护知识，可提供高血压、糖尿病等基础疾病养护方面的知识普及。在文娱活动上，了解流浪长者的兴趣类型，康乐活动有助于高龄长者处于正常及稳定状态，对保持身体的健康有着积极的作用。

（3）寻亲返乡服务：高龄流浪长者需要关爱和陪护以及解决

生存的问题，家庭网络以及政府的支持是非常重要的。而寻亲返乡服务可以为高龄长者联系亲属，获得家庭网络支持，核实身份后，社会工作者可以通过救助管理机构免费购票护送其返乡。

(4) **政策普及服务**：服务对象只能暂住在站一段时间，不能永久居住，后续收入来源和生存是其将来面临的问题。针对该问题，向高龄长者普及低保、五保、安置等福利政策知识，利于其返乡后的稳定和保障，增强其返乡的信心。

(5) **跟踪返乡服务**：通过跟踪服务，社会工作者可以了解服务对象返乡后能否生活稳定下来。具体可通过联系其亲属、当地村委等了解其返乡后的生活情况、遇到的困难等等。对于符合福利保障政策的服务对象，社会工作者一般会向服务对象亲属普及福利政策，让亲属或委托村（居）委办理。必要时，社会工作者会帮助服务对象联系当地政府部门，协助其办理相关低保、五保、安置等利于户籍地生活稳定的福利保障。

### （三）服务技巧

社会工作者对于高龄长者的服务技巧有倾听、关怀、注入希望。

(1) **关怀**：对其表示慰问、关心和尊重。通过关心其身心情况、生活状况，在了解更多信息的同时，促进双方建立信任关系。

(2) **倾听**：高龄长者多存在流浪多年、断绝亲友联系、无身份证的特点，在谈心过程中，社会工作者应倾听其流浪前后酸甜苦辣的经历，在抚慰其情绪的同时，注意收集和记录其户籍信息、亲友情况、家庭状况。

(3) **注入希望**：增强服务对象返乡的信心。流浪乞讨的高龄长者部分无身份证，户口已被注销。长期的流浪说明他们本就缺乏返乡信心，有的担心家人以及乡里乡亲的嘲讽和闲言碎语，有的无家可归。从情感上，社会工作者通过寻亲返乡服务，联系亲属，以获得家属的关心和理解。对于亲属可以接纳的，通过联系亲属，为其注入返乡希望。从理性上，对于无身份证、无亲属支持的服务对象，让其了解通过返乡才可以办理相关证件以及获得户籍地政府的帮助支持。

## （四）典型个案

### 故乡的呼唤

常言道："落叶归根"，不管在外多久，年龄大了，都会想要回到故乡养老。70多岁的孙伯（化名）就是其中的一个例子，他在外漂泊近30年，虽不知自己的家乡已经变得怎样了，不知自己的户籍是否还在，但仍对家乡有着深厚感情，希望能够回到故乡养老。2017年5月6日，松原市救助管理站工作人员来穗接领，孙伯踏上返乡的列车。政社联动之下，经过四个多月的持续跟进服务，孙伯回到阔别已久的故乡，开启新的生活。

### 30年的漂泊生活

孙伯是吉林省松原市人，没有兄弟姐妹，没有结婚，30多岁就来到广州打拼，没有回过一次老家，一直没有身份证，现在也不知户籍是否被注销。他对家的模样早已记不清了。他每天过着简单平淡的生活。他精神气十足，剪了个寸头，看起来比实际年龄年轻很多，穿的衣服很干净，能看得出是个爱干净的人。一台手推车便是他的家，走到哪里拉到哪里。晚上睡觉也是睡在上面，旁边放置着大包的衣物，那便是他全部的家当。

他平时依靠捡废品和帮人拉物品赚点生活费，靠着政府救助、街坊接济，和公益组织派发食物，勉强能够维持生活。2017年1月份，我们第一次见到他，他说："想要回家养老，不想再过流浪的生活了。"他向社会工作者提供了具体户籍地址，希望能够帮助他返乡养老。

### 政社联动，源头地积极参与

为了尽快达成孙伯的愿望，根据他提供的户籍信息，虽经历多次联系未果，但我们依旧没有放弃，通过松原当地市长热线核实了他的信息，庆幸的是他的户籍没有被注销，能够申请政府养老安置，我们松了一口气。

通过广州市救助管理站市区分站的积极协调，松原市救助管理站特别重视，派出两名工作人员，来广州接回孙伯，再安置到当地老人院。我们和广州市救助管理站市区分站的工作人员一起找到孙伯，完成了现场甄别和养老安置申请流程等相关工作。

### 成功返乡，入住老人院

2017年5月5日，傍晚时分，天空阴沉，还下着大雨，但我们的心情完全没有受到天气的影响，既开心又激动，终于等到了送孙伯去救助站的时刻。松原市救助管理站的工作人员已经到达广州。我们和孙伯并排走，他的脚步比之前快了许多，我们需要加快脚步才能跟上他。

第二天，我们和广州市救助管理站市区分站的工作人员，一起送孙伯来到火车站。站在火车站入口处，在松原市救助管理站的工作人员的陪护之下，看着孙伯的背影远去，我们才缓慢离开。说实话，和他相处了那么久，心中确实有点不舍。

一个月后，我们电话回访了孙伯，电话那头，他在开心地述说着自己在老人院的生活："我之前没想到，现在的老人院这么好了，吃住我都很满意，我和其他人都相处得很好，在这里，每天可以看电视、下象棋。"听到孙伯说到这些，我们心里莫名地开心，也让我们更有信心，去帮助更多的高龄长者返乡养老安置。[①]

### 三、女性

#### （一）服务对象

女性流浪乞讨人员指流浪乞讨群体中的成年女性，她们大多是因家庭矛盾或精神问题导致流浪，且在露宿、乞讨期间人身安全没有保障。并且由于缺乏自我保护知识，女性流浪乞讨人员在流浪期间怀孕风险较高，在发现女性流浪乞讨人员时，工作人员需要首先确定精神状态以及身体健康情况。

#### （二）服务内容

针对女性流浪乞讨群体，主要开展寻亲返乡、情绪疏导、心理辅导、卫生健康知识普及服务。

（1）寻亲返乡服务：针对有返乡意愿或因精神、智力障碍导致流浪的女性流浪乞讨人员开展寻亲返乡服务，协助其返乡。对于户籍地不明的人员需要联动多方力量协助寻亲。

（2）情绪疏导服务：女性流浪乞讨人员大多戒备心较强，需要工作人员长期跟进并与其建立信任关系，在建立信任关系的过

---

① 案例源自广州市鼎和社会工作服务中心 2017 年度广州市流浪乞讨人员社会工作介入服务项目。

程中，社会工作者需要根据服务对象的表述开展适当的情绪疏导，为服务对象营造安全的倾诉氛围。

（3）心理辅导服务：女性流浪乞讨人员中存在较多精神病患者，需要链接专业心理咨询师为她们提供心理咨询服务，严重的需要转介至精神病院。

（4）卫生健康知识普及服务：在流浪期间女性流浪乞讨人员人身安全没有保障，社会工作者需要向其开展卫生健康、个人卫生、早期孕反等卫生知识普及，同时告知服务对象在人身安全受到威胁时该如何处理，提高服务对象自我保护的安全意识与能力。

### （三）服务技巧

社会工作者针对女性流浪群体的服务技巧主要包括倾听及提升动机技巧、引领技巧、反应技巧、影响技巧。

（1）倾听及提升动机技巧：社会工作者通过肢体及口头语言，令女性流浪乞讨人员感到被尊重、被理解、被接纳。社会工作者在实际操作中运用较多的技巧为专注、邀请、复述、鼓励及支持，女性流浪乞讨群体较少会主动向社会工作者寻求帮助，这需要社会工作者主动发现、主动邀请，并专注地向女性流浪乞讨人员传达尊重，通过复述经历、问题提高女性流浪乞讨人员被关注、关心的感受，通过鼓励及支持表达女性流浪乞讨人员有自主解决问题的能力，增强其改变的动机和信心。

（2）引领技巧：这组技巧可引导女性流浪乞讨人员深入具体地解说、探讨自己的经验、处境、问题、对人对事的感受。社会工作者在实际操作中较多运用澄清、聚焦、摘要技巧，社会工作者通过澄清引导女性流浪乞讨人员把不够清晰的信息及不够清晰的陈述做更详细的解说，鼓励女性流浪乞讨人员尽量开放地表达自己的想法、感受，分享自己的相关经历，聚焦女性流浪乞讨人员的问题，并运用摘要技巧对女性流浪乞讨人员的表达提炼重点。

（3）反应技巧：这组技巧是让女性流浪乞讨人员感受到社会工作者已进入她的内心世界和思维之中，社会工作者把自己代入女性流浪乞讨人员的世界去看事物。这组技巧包括对内容、感受及经验的反应。社会工作者在运用这组技巧时需要了解女性流浪乞讨人员的切身体会，对女性流浪乞讨人员的经历、感受表达同感，对女性流浪乞讨人员的言语、表达、情绪进行综合反应。

（4）影响技巧：这组技巧会对女性流浪乞讨人员施加影响，促使其从新的层面去理解问题、解决问题，运用这组技巧的前提是社会工作者与女性流浪乞讨人员已建立良好关系，对女性流浪乞讨人员的问题较为了解。社会工作者在实际操作中较多运用建议、自我坦白、演绎的技巧，通过建议、演绎技巧，直接让女性流浪乞讨人员了解如何解决问题。女性社会工作者还可利用性别优势进行自我坦白，通过将类似的经历告诉女性流浪乞讨人员，讲述社会工作者是如何解决问题的，引发女性流浪乞讨人员反思自身。

## （四）典型个案

### 三千里外的寻亲，时隔七载的相认

发现报告机制发挥作用

2021 年 4 月 1 日，志愿者群里的一名社区网格员提供一条线索:"在桂江一路河东防洪堤下有一名流浪拾荒的阿婆。"梧州市救助管理站工作人员与社会工作者来到防洪河堤进行核实,发现阿婆住在防洪堤下的小隔间里,有少许纸板围挡着部分生活用品、各种垃圾废品和剩饭剩菜。在防洪堤栏杆上,晾满了其捡来的旧衣物。

**身份不明的流浪"阿婆"**

救助站工作人员与社会工作者尝试与阿婆交谈,但阿婆疑似患有精神障碍,一直答非所问。在交谈过程中,阿婆还会时不时地对着附近的居民楼大喊着一个名字"阿清",似乎这个"阿清"是阿婆的亲人。与阿婆初次接触无果而终,街面劝导工作陷入困境。本着"自愿受助,无偿救助"的救助原则,工作人员只能先留下食物和衣物等救助物资,并为她拍摄正面人像照片后离开。回站后,救助工作人员联系公安部门进行人脸识别,但未能识别出阿婆的身份信息。

**长期陪伴,进站救助**

在之后的时间里,救助工作人员和社会工作者时刻关注着这名服务对象,在平时的街面巡查过程中都会向这位阿婆送去救助物资保障其生活,甚至和她一起整理废品,并且不断地劝导其入站接受救助。

经过三个月的耐心劝导和陪伴,事情终于迎来转机。救助站工作人员与社会工作者依旧如往常一般劝导阿婆入站接受救助。"入站接受救助后,我们会帮助你寻找家人,找到家人后,我们会护送你回家。""家人?回家?"阿婆口中喃喃道,这两个词似乎点燃了她内心对回家的渴求。面对眼前两名再熟悉不过的"亲人", 阿婆点头同意到救助站接受救助。

## 为"富裕"的阿婆千里寻亲

进站后, 社会工作者惊讶地发现阿婆全身绑满了塑料袋, 其中包裹着大量的现金, 有些已经发霉, 经清点共两万余元。这让社会工作者对阿婆的身世及经历更加好奇, 立即开展寻亲工作, 及时把阿婆的信息录入全国救助系统寻亲网, 并在梧州日报、头条寻亲、缘梦公益、马义民寻亲工作室、王曙寻亲工作室等寻亲平台发布寻亲信息, 通过现有技术和网络帮助阿婆寻亲。三天后, 长沙市王曙寻亲工作室传来好消息, 阿婆的身份得到初步确认。原来, 这名阿婆是广西人, 有一个女儿叫阿清, 正是阿婆口中不断念叨的"阿清"。

"妈! "阿清推开房门直接扑倒在妈妈的身上。

"你怎么才来! 你怎么才来? "阿婆轻轻拍打着扑倒在自己身上的女儿。

"妈, 都是我的错, 以后我们再也不分开了。"阿清泪眼婆婆地趴在床上抽泣。

社会工作者递上一包抽纸安慰道: "一家人团聚就好! "阿清说道: "是啊是啊, 妈妈走失七年啦, 我接到你们的电话后, 就跟我老公商量全家人一起开车来梧州接妈妈, 一刻也不敢停留。"即使路程将近三千公里, 阿清在第一时间赶到了久别重逢的母亲身边。

亲情总是维系着人与人之间最真挚的情感, 即使远在千里之外, 也不能阻碍亲人相认。为了守护这份最真挚的情感, 救助站工作人员与社会工作者深感责任重大, 将不遗余力地坚守着这条社会民生的保障线，继续为更多的流浪乞讨人员服务。[①]

## 第三节　病残人员[②]

在流浪乞讨人员帮扶服务中，病残人员是指患有重大疾病、精神障碍以及肢体残疾的群体。病残人员在流浪群体中占比较大，由于他们在生理上的某些功能、某些组织丧失或是缺陷，使他们无法正常生活与工作，甚至有些人无法正常交流，缺乏解决自身困境的能力，最后只能被迫流浪露宿街头，或以乞讨为生。病残人员主要有危重病人、疑似精神障碍患者、残疾人员三大类，其主要需要生存保障、寻亲安置、医疗救助等。

### 一、危重病人

#### （一）服务对象

由于长期露宿街头，生活环境恶劣，生活条件有限，较多流浪人员患有多种疾病，受疾病困扰是帮扶服务中较为常见的现象。另外，部分长者因年纪较大，身体患病，无力解决医疗及养老问题而流浪露宿在外也是屡见不鲜的情况。至于街面常见以拉大字报、音响播放方式称本人或亲属患有重大疾病急需救助的情况多

---

① 案例源自梧州市民生社会工作服务中心 2021 年度梧州市救助管理站社工服务示范项目。

② 本节由钟嘉怡、赵东亚撰写。钟嘉怡，社会工作师，广州市鼎和社会工作服务中心项目主任；赵东亚，泰和泰（广州）律师事务所合伙人，广州市救助管理站市区分站法律顾问，广州市社会组织专家库成员。

数为"职业"乞讨人员，其内容多为虚构，与实际情况不符。

## （二）服务内容

社会工作者对危重病人的服务内容主要包括医疗支持服务、随访跟踪服务、生活援助服务、寻亲返乡服务、政策普及服务。

（1）医疗支持服务：流浪乞讨人员中的危重病人由于疾病的影响，加之流浪过程中环境恶劣，饮食卫生难以得到保障，其身体健康状况及生命安全状况面临严峻的考验。社会工作者在服务过程中需要观察服务对象的身体情况，给有需要医疗支持的服务对象链接医疗资源，使其尽快得到救治。

（2）随访跟踪服务：关注服务对象在院治疗期间的身体状况和生活情况，配合医护工作人员和救助管理机构工作人员对服务对象进行动态监测和服药监测，通过疾病宣教、能力提升、情绪疏导、情感支持等方式提升服务对象疾病管理（如准确表述自身的患情、日常作息情况、服用药物后情况）、药物管理的能力，缓解其因疾病困扰、药物副作用而出现情绪低落、消极的状态，协助服务对象尽快适应在院治疗期间的生活，并记录情况，定期更新，建立服务对象的基础档案。

（3）生活援助服务：根据档案资料定期对服务对象的基本情况、社会支持网络、表达性服务需求等进行评估和分析，通过信息提供、链接资源，协助联系民政部门、卫健部门按照流浪人员医疗救助的有关规定对服务对象的医疗费用进行免除和补贴，针对超出免除和补贴范围的费用，如住院期间必要的换洗衣物、成人纸尿裤等，可向基金会、慈善部门寻求支持，消除服务对象因无力承担医疗费用而恐惧不安的情绪，极大程度上保障服务对象的基本医疗、生活照料需求，避免因医疗费用问题出现弃医自杀等极端情况。

(4) **寻亲返乡服务**：社会工作者协助救助管理机构工作人员帮助服务对象联系家人，告知家人其目前的病情和生活状况，协助家人接回服务对象。针对身份不明的服务对象，社会工作者可以通过日常会谈、信息收集、发布寻亲信息、电话联系、DNA 鉴定等方式核实服务对象的身份信息，帮助其联系户籍地村（居）委会和家人，增强属地社会支持系统。协助其与家人、属地村（居）委会根据其目前的生活状况和身体状态进行分析商讨，对其出院返乡后的生活进行合理规划。

(5) **政策普及服务**：患有重病的服务对象一般对户籍地相关社会保障政策知晓度低，未能享受社会福利的情况也较为常见。社会工作者应宣传普及相关的社会福利政策，引导服务对象及其家人出院返乡后办理符合条件的社会福利，消除服务对象对返乡后患病身体机能变差、无经济来源、无亲属照料、生活无法得到保障的担忧，实现返乡安置，避免"二次流浪"的发生。

### （三）服务技巧

社会工作者对危重病人的服务技巧主要包括紧急救治、提升认知、关注情绪变化、扩大社会支持网络。

(1) **紧急救治**：当流浪人员出现危及生命的情况，工作人员要及时拨打 120、110，联系医疗部门和公安部门，说明危重病人的情况（所在地址、身体情况、目前状态等），并联系属地救助管理部门，提供紧急医疗服务，保障服务对象的基本人身权益，并将 110 报警回执、120 出诊回执存档记录。

（2）提升认知：流浪人员对疾病认知非常低，对自身所患疾病的严重性不清，通过疾病知识宣讲，让其了解清楚自身疾病，学习常见疾病的知识，以及康复后如何进行预防复发等。

（3）关注情绪变化：因患有严重疾病，服务对象的情绪常常极其不稳定，容易有极端的想法。需要洞察其面部表情、精神状态、行为等，判断其是否有自残、自杀等伤害自己的想法。

（4）扩大社会支持网络：治疗疾病需要获得财力、人力的支持，通过信息提供、链接资源，协助联系民政部门、卫健部门按照流浪人员医疗救助的有关规定对服务对象的医疗费用进行免除和补贴，针对超出免除和补贴范围的费用如住院期间必要的换洗衣物、成人纸尿裤等，可向基金会、慈善部门寻求支持，并通过寻亲联系家人，获得家人的照顾与支持。

### （四）典型个案

#### 虚弱老者，重获新生

一个虚弱老者躺在地上，蜷缩着，不住地颤抖，蓬头垢面，再加上长期营养不良导致的枯瘦干瘪，使得他看起来像瘾君子发作，既引人同情又让人心生畏惧。行人大多绕开他，有个好心的年轻人上前询问他要不要去医院，老者摇摇头以示回应。当时，社会工作者穿着马甲在外展，年轻人走过来告知前边有个老者可能需要帮助。

社会工作者急忙走到老者的跟前，见到他已经非常虚弱、说话没有什么力气，马上提供了八宝粥、矿泉水给他；他拒绝吃东西，劝他先喝点水，他接受了社会工作者的好意，喝了一口水。社会工作者扶着他坐了起来，与他谈话，他说可以叫他王伯（化名），自己 70 多岁了，已经流浪在外几十年，没有家人，更没有钱，死了倒是一了百了。他觉得生活没有希望，也没有人帮他。社会工作者安抚他，不要那么悲观，会有人帮助他的。他对社会工作者突然变得非常信任，可能觉得这一刻，只有我们能够帮助他。他说出了自己的个人信息，称自己有兄弟，但离开家 30 多年了，没有联系过，也不知家里的情况如何。

社会工作者告知他有困难的时候可以到救助管理站求助，社会工作者现在会联系 120，他需要配合医生检查，如果符合救治标准，120 会送他到医院诊治，他称自己现在这样了，只能听从安排。

社会工作者拨打了 120，医院很快派了车过来，医生诊断了他的身体情况，符合送院救治的标准，便接他到附近的医院住院。社会工作者帮忙联系了医生，并链接了公益超市的生活物资资助。社会工作者定期联系医生了解他的身体情况，经过一段时间的治疗，他的病情有所好转。出院之后，他又再次回到曾经的露宿点生活。

社会工作者随后便着手为他开展寻亲工作，但是因为信息有限，困难重重。在征得他的同意后，社会工作者护送他到救助站暂住，并由救助站工作人员、社会工作者继续开展寻亲工作。经过不懈的努力，终于联系上其户籍地相关部门的工作人员，很快找到了他的兄弟，两人已经 30 多年未见面，他的户口早已注销。他的兄弟家庭生活压力较大，无法长时间照顾他，只能提供临时的帮助。当告知王伯已经找到他失联 30 多年的兄弟时，他的内心充满了希冀，同时也忐忑不安，担忧给兄弟带来麻烦，觉得自己回到家也难以过上稳定的生活。社会工作者为他普及了社会救助政策，告诉他返乡后按照他的实际情况，可以申请政府救助和养老安置，能够在家乡安稳地生活。社会工作者也联系了他的兄弟，让他协助王伯恢复户籍，办理养老安置，他兄弟同意协助。社会工作者把情况告知他，他很是高兴。

他的兄弟年纪也大了，没有出过远门，不能前来接他回家。救助管理站即刻为他购买了返乡的车票，并护送他返回家乡。一段时间后，社会工作者回访得知他已办理好了身份证，递交了社会救助申请资料，等待审批中，他称现在生活得很好，自己不会再出来流浪了。[①]

## 二、疑似精神障碍患者

### （一）服务对象

由于家庭监护不到位导致部分精神障碍患者走失，由于工作不顺、生活不顺等导致部分外来务工人员在工作生活过程中出现精神异常现象，这些缺乏监护的疑似精神障碍患者若得不到及时救助就会开始无意识流浪。他们缺乏自我辨别能力，无法掌握自己的生命、精神和身体，是流浪乞讨人员中特殊的群体。他们的表达能力和认知能力有限，绝大多数情况下不会主动求助，多数由社区中心、社区居民、志愿者等发现并转介至社会工作者或机构，社会工作者再为其开展服务。

---

① 案例源自广州市鼎和社会工作服务中心 2021 年度促进社会力量参与生活无着的流浪乞讨人员救助服务联动机制服务项目。

## （二）服务内容

社会工作者对疑似精神障碍患者的服务内容主要包括转介援助服务、寻亲返乡服务、政策咨询服务。

（1）转介援助服务：在服务初期和中期，针对服务对象因精神障碍不懂得求助，面临家庭功能和社会功能失调，食宿难以保障的情况下，引导其到救助管理机构求助，保障其基本生活需求和生命健康安全。服务后期，社会工作者会联系属地的精神病医院、社区及社会组织进行转介，使服务对象和家属能够继续得到足够的服务，保障服务对象返乡后服务的延续性和质量。

（2）寻亲返乡服务：精神障碍患者为限制民事行为能力人，需要家人的监护和照顾。社会工作者会协助救助管理机构工作人员通过日常会谈、信息收集、发布寻亲信息、电话联系、DNA鉴定等方式核实服务对象的身份信息，帮助其联系户籍地社区和家人，增强家庭支持系统和社会支持系统，使其能够早日回归家庭。协助其与家人、属地社区进行沟通商讨，引导其根据目前的生活状况和身体状态做人生规划，合理安排服务对象出院返乡后的学习、工作和生活。

（3）政策咨询服务：社会工作者会向服务对象及其家属普及医疗保险、社会救助、保障政策等法律法规的信息，引导其及家属申请符合条件的社会福利和社会保障，增强服务对象的社会支持网络，减轻家庭负担，保障服务对象治疗及返乡后能够得到足够的照顾和支持，在属地能够稳定地生活，避免"回流"现象的发生。

## （三）服务技巧

社会工作者对精神障碍人员的服务技巧主要包括危机介入、

社会化系统修复与重建、家属支持。

（1）危机介入：社会工作者可以根据服务对象的衣着、语言、神态、行为初步评估其精神状态，并可通过交流、陪伴、提供食物或物资、日常关怀等方式稳定服务对象的情绪；如无法稳定其情绪，社会工作者在确保自身及服务对象安全的情况下，可暂时离开，待其情绪平复后再开展服务。如服务对象出现暴力倾向、有危害公众安全则立即危机介入，联系公安部门，按照流浪精神病人救助的有关办法将服务对象护送至专业的医疗部门进行精神鉴定和治疗。

（2）社会化系统修复与重建：社会工作者定期与医护工作人员、救助管理机构工作人员了解服务对象的精神鉴定情况和现状，配合他们对服务对象进行社会、心理需求评估；对病情较稳定的服务对象开展针对性的心理治疗、再社会化训练和精神康复教育，帮助服务对象在回归社会后正确处理社会歧视问题、自身生存问题、就业问题、择偶问题等；针对属于精神障碍的服务对象，社会工作者要对其日常生活习惯、行为特点等方面进行详细了解并记录在案。社会工作者还会为服务对象提供生活照顾、情绪疏导、职业训练、社会参与、社会康复和社会支持等专业社会工作服务。

（3）家属支持：肯定服务对象家属的付出，协助服务对象家属学习照顾服务对象、面对困难的处理办法。教授服务对象家属一些情绪调整、自我减压的方法；对服务对象家属监护和照料中存在的不良观念和不良行为进行纠正，协助服务对象家属进一步学习和掌握心理调适、复发征兆、药物副作用、自杀伤人先兆等现象的观察能力和处理方法。

### （四）典型个案

## 倾情救助寻亲人，春风化雨暖人心

"儿子呀，我是妈妈！"竹姨（化名）声泪俱下，面对视频里的家人，她内心积压了三年的情感再也控制不住。面对此情此景，已为人母的社会工作者，内心也很不平静，最痛不过母子分离日思夜想的那颗心呀！

每一位流浪者的背后都有着不为人知的酸楚，而竹姨的故事要追溯到三年前的那个夏天。

### 家的气息，在蛛丝马迹里寻求

竹姨眼睛残疾，几乎看不见东西，2016年8月，因流浪且找不到家属的竹姨被派出所护送到广州市花都区救助管理站接受救助。初来救助站时，竹姨精神状况出现异常，疑似精神障碍，身体健康状态不好，无法与外人进行交流。按照救助流程，救助站工作人员马上送她去医院治疗。

竹姨的病情逐渐稳定后，救助站工作人员便展开了帮助竹姨寻亲的工作。竹姨是个少语的人，在救助站的日子里，工作人员总跟她拉家常，但每次她都只是只言片语，加上语言不通，能获取的有效信息非常有限。

虽然工作人员在全国救助寻亲网、今日头条等媒体刊登了竹姨的寻亲信息，但日子一天天过去，竹姨回家的事依然没有任何进展。

### 多元力量，合力救助寻亲

2019年3月，花都区救助管理站引入了专业社工服务，通过驻站服务、街面劝导以及寻亲返乡三个层面，为流浪乞讨人员提供个性化、多元化、专业化的救助服务，以促使流浪乞讨人员进站受助、弃讨返乡、回归家庭。

社会工作者开始参与竹姨的寻亲工作。在简单的自我介绍之后，社会工作者和竹姨说明了面谈的目的，她现在的精神状态还好，表示自己很想回家。但与竹姨谈话时，竹姨浓重的家乡口音让人几乎听不懂，依稀能够辨认的只有"郴州"这个地名。当社会工作者将每一个县名说出来和她核实的时候，她每一个都说是，然后跟读地名。因为无法继续沟通，社会工作者将与她的对话录制下来，希望通过湖南籍志愿者协助辨认她的口音和话语。

随后社会工作者马上在志愿者群以及身边朋友征集湖南籍志愿者，几经周折，历时将近一个月，最终找到能够听懂竹姨口音的志愿者，并确定了她户籍区域的大体位置。

**家的思念，激发骨子里的情感**

庆幸的是，在社会工作者与当地志愿者的努力下，当地志愿者拿着竹姨的信息照片实地下村寻找，最终找到她的家人，可她的家庭情况却让人十分揪心。

竹姨育有三个孩子，大儿子智力低下，二女儿正在读中专，小儿子上小学，一家人生活十分困苦。在竹姨走失后，家人一直在寻找竹姨的踪影，却一连三年杳无音讯。小儿子每每问到母亲在哪里，竹姨的丈夫都心如刀绞。所以当志愿者告诉竹姨一家已找到竹姨的时候，他们迫切地想要马上见到竹姨。

这种思念之情缠绕着竹姨一家，也缠绕着竹姨。虽离家三年，即使相隔400公里，但仍然阻止不了一个母亲对家人的牵挂与思念。当社会工作者告诉竹姨已经帮她找到家人的时候，她激动地抓着社会工作者的手，一直说"回家，回家"。

竹姨特殊的家庭情况使他们不能马上到救助站接回竹姨，需要救助站护送返乡。为了缓解竹姨一家的思念之情，社会工作者搭建了视频通话渠道，竹姨终于与家人在视频上见了面。

作为一个流浪救助服务社会工作者，尽管工作再苦再累，但一想到能够见证一个个离散亲人喜获重逢、相拥而泣的感人场面，总有一股莫名的成就感、幸福感油然而生。让流浪人员回家之路不再遥远，也是所有参与寻亲服务的人们最想收获的感动。①

### 三、残疾人员

#### （一）服务对象

日常服务中，残疾人员在流浪人员中占有相当大的比例。由于残疾、就业能力不足、社会歧视等原因，残疾人员常在就业竞争中处于劣势地位，在面临家庭和社会支持不足的情况下，他们很容易选择流浪乞讨的方式作为谋生手段。

#### （二）服务内容

社会工作者对残疾人员的服务内容主要包括日常关怀服务、职业教育服务、政策宣讲服务。

（1）日常关怀服务：由于身体残疾给日常生活带来隐患及造

---

① 案例源自广州市花都区启明社会工作服务中心2019年度广州市花都区救助管理站社会工作服务项目。

成不便，残疾人员存在较为突出的生活照料、救助寻亲及人身安全需求。社会工作者一方面可以通过加强服务对象与家人之间的互动沟通，协助构建家庭支持网络，使服务对象的家庭支持功能恢复并得到保障，得到相应的照料和情感支持。另一方面，社会工作者可以引导服务对象与情况相似的服务对象建立朋友关系，彼此之间相互照应，提供信息、建议和鼓励，获得相应的支持和帮扶，满足服务对象的情感需求。

（2）**职业教育服务**：针对有就业意向和就业能力的服务对象，向其开展职业教育，发展其职业技能，拓展就业方向。同时，通过信息提供，向其推荐能力范围内的招聘岗位，提供干净的衣物和面试指导，协助进行面试，促使其能够实现就业，自食其力，摆脱困境。

（3）**政策宣讲服务**：残疾流浪人员多数以乞讨为生，生活较困难，需要社会工作者向其普及残疾人相关福利政策，学习如何申请补助。向无工作能力的残疾人员普及低保政策知识，获得相应的补助，缓解经济压力。

**（三）服务技巧**

社会工作者对残疾人员的服务技巧主要包括档案分析、观念转变。

（1）**档案分析**：首先，社会工作者在日常服务中与服务对象建立关系，了解其基本情况，针对服务对象的基本信息、身体情况、服务需求、服务计划等内容建立服务档案，并定期进行更新。其次，综合服务对象的残疾情况、个人能力、服务需求进行评估，对有就业能力的服务对象指引就业，引导社会支持系统薄弱的服务对象申请相关的社会福利，增强社会支持系统。

（2）观念转变：残疾人员多数因身体原因在劳动力市场缺乏竞争力，面临就业困难，所以以流浪乞讨作为谋生手段，长此以往，容易形成依赖性求助，缺乏就业的动机。而且长期未就业，导致其对个人预期工资和实际市场工资存在偏差，社会工作者需指出服务对象的不合理观念，激发服务对象自身的心理能量，增强其面对困境的信心，鼓励他们做出正向的改变。

### （四）典型个案

#### 归途

有多少人知道，在这个世界的某个角落里，还有一群苦苦等待回家的流浪者？然而他们的回家之路铺满荆棘，已是伤痕累累的他们该如何摆脱困境、踏上归途？

#### 梦醒时分

"我想回家，如果找不到我的家人，能把我放在发现我的地方吗？我自己走回去，我想回家！可以让我自己回家吗？"

少年模样的受助者阿坚（化名），在半夜睡梦中哭醒，广州市花都区救助管理站工作人员看着泪流满面的少年，很是心疼。面前的少年离家五年了，进站的时候还是个小孩的模样，大概十二三岁的样子，现如今已然是个大小伙子。因为其没有户籍信息，且未成年，又找不到其监护人，根据救助政策，他只能暂时滞留在救助管理站。

#### 缘起：有温度的档案

阿坚，是社会工作者 2019 年初驻站服务后第一个接触的受助者，一个滞留在站长达五年时间的少年。而对他的救助故事只是社会工作者为爱护航的众多故事中的一个。

"阿坚的情况很特殊，需要我们给予更多的关注，希望能从你们的日常谈话中找到有效线索，帮助他回家。"救助管理站领导心系受助者，不忘多次嘱咐社会工作者。

社会工作者查阅阿坚的档案资料，了解了阿坚受助过程的点点滴滴：因迷路了且无法说清个人信息，2014年派出所送其入站。其身患残疾，走路不稳，口齿不清，不会写字，入站时大约12岁的模样，身上还有一些未愈合的伤痕。救助管理站第一时间上传信息到全国救助寻亲网，联合公安进行人脸识别、DNA采集、骨龄测试，还多次带领他实地走访疑似户籍地，仍无法核实到有效信息。

随后的几年时间里，救助管理站除了无微不至的生活照料外，不曾放弃过为其寻亲。在成立了专门的寻亲小组后，他被列为重点对象，除了日常的寻亲谈话外，工作人员还尝试从各种途径去挖掘信息。档案资料原是冷冰冰的，可是它的厚度却让档案变得富有人情味，归途虽难，但努力仍旧，温情仍在。

**道阻且长，行则将至**

从平日的交流中，社会工作者将收集到的零零散散的一些信息拼凑起来，确定他来自清远，家里有很多小孩，自己曾经上过几天学，学校有个爷爷对他很好。一天晚上，当救助管理站领导再次与他谈心时，他说他家以前剥过铜线。站领导马上注意到这个小细节，回忆起清远市石角镇剥铜线的特别多。接下来，寻亲节奏便是从这个细节开始转变的，救助管理站工作人员、社会工作者带着他再一次到清远实地走访。

"没有这个人，如果是我们这里的人，我们一定能认出来的。"走访了清远市石角镇的好几个村，村委如是说。随后，寻亲队伍一同前往石角派出所，但仍一无所获。陪同前去的社会工作者查阅着石角镇各个村名，当看到民安村的时候，社会工作者的心突然揪了一下：在阿坚含糊不清的言语中，似乎曾经说过相近的词。

"我在这里读过书。"去往民安村村委会的途中，寻亲队伍经过一间小学，阿坚指着学校说。经过村书记、村主任层层辨认，最终确认了阿坚就是他们村的人。喜悦和激动充满大家的内心，在工作群里告诉大家这个好消息的时候，群里的道贺信息也像炸开了花一般，像极了夜空中璀璨的烟火。这是所有人盼了五年的好消息啊。

**家是最温暖的港湾**

在花都区救助管理站的协调下，社会工作者到阿坚家里进行了回访，并联系上当地爱心组织共同探访阿坚。

阿坚家虽清贫，但是他的众多弟弟妹妹对他还是很好的，其中一个尚在读五年级的弟弟，看着哥哥行动不便，总会扶着哥哥进进出出；还有一位读四年级的弟弟，拿起桌上社会工作者带来的水果，第一个给的便是哥哥。

看着这些满是爱意的举动，社会工作者最初那份担忧的心也就逐渐安定下来。这一程，救助站工作人员、社会工作者陪伴他走了整整五年，终于使他踏上归途。[①]

---

① 案例源自广州市花都区启明社会工作服务中心 2019 年度广州市花都区救助管理站社会工作服务项目。

# 第四节　因利人员①

## 一、"职业"乞讨人员

### （一）服务对象

"职业"乞讨，是指个人或家庭通过示弱、示残的方式向他人讨要钱财作为一种职业，从而获得经济收入的行为。人们习惯将"职业"乞讨者称呼为"职业乞丐"，即在某一城市或地区形成一定的人数规模，自身并无临时困难、能够自行解决食宿等基本生活问题，但长期选择乞讨这一行为，以讨要钱财为主要目的，拒绝政府临时救助的一类人群。在长期的救助过程中，社会工作者通常将"职业乞丐"定义为"职业"乞讨人员，并在工作中称之为服务对象，意在通过重新定义"乞丐"、减少该人群"标签化"的过程，使那些原来被认为是好逸恶劳、不愿接受救助的人恢复为"正常人"。

为便于开展工作，社会工作者在实操过程中，将"职业"乞讨人员定义为：在某一区域内有固定居所但无法通过自身劳动来获得足够的生活来源，从而通过卖艺、卖惨、示弱等方式进行超过三个月的有规律性的行乞行为，来获取经济收入的个人或群体。

① 本节由叶丽萍、曾坚撰写。叶丽萍，社会工作师，广州市鼎和社会工作服务中心项目主任；曾坚，广州市天河区流动救助服务队队长。

## （二）服务内容

社会工作者对于"职业"乞讨人员的服务内容大致可分为人文关怀服务、物资资助服务、残疾人就业服务、返乡帮扶服务、教育教化服务五个方面。

（1）人文关怀服务：即对人的生存状况的关怀、对人的尊严与符合人性的生活条件的肯定，对人类的解放与自由的追求。"职业"乞讨也是服务对象为了生存而不得不选择的一种生存方式，社会工作者应该接纳、尊重他们的生存方式，并在服务过程中始终保持初心，肯定他们为了生活作出的努力，协助他们解决问题。

（2）物资资助服务：以乞讨作为"职业"的服务对象能获得的社会支持较少，经济收入水平较低，生活环境较恶劣，社会工作者要链接新的社会资源提供给服务对象，以便缓解其暂时的物资需求，也可增加服务对象对社会工作者的良好印象，从而建立信任关系，为日后开展服务打下基础。

（3）残疾人就业服务：在社会工作者接触的"职业"乞讨人员中，虽然绝大部分都是重度及中度残疾以致无劳动能力，但仍有少部分人残疾程度较低，且有就业的意愿，只是苦于没有合适的就业环境。因而，社会工作者开展服务的一个重要任务便是链接或创造就业环境，协助服务对象拥有平等的就业机会，具体表现在：可为服务对象开展相应的就业辅导，协商残疾人就业基地提供岗位，协助服务对象面试，以及鼓励其勇敢地面对新工作。授人以鱼不如授人以渔，为有就业能力及意愿的残疾服务对象创造合适的就业条件，提高他们的收入，才能减少"职业"乞讨的发生。

（4）返乡帮扶服务：对于长期在外以"职业"乞讨谋生且无

户籍身份的残疾服务对象，社会工作者有能力为其寻亲的，可为其提供返乡帮扶服务，通过联系寻亲志愿团队实地走访、联系属地村委寻找亲属等方式，为服务对象寻找亲人，并协助其返乡安置。

（5）**教育教化服务**：即通过柔性教育的方式教化服务对象，实现其个体的逐渐转变。社会工作者通过提供流动课堂教育、政策宣传讲解、经验交流等方式向"职业"乞讨人员传播正确的价值观、人生观、世界观。非因身体原因等不可抗力因素而选择"职业"乞讨作为生活方式，是背离、违反社会规范的行为，即偏差行为，社会工作者应通过教育教化帮助其放弃流浪乞讨生活。

## （三）服务技巧

（1）**建立信任**："职业"乞讨人员有很强的防御心，通常不会跟别人交流自己的真实情况，社会工作者通过提供人文关怀、物质资源，利用倾听、接纳、尊重等技巧，增加服务对象对社会工作者的良好印象，建立良好的信任关系，以便了解服务对象的真实信息。

（2）**信息影响**：社会工作者基于自身的专业特长与经验，向服务对象提供所需要的知识、观念、技术等方面的信息，由于"职业"乞讨人员绝大部分是残疾人、高龄长者，他们对信息的敏感能力和接纳能力没有那么强，需要社会工作者为其整合信息资源。

（3）**教育影响**：社会工作者在开展服务的过程中重点在于"教化"，通过柔性的流动学堂模式，将正确的就业观、人生观、价值观等融汇于社会知识中，传达给服务对象，引导其对于自身行为的反思，认识到"职业"乞讨是不道德的行为，鼓励其通过提高自身能力去改变现状。

## （四）典型个案
## 告别流浪生活，重回家人怀抱

60多岁的罗伯（化名），是"职业"乞讨人员中的特殊一员。2015年起鼎和社工团队便与其保持着密切的联系，虽然跟进他案例的社会工作者有过更换，但整个团队成员对他始终积极关注。他自诉曾经是广州人，从小被人领养到清远生活，后面辗转回到广州，因为长期没有身份证，且本人有轻微的交流障碍，语言表达方面不是太顺畅，平时在街边乞讨和露宿。救助站、救助队对他也非常熟悉，天气寒冷的时候，他也会到救助站暂住。因其户籍信息不明，无法享受低保等相关政策。他一直坚持说自己是清远人，根据他提供的信息，社会工作者联系到了清远当地的村干部，村干部认识他，之前也有救助部门护送他回去过。但因为多种原因，他在清远当地没有户籍，享受不了当地社会救助政策，于是他又离开了清远。

社会工作者依然没有气馁，持续跟进了几年，给予他关爱与照顾，虽然一直没有找到他的家人和户籍相关信息，但仍然没有放弃帮他寻找。几年过去了，与罗伯相熟的两名流浪人员都已经成功寻亲返乡了，而罗伯在寻亲路上依然一无所获。相熟朋友的相继回家，让罗伯既为他们感到高兴，也越发感到孤独和无助。罗伯每次见面都急匆匆地询问是否已经联系上他的家人，到后来慢慢不再打听寻亲的进展，转而向社会工作者分享日常流浪生活中的趣事。

寻亲的转机出现在2021年，在广州市救助管理站、海珠区民政局、海珠区救助队的多方帮助下，经过多次实地走访，终于锁定了寻亲区域，联系到了海珠区某街道办事处工作人员。该名工作人员对罗伯的情况比较清楚，了解到他的亲生父母原来生活在广州海珠区，但是父母皆去世，只有一些子侄生活在辖区内。

社会工作者联系了其家人所居住的居委会，通过居委会的帮助，终于联系上了罗伯的家人，向他们说明罗伯在外流浪的情况，需要得到家人的支持，帮助他办理广州户口，申请社会救助，让他摆脱流浪街头的生活。罗伯的家人听到后，都表示可以帮助补办广州户籍，助其摆脱目前的困境。

罗伯在家人、社会工作者与街道工作人员的协助下，在街道办理了户口，接着办好了身份证，同时还向街道申请特困补贴以及公租房。因为申请需要些时间，社会工作者与罗伯的家人经常给他提供经济支持和人文关怀，还一起带他去找了几次房子，但是他都不满意。特困补贴审批下来之后，他的弟弟帮他保管着银行卡，定期给他生活费用。后来他弟弟帮他找到了房子，有了固定住所，解决了罗伯住宿问题。[①]

## 二、"跑站"人员

### （一）服务对象

"跑站"人员，是社会工作者在驻站服务中经常遇到的一类特殊的救助对象。2003 年 8 月《救助管理办法》出台之后，逐渐催生出了一群以连续到各个救助管理机构骗取救济、蹭吃蹭喝

---

① 案例源自广州市鼎和社会工作服务中心 2021 年度促进社会力量参与生活无着的流浪乞讨人员救助服务联动机制服务项目。

蹭住为生的人员，甚至开始出现长期"跑站"人员，甚至有"跑站"者自诉其"跑站"记录达到上千次。"跑站"人员按目的可分为索要钱财的、免费吃住的两大类。近年来，为减少"跑站"人员的增加，减少社会资源的浪费，救助管理机构采取了车票盖章、小额资助路费等多种措施，逐渐使得索要钱财的"跑站"人员减少。但另一类"跑站"人员抓住救助管理机构"自愿求助、无偿救助"的特点，依旧继续着"跑站"生活，以达到免费吃住的目的。

近两年，社会工作者在驻站服务中遇到的"跑站"服务对象，多数在40—70岁年龄段，包括身体健康但不愿工作的中年人以及年老无依的老年人两大类，主要通过来往全国各地救助管理机构吃饭、暂住，或在同一个救助管理机构反复求助等形式占用救助资源。

### （二）服务内容

社会工作者对于"跑站"人员的服务内容大致分为日常关怀服务、就业支持服务、政策普及服务、家庭关系辅导服务、心理情绪辅导服务五个方面。

（1）日常关怀服务：指日常和服务对象聊天，关心其感受，并给予积极回应。社会工作者能顺利开展服务，依赖于服务对象的信任，因为各种原因而选择"跑站"生活的服务对象，内心更为防备和封闭。通过日常聊天、关注其在站生活，向其展示社会工作者的友好和诚意，能快速拉进与服务对象的距离，建立良好的信任关系。

（2）就业支持服务：指为服务对象提供就业方面的信息咨

询、能力训练等服务，提升其就业意愿，促进就业。多数"跑站"人员身体健康，且具备劳动能力，但就业意识薄弱，不愿意就业又无其他经济来源，因此反复求助，以"跑站"为生。社会工作者通过在站内开展就业培训活动、普及就业政策等方式重建其就业信心，提升其就业意识。

（3）政策普及服务：指为服务对象普及与之相关的就业政策、社会福利政策等，协助服务对象了解其可利用的社会资源。对于社会支持系统薄弱的跑站人员，社会保障政策、医疗卫生政策是比较贴合他们需求的政策，因此，驻站社会工作者也将此板块的内容进行细化，特别是对于年老无依的"跑站"人员，低保、五保政策是他们返乡安置所需。

（4）家庭关系辅导服务：指为有家庭矛盾的服务对象提供亲子关系、夫妻关系辅导，缓解家庭矛盾，改善其家庭关系。家庭矛盾是导致流浪人员长期且反复"跑站"的一个主要原因，家庭的不接纳与矛盾对立，让"跑站"人员失去家庭的庇护，从而有意寻找新的庇护，"无偿救助"的救助管理机构便是他们的理想庇护场所。驻站社会工作者通常会协助有家庭矛盾的"跑站"人员认识家庭矛盾的产生原因，以及如何正确处理家庭矛盾，同时作为桥梁搭建者与其原生家庭沟通，指导双方有效沟通，促进其亲子关系或者夫妻关系的改善，从而提高家庭的接纳程度，促使其融入家庭、回归家庭。

（5）心理情绪辅导服务：指为服务对象提供心理支持及情绪管理辅导。对于有情绪管理问题的"跑站"人员，驻站社会工作者会有针对地开展心理测评服务，协助服务对象发现自身的情绪问题，例如暴躁、易怒、冲动、消沉等情绪，试着去接纳自己的情绪，了解这些情绪产生的原因，学会正确表达及宣泄情绪。

### （三）服务技巧

（1）沟通：对服务对象表达关注，用主动倾听、同理心等技巧，了解服务对象的内心世界。通常，"跑站"人员有自己的想法，社会工作者与"跑站"人员沟通时要尊重对方，重视对方，接纳对方，与之建立良好的信任关系。

（2）认知行为矫正：指对有行为偏差问题的服务对象进行行为辅导和矫正。驻站社会工作者经常会遇到一些酗酒、闹事的"跑站"人员，出于安全管理要求，社会工作者需要联合站内工作人员或保安（安全员）一起开展行为矫正，通过面谈，深入了解其酗酒、吵闹背后的原因，引导其理解站内管理规定。同时组织开展各类教育活动，丰富其在站内的生活，促进其认知上的进步和行为上的改变。

（3）属地沟通：指与服务对象户籍地保持有效沟通，合力促进服务对象属地安置。《民政部关于进一步加强救助管理工作的通知》（民函〔2009〕144号）提出了"各救助管理机构要进一步完善甄别查询手段，加大对重复求助人员的甄别查询力度，对半年内重复求助三次以上的人员要重点甄别防范，严格坚持救助条件"等有关要求，为推动城市生活无着流浪乞讨人员源头治理工作，帮助困难群众早日回归社会、回归家庭、摆脱困境。对于多数"跑站"人员来说，无家可归是其选择"跑站"的重要因素。驻站社会工作者要与服务对象户籍地政府、派出所、村委等加强沟通，在寻亲、劝导返乡以及后续安置问题中积极与属地联系，可以在源头上减少求助人员的"跑站"行为。

### （四）典型个案

#### "跑站"青年回归社会

蔡军（化名），40多岁，"跑站"时间已达十余年，经过救助管理系统查询，其进出各地救助管理站达到三百多次，救助管理站几乎是其常住"旅馆"。他在外务工二十多年来，工作最长的时间是一年多，其他工作时间都是几个月甚至几天。久而久之，导致他对工作没有信心，偶尔打几天散工，靠"跑站"及家人的救济生活，这样的生活持续了十多年。家人对他非常包容，亲戚们也愿意带他一起工作，但他没有就业的意向和动力，想着依靠救助管理站过一天是一天。

社会工作者常关心与问候他，他对社会工作者逐渐开始信任。社会工作者常劝导他找份工作养活自己，他却常说自己找不到工作。他在救助管理站暂住期间经常与他人发生冲突，情绪比较暴躁，心情不好就找别人吵架。社会工作者进一步了解他的情况，联系了他的母亲，了解到他很少与家人联系，母亲找他也经常不接电话。家人对他非常关心，并称找不到工作可以回家，他比较爱面子，觉得没有赚到钱回家会很没有面子。经过社会工作者大半年的关爱帮扶，他逐渐意识到一直这样混日子会越来越被别人看不起，想要改变自己的生活方式，终于他有了找工作的想法，并主动请社会工作者帮助他制作简历，下定了找工作的决心。

社会工作者为提高他就业的成功率，为他进行了就业辅导，先了解了他以往的就业经验，他曾做过汽修、厨师、电焊工等多种工作。社会工作者了解到他对电焊的工作比较感兴趣，并且具有这方面的工作技能，想要从事这类工作，社会工作者鼓励他往感兴趣的类型找工作。根据他提供的工作经验，社会工作者为他制作了一份精美的简历，告诉他可以尝试通过网络平台、现场招聘会等多种途径去找工作，鼓励他努力找工作，同时劝导他摆正就业的态度，改变自己的心态，才能找到稳定的工作。

一切准备好后，他离开救助管理站，带着社会工作者为他制作的简历出去找工作。社会工作者跟踪他找工作的情况，得知他在找工作中遇到了困难，称很多工厂都不招人了，让他到工业园找找，但找了几天都未成功。社会工作者让他不要放弃，可以到劳务市场看下。他到了劳务市场，不敢前去询问，社会工作者鼓励他要多询问才能获得面试的机会，但他还是没能成功。社会工作者让他不要气馁，要相信自己能够找到合适的工作。他这次非常努力地找工作，找了一个星期左右，身上钱用得差不多了。临近过年，他计划准备先回家。救助管理站为他购买了返乡的车票。他称这次回去后，就跟着哥哥一起工作，自己找工作比较困难，先跟着哥哥做，靠自己养活自己，不想再依靠救助管理站和家人生活。自此，他回到了正常生活，已有很长时间没有再到过救助管理站。①

---

① 案例源自广州市鼎和社会工作服务中心 2022 年度广州市救助管理站流浪乞讨人员专业社工服务项目。

## 第五节　有行为问题人员 [①]

行为问题指的是那些影响自身发展、家庭生活以及人际关系的非社会预期性行为。在流浪乞讨人员中，偶有偷窃、斗殴、吸毒、自我伤害等不良行为发生。主要包括有吸毒、斗殴行为人员和有组织乞讨人员两类，其主要需要政策普及、推荐就业、生活规划等。

### 一、有吸毒、斗殴行为人员

#### （一）服务对象

存在吸毒、斗殴行为的流浪乞讨人员的行为大多比较隐匿，更不会主动透露给社会工作者，多为社会工作者在日常服务过程中发现。这一类型的流浪乞讨人员人数相对较少，且大多为流浪露宿，极少租房居住。有吸毒行为的流浪乞讨人员通常不愿与社会工作者过多接触，主动隐匿真实身份信息，并且抗拒社会工作者的询问。有斗殴行为的流浪乞讨人员则比较喜欢酗酒，社会工作者在遇到其时其通常为醉酒状态，时有打砸物品和辱骂他人的行为，并且经常出现头破血流的状况。

#### （二）服务内容

社会工作者对有吸毒、斗殴行为人员的服务内容主要包括教育服务、医疗支持服务。

（1）**教育服务。**社会工作者向有吸毒行为的流浪乞讨人员宣

---

① 本节由袁娟娟撰写。袁娟娟，社会工作师，广州市鼎和社会工作服务中心服务总监。

讲毒品危害的相关知识和法律政策，增强其正确认知，帮助其意识到毒品的危害，从而做到拒绝毒品、远离毒品。社会工作者向有斗殴行为的流浪乞讨人员宣传相关法律知识，警示其斗殴可能伤害身体健康甚至是性命，以及需要负刑事责任。

（2）**医疗支持服务**。社会工作者在确保自身安全的前提下，可进行适当介入，链接医院资源和戒毒资源，为吸毒人员检查身体情况，戒除毒瘾，治疗吸毒带来的疾病。对于需要紧急治疗的斗殴人员，社会工作者要联系公安、医院、救助管理机构一同处理。

（3）**救助寻亲服务**。社会工作者在确保自身安全的情况下，了解其基本情况，有需要寻找家属的，为其开展救助寻亲服务，构建家庭支持系统，通过家人的感化和关怀，促其能够更好地融入社会，摆脱目前的困境。

（4）**情绪辅导服务**。指为服务对象提供心理支持及情绪管理辅导，对于有情绪管理问题的服务对象，社会工作者可以开展心理测评，协助服务对象发现自身的情绪问题，例如暴躁、易怒、冲动、消沉等情绪，试着去接纳自己的情绪，了解这些情绪产生的原因，学会正确表达及宣泄情绪。

### （三）服务技巧

社会工作者对有吸毒、斗殴行为的流浪乞讨人员的服务技巧主要包括做好自我防护、尝试改变其行为问题、链接社会资源。

（1）**做好自我防护**。社会工作者在外展、夜展过程中遇到疑似吸毒、斗殴人员时需要提高警惕并尽快离开现场。如若出现大群人员正在斗殴，社会工作者在保障自己人身安全的情况下，拨打 110 进行报警处理。

（2）尝试改变其行为问题。可以采用认知行为疗法进一步纠正吸毒人员、打架斗殴人员错误的认识，提升其理性思考的能力。通过榜样示范、正向化的方式，协助服务对象采取正向的行为，使其重塑正常的生活形态。吸毒、打架斗殴很大一部分原因是来自家庭、工作、生活等方面的压力。由此产生的消极情绪需要及时进行自我调适，采用理性情绪疗法，帮助宣泄情绪及学习一些有效控制情绪的方法。

（3）链接社会资源。调动正式资源，通过联系户籍地相关部门，联系家人并获得家人的支持，使其能够得到改变。调动非正式社会资源，链接医疗资源，免费为吸毒人员进行体检并为其治疗。链接戒毒所资源，让其接受免费强制戒毒。

## （四）典型个案

### 沧桑的青年，寻亲未果失联

小陈（化名），二十几岁的他看上去像四五十岁的人：皮肤黝黑、面色蜡黄、眼睛突出、头发稀疏、全身干瘦，还挂着尿袋，一条腿截肢，拄着拐杖。社会工作者在第一次见到他时亲切地称他为陈叔叔，小陈尴尬地笑了笑，掏出身份证给社会工作者看，从此陈叔叔成了小陈。小陈每天在车站附近乞讨，晚上则睡在不远处的高架桥底下，已有近十年没有回家，与家人断了联系。他称自己在外混成这样，没有什么脸面去面对家人，所以选择了与家人断绝联系，对于深层次的原因，他不愿意多讲。

**夜展偶遇小陈刚刚注射完毒品**

天气极端寒冷的一个夜晚，社会工作者联合救助服务队夜展，在偏僻的角落里，发现一个人用帽子把自己的头部包裹得严严实实，正在仔细地收拾注射器具，用矿泉水反复地冲洗针头，再装进铁皮盒里。这很像是注射毒品后的情形。社会工作者、救助队员小心翼翼地走过去了解情况，发现是小陈。小陈也认出我们，不好意思地笑笑，并点燃一根烟抽起来。担心人太多，会引起他的不良情绪，加之也担心他吸毒后可能有什么过激行为，一行人只留下两个人跟他聊天。

"你刚才注射了毒品？"社会工作者关切地问询。

"没有办法，我被废掉了，我被一个老乡带进了吸毒的圈子，我控制不了自己。"小陈没有隐瞒，很坦诚地讲了自己的现状。

"费用怎么解决啊？"

"每天要来的钱，差不多够啦，还要去捡些废纸箱去卖。"

"是每天都要注射吗？"

"一周最少要三四次。"

社会工作者了解了他更多的情况，他之前工作一个月能赚七八千，积蓄存了不少，后因染上了毒瘾，花光了所有积蓄，身体越来越差，没精力去工作，走上了流浪露宿和乞讨的道路。社会工作者宣讲了毒品对身体的伤害，劝导他要慢慢戒毒，自己如果戒不了，建议他到戒毒所里强制戒毒。他称自己多次想要把它戒掉，很清楚地知道吸毒的危害，但犯毒瘾忍受不了痛苦，又注射了毒品。小陈乞讨得到的钱，基本都花在了毒品上，采取的是最便宜的注射方式，对身体伤害非常大。

### 寻亲未果，失去联系

针对小陈的实际情况，社会工作者将相关情况及时上报，并计划为他寻找家人。得到家人的帮助后，他才能够安心到戒毒所戒毒，疗养好身体，才能够回归到正常的社会状态。经过多方联系，小陈的寻亲工作没有进展。社会工作者怀疑他给的身份信息是假的，所以多次到他常乞讨、露宿的地方寻找，但很长一段时间都没有遇到他。

半年之后，社会工作者在其他地方发现了小陈在乞讨，原来他换了地方乞讨，称原来的地方要不了多少钱。社会工作者跟他反馈了寻亲未果的情况，问询他有没有更详细的家庭信息，并想再次核实其身份证信息。他说算了，不要找家人了，找到了也没有什么意义。看到他决绝的态度，社会工作者决定调整方向，关心他的近况，他表示自己还是在流浪乞讨，身体越来越差，乞讨都没有精力了，现在并不是天天出来乞讨，没有钱也减少了注射毒品的次数，吃饭方面主要是到一家爱心餐厅领取免费盒饭。社会工作者再次劝导他到戒毒所进行系统戒毒，他还是拒绝。临走前，社会工作者提议他如果身体不适，可以拨打120，120会派医护人员前来，必要时会护送他到医院治疗。

社会工作者给小陈提供了一些食品和衣物，告诉他有需要时可以联系社会工作者。小陈知道社会工作者是关心他，于是又补充了一些个人信息。社会工作者再次进行寻亲工作。经过多方联系，因为乡镇区域的合并和调整，其个人信息还不够全面，需要再进一步核实有关资料。社会工作者多次到他乞讨露宿地找他，但没有找到，询问附近的人，得知他已经有一段时间没有出现过了。自此，社会工作者跟小陈失去联系。[1]

---

[1] 案例源自广州市鼎和社会工作服务中心2016年度广州市流浪乞讨人员社会工作介入服务项目。

## 二、有组织乞讨人员

### （一）服务对象

随着公安部门打拐和扫黑除恶工作的开展，有组织乞讨现象明显减少，特别是通过强迫、控制、监禁等具有恶劣影响的手段进行有组织乞讨的现象几乎不再存在，取而代之的是一些人员因自身能力不足或好逸恶劳而联合起来乞讨生活。例如：一群中青年神情哀伤地跪在地上，旁边立着一个广告牌表示家人病重，需要筹集数十万元的手术费；一群年轻男女拿着一个聋哑人证明，比画着让行人捐款；一群残疾人在一个健康人的带领下一起乞讨等等。这部分人员基本都租房子居住，流动性较强，逢年过节都会返乡与家人团聚。

### （二）服务内容

社会工作者对有组织乞讨人员的服务内容主要包括教育服务、就业服务、政策宣传服务、寻亲服务。

（1）**教育服务。**向有组织乞讨人员宣传组织乞讨是不正当行为，根据法律规定，以暴力、胁迫等手段组织不满 14 周岁未成年人乞讨已构成犯罪，从而增强服务对象的法律意识。

（2）**就业服务。**劝导有能力就业的有组织乞讨人员进行就业，放弃乞讨的生活。对于有意愿就业但就业困难的人员，提供就业辅导、就业推荐等服务。

（3）**政策宣传服务。**对无就业能力的残疾人宣传残疾补助、低保、五保、养老安置等相关优惠政策，劝导其返乡办理手续，能基本帮助其正常生活，逐步摆脱乞讨的生活。

（4）**寻亲服务。**对于高龄长者人员，先了解其基本情况，有需要寻找家属的，为其寻亲。发现携带残疾人、未成年人进行乞讨的行为，通过联系户籍地政府、家人，判断真实情况。

社会工作者作为服务提供者，而非执法人员，在发现有组织乞讨人员时可报警处理，在警察的协助下发现被胁迫控制、权益受侵害的流浪乞讨人员，帮助其摆脱控制和返乡安置。

社会工作者在介入之后，在确保自身安全的前提下，可向其中有需要的人员提供就业辅导、就业推荐、返乡安置帮扶、寻亲等服务。

### （三）服务技巧

社会工作者对有组织乞讨人员的服务技巧主要包括辨别真实性、联合公安处置。

（1）辨别真实性。发现携带未成年人或残疾人乞讨人员，先了解携带者、未成年人、残疾人的身份信息，尝试查看相关证件，特别是对携带未成年人的，需要报警处理，由公安部门核查身份的真实性，辨别其是否携带他人孩子进行乞讨。

（2）联合公安部门处置。发现被胁迫乞讨人员，立即报警处理，帮助其摆脱控制，协助其找到家人，回归家庭。

### （四）典型个案

#### 利用未成年人乞讨，被处以行政拘留十天[①]

近日，广州市民政部门在省民政厅的指导下，与公安机关、街道办联动，处置了一起携带未成年人乞讨的恶性案例。

2019 年 7 月 8 日，广东连平人周某婵携带四名未成年人在

---

① 符畅、廖培金：《广州市处置一起利用未成年人乞讨案例，提醒：市民发现请报警》，金羊网，2019 年 7 月 18 日。

中山医科大学附属第一医院附近乞讨，广州市民政局迅速会同越秀区民政局、农林街派出所、农林街道及有关社会组织赶到现场处置。工作人员耐心地进行沟通劝导，但周某婵拒绝接受救助服务，坚持乞讨，拒不离开。公安人员依法将周某婵带回派出所询问调查，并对她及四名儿童唾液取样进行 DNA 采集比对，鉴定结果显示，其称为"大儿子"的重度残疾男童与周某婵之间没有血缘关系。公安机关对周某婵处以行政拘留十日处罚，其所携四名未成年人由流动救助服务队护送到广州市未成年人救助保护中心救助照料。

7 月 13 日下午，在省民政厅协调下，广州市未成年人救助保护中心联系连平县民政部门接回了周某婵的三名子女。

广州市民政部门提醒，根据《中华人民共和国未成年人保护法》《中华人民共和国治安管理处罚法》《国务院办公厅关于加强和改进流浪未成年人救助保护工作的意见》、最高人民法院最高人民检察院公安部民政部《关于依法处理监护人侵害未成年人权益行为若干问题的意见》等规定，携带未成年人乞讨属违法行为。广大市民群众如果发现未成年人乞讨，请第一时间拨打 110 报警。

广州市未成年人救助保护工作专家委员会副主任、法律专家郑子殷提醒每一位市民，发现携带未成年人乞讨的现象时，不能麻木忽视，一定要报警，由公安机关介入处理，尽可能将对孩子的伤害降到最低。①

---

① 案例源自广州市鼎和社会工作服务中心 2019 年度广州市流浪乞讨人员社会工作介入服务项目。

# 第六节　特殊人员 [①]

在流浪乞讨救助中，特殊人员是指有传染病、自杀、自虐行为的人，需要重点关注，特别是有自杀、自虐人员需要紧急进行危机介入，社会工作者在特殊人员中的帮扶有限，常联合街道、公安、医院、救助管理机构等部门共同帮扶。主要有传染病人员，自杀、自虐人员两大类，其主要需要政策普及、医疗救助、心理辅导、服务转介等。

## 一、传染病人员

### （一）服务对象

流浪乞讨人员中患有传染病的不在少数，其要么是因原本就患病而导致生活得不到保障才选择流浪乞讨，要么是由于流浪乞讨的生活环境、生活方式、卫生条件等较差而导致染病，并且长期患病难以根治。例如，肺结核、肝炎、严重的皮肤病等在流浪乞讨人员群体中较为常见，这些传染病通过唾液、空气、接触等方式进行传播，对喜欢聚居的流浪乞讨人员极不友好，往往可能造成集体感染。而这些传染病又比较容易反复发病，需要花费较高的费用进行长期治疗，对于缺乏稳定经济来源的流浪乞讨人员来说这是一个较重的负担，因而常常忽视治疗。

---

① 本节由袁娟娟撰写。袁娟娟，社会工作师，广州市鼎和社会工作服务中心服务总监。

## （二）服务内容

社会工作者对传染病人员的服务内容主要包括教育服务、医疗支持服务、寻亲服务。

（1）教育服务：提升服务对象对传染病的认识，社会工作者需要提前了解各类常见传染病的病症、传播方式、护理方式和医疗救助条件等，以便在服务过程中做好自我防护、向服务对象传递专业知识，让他们对自身的疾病有所了解，做好个人健康防护，避免病情加重。

（2）医疗支持服务：对患有严重传染病的服务对象，联系公安、医院、救助管理机构共同处理，先进行救治。对于病情轻微的服务对象，普及相关政策，告知服务对象户籍地可以免费治疗，社会工作者可向服务对象说明并指引其返乡治疗。

（3）寻亲服务：对患有严重传染病的流浪乞讨人员需联系亲属，告知亲属病情，获得家人的支持与关爱，以及提供后续的治疗支持。

## （三）服务技巧

社会工作者对传染病人员的服务技巧主要包括保障自身安全、联合多部门救治。

（1）保障自身安全。社会工作者在服务过程中若发现流浪乞讨人员患有传染病，应在保障自身人身安全的情况下进行跟进。例如，应与服务对象保持一定的距离并确保自己处于上风口；养成勤洗手勤消毒的习惯。如无特殊情况，对于患有严重传染病的服务对象，社会工作者需向有关部门进行报备；如无法保障自身安全，社会工作者不需要再跟进。对于感染了肺结核的服务对象，其有传染期和非传染期，社会工作者可从中了解什么时候可以和服务对象进行面对面沟通，什么时候只能采取线上沟通。

（2）联合多部门救助。发现严重传染病患者时，当即报告相关领导和救助部门。联系居委、卫生服务站、派出所、救助管理机构等部门进行联合行动，护送其到医院救治。了解清楚其家庭情况，联系户籍地部门寻找家人。

### （四）典型个案

#### 救助至上　生命至上

"谢谢你们，我会永远记住你们的，非常感谢党和政府对我的关怀和帮助！"全叔（化名）哽咽着说。

2021年3月，流浪人员全叔结束了他在医院的救治留观生活，经广州市从化区救助管理站工作人员会同艾华社工、医护人员的联合护送下，返回自己家乡。

#### 流浪30年，病危入院

全叔今年52岁，在外流浪30年。从化区救助管理站于2021年2月8日上午接到医院电话，称有路人发现全叔在路边晕倒，报120急救电话后送入医院治疗，公安民警现场为其进行人脸识别，但未能识别出身份信息，希望救助站安排工作人员前往医院，为他寻找亲人。

经医生诊断，全叔因低血糖而晕倒，严重营养不良、消瘦、无力走动，因患有糖尿病而引致下肢浮肿，建议马上进行治疗。从化区救助管理站立即为他办理入站手续，并同意医院为其进行治疗。治疗后几天，全叔的脚消肿了，但仍未能下地走路。一波未平一波又起，紧接着又查出全叔患有继发性肺结核病，有较高的传染性。

### 一波三折，成功寻亲

在医院全力救治的同时，救助站工作人员、社会工作者立即展开寻亲工作。经过一段时间的沟通，全叔慢慢吐露自己的心声，说出了自己的姓名、户籍和家人等信息。但寻亲小组人员在地图上寻找了许久，也未找到他所说的村庄。

他向工作人员解释，他已经30年没有回过家，对家的地址记忆也模糊了，但还是非常希望能帮他找到回家的路。寻亲小组见询问无果，便到派出所核查全叔的身份信息，希望能找到蛛丝马迹。民警告诉工作人员，当天上午才刚为全叔进行人脸识别，没有识别出来信息，可能是因为他离家太久，户籍很可能注销了。

工作人员请民警再次进行人脸识别，但遗憾的是依然未找到一个与全叔相貌或户籍地址相似的人。工作人员并不气馁，把全叔哥哥的姓名请民警进行核查，很快找到了一名户籍相似的人，跟他写出的哥哥的信息非常吻合，且相貌也跟他非常相似，很可能就是他的哥哥。工作人员马上把民警核查出来的信息让全叔进行核实确认，全叔一眼就认出了相片中人是30年未见的哥哥，他非常高兴，终于找到自己的家人，他十分感激工作人员为他找到了回家的希望，工作人员安慰他先安心养病，待病情稳定后就护送他返乡。

### 护送返乡，家人团聚

在全叔住院期间，从化区救助管理站的工作人员除了安排专人24小时护理外，每天也会有站内工作人员、社会工作者前往医院与他谈心聊天，了解他的病情、起居饮食，让他感受到无微不至的关怀和温暖。与此同时，工作人员也多次与他的户籍地相关政府部门联系，寻求帮助核实他的身份信息，当地确认其为户籍地流出人员，可以协助安排接送事宜，但因他离家太久，身份信息已查找不到，待回家后再申请恢复户籍。

全叔的侄子也打来电话，称全叔就是其失散30年的亲叔叔。工作人员在医院里拨通全叔侄子的电话，让全叔与侄子通话，侄子一下就听出了叔叔的声音，叔侄俩用当地的方言愉快地聊着，诉说着近况和思念。

经过两个多月的治疗，全叔的病情终于稳定，可以走路，达到了出院标准，但因其行动不便，社会工作者联合各方面救助力量将其护送返乡。从化区救助管理站充分发扬"发现一个救助一个"的服务理念，全力做好民生兜底工作，体现了政府救助管理机构的责任和担当。①

## 二、自杀、自虐人员

### （一）服务对象

流浪乞讨人员由于长期生活在社会底层，获得的家庭支持、社会支持也较少，容易因长期抑郁或者心理不平而产生自杀、自虐等过激行为。这部分服务对象在日常沟通中的通常表现为悲观、回避、易怒，对当前和未来的生活没有规划和希望，人际交

---

① 案例源自广州市艾华社会工作服务中心2021年度广州市从化区救助管理站社会工作服务项目。

往较少。

## （二）服务内容

社会工作者对自杀、自虐人员的服务内容主要包括情绪及心理疏导服务、转介服务、寻亲服务。

（1）情绪及心理疏导服务。自杀、自虐人员情绪及其不稳定，要多关注其情绪变化，在其情绪不好时，社会工作者要做好情绪疏导工作，稳定其情绪。借助 SCL-90 测量表、心理沙盘游戏，了解其心理状况，对其进行心理疏导，对于有严重心理问题的人员，需邀请心理专家进行一对一辅导。

（2）转介服务。联合公安部门进行处理，将有精神问题的服务对象转介给精神病院；将有严重抑郁症、心理疾病等问题的服务对象转介给相关医院；劝导轻微病情的服务对象进站救助。服务对象在站期间，社会工作者可关注其动向，及时给予响应，提供必要的关怀问候；征得同意后引导其到活动室（社会工作室、心理咨询室等）参与活动、谈话、心理沙盘等。

（3）寻亲服务。寻找其家人，告知其家人其有自杀、自虐的倾向，得到家人的支持与关爱，同时家人可以监督和劝导，让服务对象获得心理安慰，打开心结，打消自杀、自虐的念头。

## （三）服务技巧

社会工作者对自杀、自虐人员的服务技巧主要包括倾听与疏导、紧急介入、提供支持。

（1）倾听与疏导。发现有自杀自虐的倾向、对生活已失去了希望、想了结自己的生命的人员，社会工作者应鼓励其诉说自己的遭遇，宣泄消极的情绪，通过分析其内心的想法，协助其找到自身的优点，给服务对象输入新的希望。与其交谈时，社会工作者要注意其言语及行动，判断是否有精神异常。有精神异常的，报警护送其到精神病院救治。

（2）紧急介入。当发现有自杀、自虐行为的服务对象，先阻止其伤害自身的行为，并及时拨打110报警进行处理，并将报警回执存档。另外，适时跟进服务对象的后续情况，以确保服务对象的人身安全。如社会工作者遇到自杀未遂被警方等送进救助管理站求助的服务对象，需及时配合救助管理站内工作人员共同进行介入，必要时转送专业机构进行救治。

（3）提供支持。社会工作者可邀请心理咨询师为服务对象提供专业的心理服务；联系医院为其提供医疗支持；链接物资资源解决其生活需求；联系家属，获得家人的支持与陪伴。

## （四）典型个案

### 挽救自杀流浪人员，助其重燃生活的希望

在夜晚的天桥底下，40多岁的韩大哥（化名），一时想不开，先后吞下了数个打火机、指甲刀、铁扣等危险物品，想要就此结束自己的生命。

幸好，社会工作者当时在天桥底开展外展服务，看到躺在地上痛苦不堪的韩大哥，社会工作者立即拨打了120和110，120将他送去医院接受治疗。在院治疗的这段时间里，他一度拒绝接受医院的治疗，还一直质问社会工作者为何要将他送进医院，为何阻止他了断自己的生命，生活态度消极。社会工作者首先安抚其情绪，认真倾听其过往经历，了解他想要自杀的原因。

韩大哥原本高大帅气，是一个俊俏的青年，但是在20岁那

年，家里的一场大火彻底改变了他的命运。那场大火直接将他的五官烧至变形，两只耳朵没有了，曾经那个面目清秀、五官端正的青年一去不复返。在这个巨大落差下，他的精神开始崩溃，从此害怕照镜子，不想看到镜子里那个样貌丑陋的自己，也无法接受这样丑陋的面孔。自暴自弃的他，从此过上了四处流浪的生活，看不到希望的未来和得不到救赎的现在，让他倍感孤独和无力。社会工作者了解情况之后，对他的经历表示理解，待其情绪稳定后，社会工作者帮助其分析自身的优点，告诉他还可以靠双手创造自己的未来，样貌并不是决定一切的唯一因素，不断地给他注入新的希望。在心理疏导的同时，社会工作者也积极开展救助寻亲工作，根据他提供的身份信息，快速联系上他的家人，争取获得家人亲情上的支持，帮助他走出低落的情绪。

社会工作者帮助他联系上远在老家的姐姐，为他们建起了沟通的桥梁，多年未见的姐弟看着视频里的对方，均是悲喜交加。姐姐知道弟弟自杀的情况后，也在不断地安慰弟弟，劝他好好活下去，并且决定让他回到老家做手术和疗养，和家人一起生活。对于医疗费用问题，他姐姐告诉他不要有压力，家里人会一起想办法。社会工作者也向他讲解低保、残疾人救助等福利政策，指导他返乡后可以向户籍地提交申请，打消他担心拖累姐姐的顾虑。或许是社会工作者的热心劝解，也或许是许久未见的亲人带来了家庭的温暖，他终于点了头，答应回家与家人好好生活，打消了自杀的念头。

在确认愿意返乡后，社会工作者将他送到救助站，救护站再次为他安排了全面的身体检查，在医生会诊后确认他暂时没有生命危险，可以乘车，但需要尽快进行手术，取出吞食的异物。救助站为他购买了返乡车票，并资助了一台轮椅，方便他出行。社会工作者护送他上车，请列车长给予重点关照，并告知他姐姐列车到达的时间。他姐姐亲自到车站接韩大哥，并立即将他送到医院进行手术，手术很顺利，吞食的异物被全部取出。出院后的韩大哥在家休养，恢复较好，很快他申请的低保和残疾补助也批了下来，身体完全恢复后，他帮助姐姐打理生意，重新燃起生活的希望。①

---

① 案例源自广州市鼎和社会工作服务中心 2016 年度广州市流浪乞讨人员社会工作介入服务项目。

第三篇　实践篇

# 第六章　行动与案例：社会力量参与的实践

　　社会力量参与流浪乞讨人员救助服务是创新社会管理与公共服务体制的重要举措，是加强流浪乞讨人员救助管理工作的重要措施，是帮助流浪乞讨人员摆脱困境的重要力量。[①]流浪乞讨人员救助服务不仅需要依靠国家自上而下的统筹和供给，也需要社会力量自下而上的参与。在政府主导和社会力量积极参与下，全国各地社会力量参与流浪乞讨人员救助服务形成了政府购买、多元合作、自主运作三种主要模式，呈现出各具特色的实践案例。

## 第一节　广东广州："442"服务模式[②]

　　2012年起，广州市民政局、各区民政局和全市救助管理机构，采取政府购买服务和公益创投方式，积极引入专业社会工作服务机构参与流浪乞讨人员救助服务。截至2022年12月，广州

---

① 中华人民共和国民政部网：《关于促进社会力量参与流浪乞讨人员救助服务的指导意见》，https://xxgk.mca.gov.cn:8445/gdnps/pc/content.jsp?mtype= 1&id=14635，2012年12月9日。

② 本节由印锐、肖隆君、王静、袁娟娟撰写。印锐，广州市民政局社会组织登记发展处副处长，广州市南沙区民政局副局长；肖隆君，中华社会救助基金会理事，中国慈善联合会社会救助委员会副主任委员，中国社会福利基金会原秘书长；王静，东北师范大学社会学硕士，广州市团校（广州志愿者学院）讲师，社会工作师；袁娟娟，社会工作师，广州市鼎和社会工作服务中心服务总监。

市民政局、各区民政局和全市救助管理机构，相继购买了近 30 个流浪乞讨人员救助服务社会工作介入服务项目，投入资金超 3 000 万元，服务范围覆盖广州 11 个区和全市 6 家救助管理机构，培育了 19 家社会工作服务机构及近 20 支志愿服务团队，为流浪乞讨人员开展个性化、多元化、专业化的救助服务。

通过救助服务项目的持续性开展，广州培育了广州市鼎和社会工作服务中心、广州市暖加公益促进会、让爱回家广州志愿服务队、羊城花园志愿服务队、淼爱志愿服务队等专业开展救助服务的社会组织和志愿团队，并推动建立广州市社会力量参与流浪乞讨人员救助服务联动机制。①

广州市鼎和社会工作服务中心于 2015 年起专注于流浪乞讨人员社会工作服务领域，先后承接了广州市救助管理站、广州市救助管理站市区分站、广州市番禺区救助管理中心、广州市天河区民政局、广州市海珠区民政局、广东省绿瘦慈善基金会等社会工作服务项目 15 个；组织编撰《广州市流浪乞讨人员救助工作案例汇编》等内部汇编 9 部，公开发表专业论文等 30 余篇；多次受邀在民政部培训中心、广东省民政厅、江苏省民政厅、广州市民政局等分享交流服务经验，典型经验做法在《中国民政》杂志、《中国社会报》杂志、《中国社会工作》杂志、《广州市社会工作发展报告（2020）》《广州社区志愿服务发展报告（2022）》等公开发表；总结提炼出"442"服务模式，为进一步促进社会

---

① 覃汉鹏：《广州：联动机制畅通社会力量参与流浪人员救助路径》，《中国社会工作》，2022 年第 6 期。

力量参与流浪乞讨人员救助服务提供借鉴和参考。

# 一、"442"服务模式

广州市鼎和社会工作服务中心结合 8 年的救助服务工作实践，为了满足不同类型流浪乞讨人员的多层次、多方面且复杂多变的需求，不断探索并总结出适合于开展流浪乞讨人员救助服务的"442"服务模式。"442"服务模式，即四大服务内容、四大多元联动、两个支援中心。四大服务内容包括个人建档、个案帮扶、跟踪回访、小组工作，是服务的重点和基础；四大多元联动包括政社联动、社志联动、社企联动、社研联动，为服务的介入提供具体行动方法的指导；两个支援中心包括资源中心和服务中心，为整体服务提供帮助和进行支援。

## （一）四大服务内容

### 1. 个人建档

为每名流浪乞讨人员建立档案，建立广州市流浪乞讨人员档案库，有新增建档时不断补充进去，并且对其中仍滞留在广州的高危人员、流浪多年人员等分别进行标注。在开展服务过程中，充分发挥档案库的作用，及时获取街面流浪乞讨人员的档案信息并为社会力量提供跟进指引，快速介入，也免去重复问询的麻烦。同时通过整理分析性别、年龄、籍贯、健康状况、谋生方式、生存现状、现状成因等，充分了解服务对象的需求并形成调研报告，为政府救助管理机构提供参考建议。

### 2. 个案帮扶

流浪乞讨人员主要有生存、就业、返乡安置等需求，其中生存需求主要指衣物、食品的需要，就业需求主要指求职、就业发展、自身能力提升的需要，返乡安置主要指家庭支持、社会支持的需要。个案帮扶主要有就业辅导个案、危机介入个案、寻亲返乡个案。社会工作者需提前确定各类个案帮扶的目标、介入策略、介入方案、介入步骤、介入技巧等，并在实践中进行检验和完善。

### 3.跟踪回访

对成功寻亲返乡安置或者就业的流浪乞讨人员进行定期跟踪回访，以评估其返乡或就业后的生活适应情况是否能获得稳定的支持，是否有再次外出流浪乞讨的风险等，并提供建议和资源转介，确保其不再陷入流浪乞讨的困境，能回归正常的社会生活。广州市流浪乞讨人员来自全国各地，需通过电话、微信、实地走访等形式进行回访，并发动源头地社会力量共同参与，以全面了解服务对象的生活现状。

### 4.小组工作

流浪乞讨人员个案的同质性较大，这也反映出这个群体面临着较为相似的困境，需求也大同小异。在面对一群有着相似需求的服务对象时，设计相关的小组服务并在救助服务站内和露宿点开展，使服务对象有一个可信的渠道以不断获得支持和知识。适合流浪乞讨人员需求的主要有健康卫生、法律法规、社会保障、求职技巧、就业保障等教育小组，人际关系、家庭关系等成长小组以及残疾互助、社区支持等支持小组。

### （二）四大多元联动

### 1.政社联动

与市民政局事务处、全市 6 家救助管理机构、12 支街面救助小分队、市慈善会、市志协、市社工协会，属地和源头地公安、城管、街道办等均建立常态化沟通和协作机制，满足流浪乞讨人员的复杂多元的需求，有效开展危机介入、转介援助、救助宣传、返乡安置、跟踪回访、源头治理等服务。在广州本地的政社联动主要开展危机介入、转介援助、社区治理、社区宣传、政策倡导等服务。与源头地政府部门的政社联动主要开展返乡安置、跟踪回访、源头治理等服务，使得服务得到延伸和深入，从根本上帮助流浪乞讨人员摆脱困境。

### 2. 社志联动

与关注流浪乞讨人员的志愿者团队、高校、市民以及源头地的志愿者团队等多方联动，为流浪乞讨人员提供贴心与温馨的服务。通过社志联动，能最大限度发挥社会力量、社会资源的优势，通过社会工作者与志愿者的优势结合和互补，使流浪乞讨人员能接受更多方面的服务。社会工作者和志愿者是直接参与流浪救助服务的主要社会力量，社会工作者和志愿者每个月都会举行联合会议和相关培训，共同开展服务，整合各方资源帮助流浪乞讨人员回归家庭、回归社会。

### 3. 社企联动

充分调动爱心企业的资源，为有就业能力、就业意愿的流浪乞讨人员提供就业培训、就业岗位、就业支持等，为有需要的流浪乞讨人员进行物资捐赠、入学支持等。通过与爱心企业的联动，使爱心企业有一个合适的途径承担社会责任，去帮助有需要的流浪乞讨人员。社企联动可以快速为有需要的流浪乞讨人员提供精准化服务，如适合其个人能力的就业岗位、适合其个人学习能力的就业辅导等。同时，社企联动还可以将企业的资源直接利用到真正有需要的流浪乞讨人员身上，如寒冬季节的御寒物资等。

### 4. 社研联动

联合高校专家学者开展实务研究，提炼服务模式，撰写论文、案例等，旨在为参与流浪乞讨人员救助服务的相关工作人员提供参考，也为社会力量参与救助服务提供指引和借鉴。已撰写完成《广州市流浪乞讨人员救助工作论文汇编》《广州市流浪乞讨人员救助工作案例汇编》《广州市流浪乞讨人员救助工作故事汇编》等。在《广州广播电视大学学报》杂志、《广州市社会工作发展报告（2020）》图书发表专业论文，撰写《城市"职业"乞讨人员生存现状与风险治理》《超大城市中社会工作介入流浪乞讨人员救助服务模式研究——以广州为例》《突发公共卫生事件危机下的流浪救助服务》《社会力量参与流浪救助服务的广州实践》等论文，收录于《广州市救助工作发展报告（2021）》。

### （三）两个支援中心

#### 1. 资源中心

建立"街友关怀专项基金"和"街友关怀爱心超市"，通过资源管理，打造"物资＋服务＋支持"的社会支持网络，整合公益资源与跨界资源，提供物资支持。为返乡、就业人员提供衣物、毛巾、洗漱套装等物质的帮助，为年老长者提供体检医疗支持，为有需要的流浪乞讨人员提供收音机、书籍等精神抚慰关怀，为携带未成年人的流浪家庭提供学业资助，使流浪乞讨人员获得全面的关注与服务。

### 2. 服务中心

通过跨地域、跨行业整合服务资源，加强源头治理，与公益组织、医疗机构、法律团体、职业培训机构构建服务中心。并通过规范服务指引，完善服务标准，使流浪乞讨人员在法律、医疗、职业技能、社会保障等获得服务支持，优化社会资源，从而保障其合理的权益，进一步改善其生活质量，有效缓解"复讨问题"。通过建立"广州市社会力量参与救助服务联动机制"，打造服务平台，规范服务标准，发布服务指引。

## 二、"442"服务模式实践

### （一）党建引领，提升参与救助服务攻坚克难能力

联合救助管理机构党委、各社会力量党支部、党员社会工作者和党员志愿者，采取"党组织＋党员＋社工＋志愿者"服务方式，推动实现"服务到基层、帮助到个人"目标。一是加强党员社会工作者、党员志愿者的党史教育和学习，提高政治站位，将党建引领深度融入一线服务中，把社会工作者专业方法融入党员志愿服务，为服务对象提供心理疏导、情绪支持、寻亲返乡、教育倡导等服务；二是加强"党社联动"，会同救助管理机构相关党支部组建联合服务小组，采取"政府＋社会力量""党员＋社工"的形式，分小组、分任务重点突破长期滞留的重点个案，帮助其返乡安置或者在地就业。

### （二）机制共建，建立健全参与救助服务指引规范

一是通过多元协同机制，整合资源，理顺关系，规范救助服务标准，探索救助服务模式；二是每月召开一次联合会议、开

展一次志愿团队能力建设培训，总结交流参与救助服务情况，梳理服务脉络和分析介入手法，提供能力支持；三是规范服务制度，通过发布《社会力量参与救助服务细则》《社会力量能力建设指引》《资源管理指引》《源头地社会力量联动机制服务指引》《救助管理社会工作服务项目指引》《社会力量参与救助服务街面巡查劝导服务流程和工作方法指引》等文件来健全服务规范体系。

### （三）源头共治，搭建参与救助服务综合治理平台

一是与梧州民生、金华悦欣、郑州雨之露、滨州海燕等社会组织开展源头共治试点工作，与当地社会组织紧密合作、相互交流学习，协助救助管理机构共同开展寻亲安置、跟踪回访、资源整合、资源转介、救助宣传等工作；二是与让爱回家签订社会组织间的源头共治战略合作协议，依托让爱回家全国性志愿服务网络，建立社会力量之间的源头共治服务路径；三是建立共享、接收、回访、帮扶、稳固五大源头共治机制，搭建起源头共治综合治理服务平台，建立家庭和社会支持系统，信息、服务、资源共享，及时对送返的受助人员进行跟踪回访，评估其再次外出流浪的可能性，发动社会力量共同参与，提供资助、探访、心理辅导等更全面的帮扶服务，稳固服务成效。

### （四）服务共享，保障参与救助服务便捷高效有序

一是将流浪乞讨人员信息和服务开展情况进行汇总、共享，包括经验共享、成果共享、服务共享，提高服务效率；二是设立"街友关怀专项基金""街友关怀爱心超市"，募集善款 127 937.12 元，

筹集物资 127 692 件，折算成人民币约 674 028.7 元，聚焦高龄流浪人员、携带未成年人的流浪人员、女性流浪人员等高危群体的救助帮扶；三是组建街友关怀专项志愿服务队，建立区域化、专业化、常态化的志愿服务团队，共培育志愿者 806 名，与让爱回家广州志愿服务队、羊城花园志愿服务队、暖加公益志愿服务队等长期联合开展服务，并成立和培育森爱志愿服务队、心理咨询师专才志愿服务队、律师专才志愿服务队等队伍，定期开展志愿者培训，引导志愿者参与服务。

### （五）扶弱济困，发挥参与救助服务柔性专业优势

一是积极发挥社会力量"穿针引线"作用，构建"综合建档、聚焦高危、关注重点、分流聚集、源头治理"五级精准救助服务策略，完善综合建档，聚焦高危群体，关注重点群体，分流聚集群体，开展源头治理；二是联动重点区域公安、城管、街道、居委和社工站、志愿者驿站、环卫站等多方力量，及时发现、及时跟进、及时转介，达到市、区、镇（街）、村（居）社会力量参与救助服务全覆盖；三是聚焦街面流浪长者、女性、未成年人、危重病人等高危群体，联动政府相关职能部门和属地救助力量，及时开展个案跟进工作，化解潜在风险；四是社会力量多方联动，分工协作，深入流浪乞讨人员出没地、聚集地、租住地，了解情况，登记信息，建立档案，掌握其行动轨迹和生活规律，通过情绪疏导、情感抚慰和救助帮扶，与服务对象建立良好的信任关系，多家社会力量联合行动，对租房居住的"职业"乞讨人员集中开展入户探访，形成入户调研工作报告，为街面救助服务工作提供参考依据。

## （六）打造品牌，形成参与救助服务引领示范效应

一是加强理论研究，总结提炼服务经验，形成"442"服务模式，并公开发表专业论文，论证服务模式；二是积极开展经验推广工作，江苏省民政厅和杭州、长沙、鄂州市民政局来穗考察交流过程中给予了充分肯定；三是弘扬友爱互助精神，在央广网、《中国民政》、《中国社会报》、《广州日报》、《羊城晚报》、《南方时报》等大众媒体多次宣传报道典型服务案例，提高社会大众对于流浪乞讨人员救助服务工作的了解；四是打造"流动学堂"服务品牌，在街面流浪人员聚集地和救助管理机构内同步开展疾病预防、个人清洁、环境保护、社会保障、政策法规、生活常识等主题教育活动，帮助流浪乞讨人员了解当下的社会生活状况，提升其社会认知和社会融入能力，实现流浪乞讨人员与社会共融互助齐发展。

## 三、"442"服务模式经验启示

### （一）政府购买服务推动社会力量的成长发展

对流浪乞讨人员的救助是政府兜底性保障的组成部分，是政府的重要职能，流入地（广州）和流出地（流浪乞讨人员的家乡）的民政、公安、劳动、医疗等部门都有责任加强协调，他们具有政策资源和行政资源，政府通过向社会组织购买社会工作服务的方式，吸纳专业力量进入救助体系。尤其是政府通过严格的招标程序选择合作对象，并通过规范的合同来确定双方的权益与责任，让主体、任务、质量、资源、机制、评估、约束等都成为清晰的契约内容，从而使政府和社会组织围绕任务建立相对平等

的关系。

## （二）具有良好的环境条件和有力的政策保障

各级政府一直对流浪乞讨人员的救助服务高度重视，在国家、广东省、广州市等层面均有相应的政策文件。民政部在2012年发布《民政部关于促进社会力量参与流浪乞讨人员救助服务的指导意见》，广东省民政厅在2015年发布《关于加快推进我省社会事务社会工作服务的意见》，广州市民政局在2017年、2020年发布《"社工＋流浪救助"实施方案》《关于促进社会力量规范参与生活无着的流浪乞讨人员救助服务的实施意见》《关于引发促进社会力量规范参与生活无着的流浪乞讨人员救助服务的实施意见》，进一步加强购买社会工作专业服务介入流浪乞讨人员救助。

## （三）社会力量参与救助服务得到广泛支持

广州市民政局社会事务处、市救助站、市区分站、市慈善会、市社工协会、市社会捐赠站等单位提供大力支持，充分调动资源，为健全救助服务机制、规范救助服务制度架桥助力，提供技术支持，为建立救助服务平台、构建救助服务网络探索思路，为组建救助服务队伍、打造救助服务品牌推广背书。在重大节假日、重要活动、极端天气条件等特殊时期，以官方活动召集人的身份，充分发挥社会力量的联动效应，发动社工、志愿者踊跃加入救助队伍，积极参与救助服务。引入社会力量参与源头共治工作，为社会力量提供官方身份背书，帮助推进源头治理工作开展，推动社会力量更好地参与寻亲安置、跟踪回访、志愿服务、救助宣传等源头共治服务。

## （四）专业能力为社会力量赢得多方信任

作为全国社会工作服务发展领先地区，广州市的社会工作发展相对于其他地区具有先行优势。广州市自2009年开始了建立项目化、市场化的政府购买社会工作服务体系，政府与社会组织以项目为载体建立契约式合作。因此，基于共同的愿景、使命和社会责任感，政府、社工和志愿者、社会大众很容易走到一起，流浪乞讨人员也容易接受社工、志愿服务，并与之建立起良好的信任关系，这为进一步开展救助服务工作打下坚实的基础，也受到政府的认可和重视。[①]

## 四、典型个案

### 多方联动，离家十六载长者终与家人团聚

莫叔（化名），男，60岁，2019年9月在番禺区露宿时被志愿者发现。志愿者将莫叔的情况报告给社会工作者。莫叔身体虚弱，精神状态不佳，自述户籍地址为广西某村，在老家没有房产和亲属。莫叔希望救助中心能够为其治病，社会工作者向莫叔澄清救助性质后，其不愿接受救助并表示没有返乡意愿。

**初步建立专业关系，协助链接医疗资源**

莫叔拒绝救助后，社会工作者及志愿者持续关注其在街面生活动态及身体情况。社会工作者联合志愿者多次探访莫叔，为其提供基本的日常生活所需，莫叔也因此开始信任社会工作者和志

---

① 王静、李春丽，王连权：《超大城市中社会工作介入流浪乞讨人员救助服务模式探索——以广州为例》，《广州广播电视大学学报》，2020年第2期。

愿者，并提供了户籍信息。社会工作者发现莫叔难忍身体疼痛，向其说明送院治疗费用问题后，其同意由社会工作者协助拨打120入院诊治。医护人员到达后告知，莫叔此前已进院多次，且当天中午时分已有路人为其叫了救护车，但其拒绝入院。经社会工作者及医护人员反复劝导，莫叔最终同意入院。

### 持续情感关怀，联系户籍地民政核实

社会工作者多次联系莫叔所提供的户籍地民政部门，核实其户籍信息，对方反馈已向村支书核实过，但当地有多个跟莫叔同名的人员，需社会工作者提供更多的信息以便进一步确认。社会工作者通过救助中心发送莫叔相关资料到当地政府，但一直没有得到回复。

### 劝导进站购票返乡，进一步核实户籍信息

志愿者多次发现莫叔在附近乞讨，继续向其确认身份信息。社会工作者指导志愿者带领莫叔到附近派出所查询户籍信息，但查询结果显示其户籍已因死亡被注销。因莫叔没有身份证明，救助站无法立即为其购票返乡，经志愿者耐心向莫叔说明情况后，其同意跟随志愿者到救助站暂住。但到达救助站后，莫叔一直在门口徘徊，社会工作者多次劝导均无效，后坚持自行返回露宿地。

社会工作者再次联系属地民政部门进行核实。经多次联系沟通，对方反馈经委托相关部门协助核查，发现无与莫叔信息相吻合的村民，且村委提供的名册上也无法显示已死亡人员名单，对方还表示2019年当地派出所曾联系核查过，同样查询不到莫叔相关信息。

**说出真实信息，多方联动协助寻亲**

此后，社会工作者和志愿者定期为莫叔提供防疫物资，并劝导其到救助站暂住。莫叔心存感激，但是不愿意进站求助。2020年4月，社会工作者联合番禺区救助小分队到街面巡查并多次发现莫叔在乞讨，他身体虚弱，行动吃力，且身上异味浓重。针对莫叔的情况，社会工作者引导其思考当前生活方式的弊端及返乡申请救助后的生活情况，以增强其返乡动力，同时建议其入院治疗，但其以"不喜欢医院环境"为由而拒绝。

5月初，莫叔感受到驻点志愿者的真心关怀，提供了真实的名字和详细的户籍地址。社会工作者立刻与莫叔所述户籍地镇民政办核实，被告知需发函才能协查。社会工作者通过番禺区救助管理中心向对方发函，并委托公安部门进行人脸识别，但均未能核查到莫叔的身份信息。社会工作者通过"广州市社会力量参与救助服务联动机制"与让爱回家志愿服务队联动，通过让爱回家志愿者实地走访，成功与莫叔亲属取得联系，确认了莫叔的身份，且经与亲属沟通，确定第二天就前来接领。

**成功认领，与家人团聚**

2020年5月8日上午，莫叔的7名亲属（弟弟、儿子、侄子等）纷纷从佛山、中山和广西梧州等地赶到，并相继走到莫叔面前相认，但莫叔摇头示意不认识眼前的人。莫叔的儿子见状，冲上前紧拥莫叔，父子两人情绪"失控"，多年的思念及牵挂在那阵失声痛哭中得到了释放，在场的亲属、工作人员及志愿者也纷纷落泪。随后，莫叔在救助中心经过认真洗漱，换上其儿子新买的衣物和鞋子，随同前来接领的7名亲属返乡，告别16年来独在异乡的流浪生活。

**回访，追踪返乡后相关情况**

2020 年 5 月 9 日上午，莫叔亲属主动向志愿者发送莫叔返乡后与家人相处的照片与视频，画面中，莫叔抱着孙女，脸上露出愉悦的神情。5 月 10 日，社会工作者通过微信与莫叔儿子沟通获悉："我老爸现在回到家里人变得开朗多了，每天和孙女一起玩。他说回家后腿没再痛过，我带他去医院做了全身检查，都是些小毛病，最大的问题就是他有肺结核，现在最重要的是把他的肺结核治好，身体都能调理好的，只是时间问题。最主要一点就是他现在开始接受新的生活。"[①]

## 第二节　广西梧州：构建"114"服务模式[②]

随着社会经济的发展，流浪乞讨人员的特征和需求也发生了重大变化，相应地，流浪乞讨人员救助服务也需要与时俱进。根据民政部与全国妇联联合印发的《关于做好家庭暴力受害人庇护救助工作的指导意见》，以及广西壮族自治区民政厅印发的《全区开展社会工作介入流浪乞讨人员救助服务示范项目创建活动方

---

① 案例源自广州市鼎和社会工作服务中心 2020 年度广州市番禺区救助管理中心社会工作服务项目。

② 本节由郑树华、田翀、彭杰、周志辉撰写。郑树华，梧州市救助管理站站长；田翀，社会工作师，梧州市民生社会工作服务中心理事长；彭杰，博士，华南师范大学哲学与社会发展学院社会工作系讲师；周志辉，国家卫生健康委人口文化发展中心健康室内环境公益行动办公室执行主任，广东省钟南山医学基金会理事，广东省室内环境卫生行业协会秘书长，《绿色时代》杂志主编。

案》《全区开展生活无着的流浪乞讨人员救助管理服务质量大提升专项行动实施方案》等文件精神，梧州市救助管理站通过政府购买服务的形式，于2020年启动"梧州市救助流浪乞讨人员和临时庇护人员购买社工服务"示范项目（以下简称"社工服务示范项目"），引入梧州市民生社会工作服务中心（以下简称"民生社工"）① 参与救助服务，探索社会工作介入城市流浪乞讨人员救助服务模式，以提高针对流浪乞讨人员多元协同的救助服务能力，满足流浪乞讨人员的多元化需求，提升救助专业化水平和社会救助效果，切实保障流浪乞讨人员的合法权益。

民生社工在梧州市民政局、梧州市救助管理站的指导下，组建了专业的社会工作服务团队和志愿者团队，着力为梧州市中心城区的流浪乞讨人员和临时庇护人员提供个案帮扶、心理疏导、务工辅导、法律援助等服务，协助其恢复和完善社会功能，提高心理适应能力，从而回归家庭、重返社会。截至2022年12月，社工服务示范项目组建了3个发现报告微信群，建立了2支街面巡查志愿服务队伍，招募发现报告志愿者122名、街面巡查志愿者49名，累计开展街面巡查877次，劝导、救助流浪乞讨人员1 278人次，联合其他社会力量发布寻亲信息132条，为29名流浪乞讨人员成功寻亲，联合梧州市救助管理站共计出动党员约230人次护送77名无自主返乡能力的流浪乞讨人员返回户籍地。

---

① 梧州市民生社会工作服务中心成立于2019年8月1日，向未成年人、老人、妇女、残疾人、其他特殊人群等弱势群体提供心理辅导、行为矫正等专业的社会工作服务及志愿者服务，促进社会和谐与发展。

## 一、"114"服务模式

社工服务示范项目经过两年多的实践探索，初步形成了"114"服务模式，强有力地推进了救助管理工作高质量发展。"114"服务模式即1个引领（坚持"党建引领"），1个平台（搭建服务平台），4个聚焦（聚焦服务标准化、聚焦服务个性化、聚焦服务专业化、聚焦服务多元化）。通过发挥党员先锋模范作用，将党建工作和救助管理工作、社会工作、志愿服务相结合，为流浪乞讨人员提供系统服务；通过搭建服务平台促进社会力量参与；通过服务聚焦将服务内容、服务手法等标准化、个性化、专业化和多元化。

社工服务示范项目的开展，推动了社会力量配合救助管理机构开展专业救助服务，打造了社会工作介入救助服务的工作平台，搭建了流浪乞讨人员的社会支持网络，逐渐形成了"政府力量主导、社工专业引领、社会力量广泛参与"的救助服务体系，即"114"服务模式，形成群管共治的社会治理局面，扭转了传统救助工作由政府唱"独角戏"、社会力量参与不足的局面，使流浪乞讨人员救助网络覆盖更加全面、协同更加到位、救助更加及时，救助服务质量得到显著提升。

## 二、"114"服务模式实践

### （一）坚持"党建引领"，发挥党员先锋模范作用

一直以来，梧州市救助管理站始终践行着"寻亲路上党旗飘""大爱寻亲，温暖回家"的理念，为更多生活无依的流浪人

员找到他们的回家路。[①] 在梧州市救助管理站党支部的引领下，民生社工以流浪乞讨人员关爱服务专项行动为契机，将党建工作、救助管理工作、社会工作、志愿服务相融合。在党员干部的带动下，社工服务示范项目组织开展"我为群众办实事"实践活动，先后举办"寒冬里与你共享这碗腊八粥""喜迎新春，共制灯笼""让爱相随义剪""他乡月亮一样圆"等活动，向流浪乞讨人员传递党和政府的关怀和温暖。

### （二）搭建服务平台，形成广泛参与服务格局

社工服务示范项目以"梧州市救助流浪乞讨人员和临时庇护人员社会工作服务站"为综合服务平台，支持和推进社会力量配合梧州市救助管理站开展救助服务工作。基本建成社会工作介入救助服务工作平台，初步形成社会力量广泛参与的救助服务格局。由梧州市救助管理站指导，社区网格员、社区环卫站、志愿者等巡查发现需要救助的流浪乞讨人员，社会工作者和志愿者进行跟进介入和寻亲，异地社会组织协助开展源头治理，高校专家协助服务提炼和理论研究。

#### 1. 及时发现报告

社工服务示范项目积极联动长洲区环卫站、万秀区各街道办事处和社区、梧州市征徒志愿服务中心、梧州市长安义工协会、星微天使爱心团队等创新建立"社会工作者＋社区网格员＋环卫工作者＋团队志愿者"的流浪乞讨人员快速发现报告机制，破解

---

① 赖富金：《暖心！二千公里回乡路，离家二十四载——梧济两地合力救助送老人返乡》，网易新闻，http://gx.news.163.com/21/0422/10/G86CFORM04409DDM.html，2021 年 4 月 22 日。

流浪乞讨人员发现难的问题。同时，社工服务示范项目充分利用社区网格员和环卫工人覆盖面广、团体志愿者热情度高的特点，组建流浪乞讨人员发现报告微信群和街面巡查志愿服务队伍，提高发现流浪乞讨人员的效率，做到"早发现、早报告、早救助、早保护、早处置"，确保流浪乞讨人员能够得到及时救助。目前，社工服务示范项目与志愿者的互动、维系、培训已然成熟。

### 2. 及时协同处置

社工服务示范项目在对救助理念、救助政策充分理解的基础上，熟练掌握救助流程，在梧州市救助管理站的协调下有效联动辖区民政、卫健、公安、城管、街道、村居等相关职能部门，以及辖区社会工作服务站、志愿团队等社会力量，为流浪乞讨人员提供适合其需求的救助服务，达到及时跟进、及时转介、及时处置的救助服务目的，及时化解可能存在的风险。

### 3. 深化源头稳固

社工服务示范项目充分利用辖区资源，积极联动各地乡镇（街道）社会工作服务站，联合做好返乡安置、跟踪回访、个案转介等源头稳固工作。社会工作者发动源头地社会力量，协助其做好流浪乞讨人员返乡后的精准帮扶和关爱保护，在源头地为流浪乞讨人员搭建社会支持网络，重点解决老弱病残等高危群体的社会保障、生活照顾、医疗支持等需求和年轻群体的就业支持需求，从根本上解决"两不愁、三保障"问题，减少"反复救、救反复"现象，提升了救助服务成效。

### 4. 加强城际合作

在梧州市救助管理站和广州市救助管理站市区分站签订的

《流浪乞讨人员源头治理合作机制协议（试点）》框架下，民生社工与广州市鼎和社会工作服务中心签订了《社会力量参与救助服务联动机制源头治理战略合作协议》。双方就建立救助档案、信息台账和信息库管理制度，建立接领、护送返乡工作机制，建立返乡人员稳固当地机制，建立信息互通、资源共享机制，建立跟踪回访机制，建立交流联训、互帮互助机制达成协议，加强了流浪乞讨人员主要流出地和流入地社会力量城际间的合作。

### 5. 打造寻亲品牌

在梧州市救助管理站党支部"寻亲路上党旗飘"党建品牌的引领下，社工服务示范项目牢固树立"一个支部就是一个战斗堡垒，一名党员就是一面旗帜"的党建品牌意识，不断拓宽寻亲渠道，想方设法为流浪乞讨人员照亮"回家之路"，有力促进了寻亲工作的顺利开展。

首先，与公安部门建立了信息共享机制。社工服务示范项目协调公安部门采用 DNA 比对、人脸识别等方式甄别流浪乞讨人员身份信息，建立台账资料，实现精准救助。其次，深化与社会力量的寻亲合作。社工服务示范项目通过"头条寻人"公众号、"宝贝回家"网站、"缘梦寻人工作站马义民工作室"、"抖音"平台等发布寻亲信息，为流浪乞讨人员寻亲。最后，及时护送流浪乞讨人员返回户籍地。对于已经查明身份信息的流浪乞讨人员，社工服务示范项目及时联系其亲属和户籍地民政部门或救助管理机构，在其身体条件允许的情况下结合出发地、中转地、目的地的要求尽快安排接领或者送返。

### 6. 加强实务研究

社工服务示范项目以聘请专家、顾问等方式，联合专家学者开展社会工作介入救助服务领域理论研究。与梧州学院法学与公共管理学院、广西科技大学社会工作专家联合撰写《新形势下社会工作助推流浪乞讨人员救助管理工作的研究》《社会工作介入城市流浪乞讨人员救助服务模式研究——以梧州市为例》，并荣获广西壮族自治区民政厅"2022年全区民政政策理论研究优秀奖"。

### （三）服务聚焦，推进救助管理工作高质量发展

#### 1. 聚焦服务标准化，规范街面救助工作流程

社工服务示范项目进行本土化运作，凸显梧州地域特色。经过前期调研，分析梧州市流浪乞讨人员的特点和需求，结合本地社情民意，确定本项目以蕴含岭南文化的"街友共行"为服务口号，易于群众理解，方便社会力量参与，便于项目推广。这种极具本土特色的服务快速吸引了众多社会力量的积极响应，缓解了当前救助管理机构人手不足的工作局面，更有利于开展街面主动救助服务。

另外，社工服务示范项目通过及时总结提炼，推动救助服务标准化。制定出台《巡查路线网格化、巡查方式多样化、巡查工作制度化》《街面救助"四劝一引"》《流浪乞讨人员分类救助工作指引》等工作方法，推动救助服务标准化。社会工作者采取"社会工作者自主""社会工作＋救助""社会工作者＋志愿者""志愿者自主"等多种方式开展街面巡查和主动救助。加强对车站、广场、交通要道、桥梁涵洞、河堤、背街小巷、菜市

场、城市拆迁区等流浪乞讨人员长聚集地的巡查。切实做好街面流浪乞讨人员的问询劝导、转介处置、送医救治等工作，确保流浪乞讨人员不挨饿、不受冻、不中暑。

### 2. 聚焦服务个性化，满足"街友"个性化需求

社会工作服务有别于传统救助管理工作的"重物质、轻服务"，能够有效缓解流浪乞讨人员需求个性化和救助管理机构服务单一的矛盾。社工服务示范项目开展以来，累计对39名流浪乞讨人员运用社会工作专业个案工作方法开展帮扶服务；其中包括对癌症晚期患者、艾滋病患者的临终关怀，智残少女的危机介入，流浪未成年人与父亲的亲子协调，聋哑"街友"的寻亲返乡等，有效改善了流浪乞讨人员的生存困境，满足了流浪乞讨人员的个性化需求，并有效解决其困难。

### 3. 聚焦服务专业化，营造良好的社会文化氛围

社工服务示范项目与救助管理机构分工合作，配合密切。社会工作者以实际行动将"尊重、接纳、平等、同理"等社会工作专业价值观向社会大众传递。在每一次外展服务、站内服务以及个案工作全流程，社会工作者秉承社会工作专业价值观，引导志愿者和广大市民理解新时期救助理念和救助政策，破除对流浪乞讨人员的偏见，重塑对救助管理工作的认知，营造了全社会关爱流浪乞讨人员的社会氛围。流浪乞讨人员逐步由"管理对象"变成"服务对象"。社会工作者的介入，推动社会救助从政策型救助走向法治型救助、从管理型救助走向服务型救助、从生存型救助走向兼顾发展型救助、从单纯政府救助走向多元化社会救助。加强"街友共行"本土化运作和宣传，营造全社会关爱流浪乞讨

人员的氛围。

（1）场地宣传。社工服务示范项目在梧州市民政局宣传栏、梧州市救助管理站宣传栏布置展板，宣传展示救助管理工作成效、救助管理站工作经验、救助管理温情故事。

（2）视频宣传。社工服务示范项目拍摄制作"救助站里的守护者""救助，让弱有所扶更温馨""救助社工的一天"等救助公益宣传短片和寻亲信息，在梧州市旺城商业广场、梧州市高旺万达广场、梧州市新时代文明实践中心等地循环播放。

（3）活动宣传。社工服务示范项目先后举办了"寒冬里与你共享这碗腊八粥""改善受助对象居住环境志愿服务""关爱儿童，温暖童行""携手相助，让爱团聚""救助，让弱有所扶更温馨""夏日送清凉专项行动""冬季送温暖专项行动""把年夜饭带上街""喜迎新春，共享佳节""街友共行，让爱相随义剪服务""他乡月亮一样圆"等不同主题救助宣传活动，向流浪乞讨人员传递党和政府的关怀，向社会大众宣传流浪乞讨人员救助服务，让温暖的气息在街角蔓延。

（4）媒体宣传。社工服务示范项目积极利用媒体平台进行宣传倡导，先后在《梧州日报》发表《党建引领救助管理服务质量提档升级》《救助温情故事——街友共行，三千里外的寻亲，时隔七载的相认》《社会工作介入救助服务工作示范项目创建活动展示》等文章，并通过各类微信公众号进行推送。

**4. 聚焦服务多元化，为全市救助服务人员提质赋能**

社工服务示范项目积极号召民政、卫健、公安、城管、街道、村居等相关职能部门，以及社会工作服务站、志愿团队等社会力量，共同参与流浪乞讨人员救助服务，并为其举办相关培训。针对相关职能部门的培训主题主要为对当前救助管理工作形势与任务、救助管理工作中的热点难点问题、社会工作介入救助管理工作的探索等，帮助其快速掌握当前的流浪乞讨人员救助难题和如何与各方联合救助。针对社会力量的培训主题主要为心理咨询技术在救助服务中的运用、街面救助流程规范化、精神障碍流浪乞讨人员行为特征等，帮助其快速掌握与流浪乞讨人员建立关系的技巧和评估需求，学会利用自身特长开展相关服务。

## 三、"114"服务模式经验启示

### （一）党建引领社会力量参与流浪乞讨人员救助服务

党的二十大报告提出"引导、支持有意愿有能力的企业、社会组织和个人积极参与公益慈善事业""加强新经济组织、新社会组织、新就业群体党的建设"等重要要求。[①] 在党建引领过程中，通过党建引领让社会力量参与更有方向，政策扶持让社会力量参与更有保障，机制联动让社会力量参与更有活力，资源赋能让社会力量参与更有动力，通过这一系列的引领、扶持、联动和赋能，提升社会力量参与流浪乞讨人员救助服务的意愿和能力。在促进社会力量参与流浪乞讨人员救助服务过程中，救助管理机构需高度重视社会组织的党建工作，不

---

[①] 习近平：《高举中国特色社会主义伟大旗帜　为全面建设社会主义现代化国家而团结奋斗——在中国共产党第二十次全国代表大会上的报告》，人民出版社 2022 年版，第 47、68 页。

断创新完善党建引领社会组织参与流浪乞讨人员帮扶服务的新机制、新途径，使社会组织成为流浪乞讨人员帮扶服务的重要"参与者"。

## （二）聚焦服务重点，提升救助服务质量

流浪乞讨人员的现状成因较为复杂，并且大多远离户籍地，救助管理机构和社会组织在对其进行救助服务时，所要应对的问题也较为庞杂，如果仅是一味地解决一个个的个案，则无法形成合力，更无法系统地帮助流浪乞讨人员摆脱困境。因而，救助管理机构和社会组织需要对相关的救助服务进行梳理，将资源聚焦到服务重点上，通过服务的标准化、个性化、专业化和多元化带动具体救助帮扶服务开展。

## 四、典型个案

### 照亮阴郁的街角，扫除偏见的雾霾

#### 流浪街头的失智老者

2020 年 11 月，梧州市救助管理站联合驻站社会工作者进行日常街面巡查，在新兴一路主干道的桂林银行门前，发现一名衣衫褴褛、面容憔悴的老者席地而卧，救助团队立即开展街面救助，但这位街友似乎神志不太清醒，时不时神情恍惚地到处乱指，无法通过语言进行交流。出于"自愿受助，无偿救助"的原则，社会工作者留下食品和饮用水等救助物资，拍下他的正面照，为人脸识别提供材料。

社会工作者通过搜集到的材料，在市救助站的协助下，请求公安部门进行人脸识别，希望能匹配到街友的身份，但未能成

功。既无法与这名街友正常交流，又不能马上甄别其身份，更不能采取强制手段，一时间救助工作陷入僵局。

### 寒冬送温暖，引导社会参与

梧州的 11 月下旬，天气已变得十分寒冷，救助团队本着"不落下任何一个人"的工作态度，积极启动"寒冬送温暖"系列行动，近乎以一天三次的频率对这名街友进行救助。

救助团队的每次行动，总会引来不少市民的围观和议论。有的市民认同救助团队这种持续救助行为，认为这是政府关注民生，关爱社会弱势群体，传播了正能量；也有市民认为，这样做会助长街头流浪人员的依赖性，客观上支持了流浪人员的长期驻扎。在救助服务的过程中，社会工作者听到过这样的声音："你们天天管他三餐温饱，他就更不愿意走了，老赖在大街上影响市容。"还有市民认为，流浪人员的街头驻扎是职能部门的失责。面对市民的众说纷纭，救助团队在坚持救助行动的同时，也向围观群众发放宣传单，宣传"自愿受助、无偿救助""案主自决""生命至上"等救助理念和社会工作理念，引导社会舆论的同时，也引导更多热心群众参与关爱流浪乞讨人员的行动。渐渐地，这个心灵盲区成了街头的热点和焦点，带动附近的好心市民送来热腾腾的饭菜，救助对象常睡的那个门前堆起了食物、棉被、枕头、棉衣、棉鞋等救助物资。

救助行动中，社会工作者秉持专业理念，充当了服务提供者和倡导者的角色，让服务对象得到救助的同时，也引起市民对流浪乞讨人员的关注，市民开始不再漠视这位"街友"，一定程度上改变了市民对流浪乞讨人员的偏见。

## 坚持劝导，成效渐显

每次的街面救助中，社会工作者都努力尝试与流浪老者交流，虽然前期成效甚微，但一直坚持不懈。功夫不负有心人，经过多次的接触与沟通，流浪老者对社会工作者慢慢放下了戒心，愿意对社会工作者的询问做一些简单的回应，或简单的一句"是"，或一个点头或摇头，事情慢慢有了转机。终于，在社会工作者长期耐心的劝导下，这位长期流浪于新兴一路的街友，表达出了愿意接受救助、想回家的意愿。

2021年2月9日，在社区工作人员和110警务人员的帮助下，这名老人成功到达梧州市救助管理站接受站内救助，由于没有身份信息，工作人员给他取名为"梧救福"的救助名称。在站期间，驻站社会工作者继续对其跟进服务，协助老者适应站内生活、安抚其情绪。救助站则安排他到专门的医院治疗身上的旧疾，随后把他安置到市福利院休养。2021年的春节，是"梧救福"多年来第一次不用在街头度过的春节。

在"梧救福"休养期间，救助团队也没有停下脚步，分别利用救助系统寻亲、"广西救助寻亲群头条寻亲"、"网易·梧州寻人"、登报等方法，努力帮他找寻亲人。阳春三月，"梧救福"的身份信息终于得到了核实，原来他的户籍信息早在2012年就因非正常原因被注销，这也是之前人脸识别无法成功的主要原因。得知他的家乡在湖南后，救助站对接了当地民政部门，为他铺好返乡之路。

临行前一天，市救助站将"梧救福"从市福利院接回救助站，社会工作者与这位熟悉的"老朋友"道别，社会工作者问：

"你还认得我吗？""梧救福"露出了笑容，点点头："认得！"简单的两个字，让社会工作者觉得数月来的辛苦都是值得的。

2021年3月17日，"梧救福"从梧州市救助站启程，临行前与社会工作者道别，在工作人员的护送下，乘救助专车顺利回到湖南老家，与当地民政部门完成交接，结束了多年异乡的流浪生涯。[①]

## 第三节　山东滨州："244"源头治理工作模式[②]

近年来，中央及地方政府陆续颁布了多项与流浪乞讨人员救助相关的政策和指导意见，各地采取了有针对性的救助措施后，流浪乞讨人员救助管理工作取得了显著成效，各地救助管理机构的救助量也呈逐年下降的趋势。与救助量逐年下降形成鲜明对比的是救助对象情况的复杂性呈逐年上升态势。反复流浪、因精神障碍和智力障碍而无意识流浪的人员比例不断提高，救助管理工作的风险性不断提高，社会关注度不断提高，使得救助管理工作面临新的形势和要求。

在源头治理方面，部分流浪乞讨人员返乡后，由于得不到有

---

① 案例源自梧州市民生社会工作服务中心 2020 年度梧州市救助管理站社工服务示范项目。

② 本节由刘飞鹏、谷海燕、贾淑娜、李丽群撰写。刘飞鹏，滨州市救助管理站站长；谷海燕，社会工作师，海燕社工理事长；贾淑娜，社会工作师，海燕社工项目主任；李丽群，心理咨询师，社会工作师，广州市番禺区心昕社会工作服务中心理事长。

效安置，导致其在家乡"留不住"而"再流浪"，这也是为什么救助管理机构"反复救，救反复"的现象仍然存在。这其中既有流浪乞讨人员自身的生活习惯、行为认知等方面的原因，也有家庭的监护职责履行不到位的原因，还有地方政府政策落实和监管不到位的原因。

为了让流浪乞讨人员"回得去、留得住、过得好"，山东省滨州市救助管理站在 2019 年通过政府购买服务的方式，引入滨州市海燕社会工作服务中心实施开展"救助＋社工"滨州市返乡流浪人员源头治理精准帮扶项目（以下简称"救助＋社工"项目），由社会工作师和心理咨询师通过开展家庭关系辅导、邻里关系调适、心理疏导等服务，以及链接医疗、就业等资源，帮助流浪乞讨人员重塑自信、完善家庭支持和社会支持网络、重新融入家庭与社会。[①]

## 一、"244"源头治理工作模式

"救助＋社工"项目重点对近 5 年返乡安置的滨州籍流浪乞讨人员展开一对一的跟踪回访服务，了解其返乡安置后的基本生活状况、家庭状况、心理状况、困难状况等，分析其外出流浪乞讨的原因和返乡安置后的诉求，评估其需求，并了解各项救助政策的落实情况，对各县区的流浪乞讨人员返乡安置工作提出针对性的建议，从而降低本市户籍人员反复外出流浪乞讨

---

① 于海军、刘飞鹏：《山东滨州：救急救难源头治》，《人民日报·民生周刊》，2022 年 6 月 10 日。

的可能性。

滨州市救助管理站、海燕社工经过三年的实践探索，总结出了"244"源头治理工作模式，即建立2个信息台账，确保精准帮扶；压实4级工作责任，强化机制建设；落实4项服务举措，确保救助成效。"244"源头治理工作模式通过"救助＋社工"的方式，在流浪乞讨人员救助服务过程中嵌入专业社会工作服务，发挥专业社会工作技能优势，与政策资源相结合。在具体实践中，"救助＋社工"项目根据返乡安置的流浪乞讨人员的实际需求，通过入户走访与定期电话回访的方式切实掌握其生活变化和需求变化，同时根据其需求制定帮扶措施并及时调整；提供就业帮扶、心理帮扶、家庭监护能力提升、残疾康复等服务，帮助其解决生活困难，增强其内在改变动力和发展潜能，提升其再社会化能力，从根本上解决"反复救，救反复"的问题。

## 二、"244"源头治理工作模式实践

### （一）建立2个信息台账，确保精准帮扶

"救助＋社工"项目通过专业社会工作者一对一实地入户走访的方式，深入返乡安置的流浪乞讨人员家庭，了解其生活情况、家庭状况、心理状况、实际困难等，相对客观真实地掌握第一手资料，为后续制定实施精准帮扶方案奠定基础。

1. 建立滨州籍流浪乞讨人员信息台账

社会工作者结合救助管理机构提供的救助信息，通过电话回访、入户走访的方式，准确掌握滨州市近5年内返回本市安置的流浪乞讨人员信息，以此建立滨州籍流浪乞讨人员信息台账。社

会工作者在汇总分析这部分人员返乡安置后的基本生活状况、家庭状况、心理状况、实际困难等后，形成专业调研报告和评估报告，并反馈给属地民政部门，指导、督促属地民政部门做好监管和救助工作，以确保返乡安置的流浪乞讨人员得到有效救助并且不再外出流浪乞讨。

### 2.建立滨州籍易流浪走失人员信息台账

社会工作者在滨州籍流浪乞讨人员信息中，进一步梳理其中的精神障碍患者、阿尔兹海默症患者、未成年人等需重点关注和帮扶的流浪乞讨人员信息，另外再建立易走失流浪乞讨人员信息台账。对于易走失流浪乞讨人员，救助管理机构、属地民政部门、街道办事处、村（居）委会、社会工作者等需对其进行重点关注和重点帮扶。

### （二）压实4级工作责任，强化机制建设

"救助＋社工"项目通过建立救助管理源头治理工作机制，将源头治理工作纳入民政综合业务考核，压实各级救助管理机构和属地民政部门的工作职责，达到市、县有救助管理机构，乡镇（街道）、村（居）有救助联络员的4级救助网络体系。

### 1.市级救助管理机构

市救助管理站发挥中心站职能，编制全市救助管理网络手册，借助微信网络逐级搭建业务工作平台，指导、协调、协助县级救助管理机构开展救助工作。在具体工作中，护送滨州籍流浪乞讨人员返乡时，滨州市救助管理站还会给流出地县（区）开具一份救助管理转介函，提醒各县（区）落实相关帮扶政策，做好流浪乞讨人员返乡后的安置工作。

**2. 县级救助管理机构**

县级救助管理机构统筹做好县域内救助工作，包括流浪乞讨人员接收、护送、寻亲核实等。

**3. 乡镇（街道）救助联络员**

乡镇（街道）由民政办主任或工作人员担任救助联络员，做好辖区内流浪乞讨人员发现报告和协助救助等工作，有条件的乡镇（街道）成立救助点，为流浪乞讨人员提供临时性的救助服务。

**4. 村（居）救助联络员**

村（居）由两委成员担任救助联络员，对辖区进行常态化巡查，对有流浪经历或易流浪走失人员定期走访，保障流浪乞讨人员和易流浪走失人员能得到及时救助。

### （三）落实 4 项服务举措，确保救助成效

**1. 定期走访探视**

"救助＋社工"项目建立常态化走访探视工作机制，由专业社会工作者和救助联络员对辖区内返乡安置的流浪乞讨人员进行定期走访探视，重点关注其中易流浪走失人员，确保走访频次不少于每月一次。在走访探视过程中，及时掌握流浪乞讨人员动态和需求，及时调整帮扶方案。

**2. 强化监护人责任**

在监护方面，"救助＋社工"项目依据《中华人民共和国民法典》规定，对于有监护人的流浪乞讨人员，督促其监护人落实监护职责；对于无监护人的流浪乞讨人员，由属地民政部门承担监护人职责；对于监护人暂时无法履行监护职责的流浪乞讨人

员，则由属地民政部门为其提供必要的临时生活照料。

同时，"救助＋社工"项目还通过开展提升家庭监护能力服务，对流浪乞讨人员的监护人开展家庭教育能力提升，增强其法制观念和监护意识，纠正不良行为。为有需求的流浪乞讨人员提供防走失手环，协助其监护人实时监测位置，做好日常监护，避免重复流浪乞讨；为无监护人或监护人无监护能力的流浪乞讨人员对接免费医疗康复机构，为其获取免费康复救助，从根本上解决重复流浪乞讨问题。

### 3. 督促政策落实

社会工作者和救助联络员在走访探视过程中，一旦发现存在应享受但未享受政策或者政策落实不到位的情况，需及时协助属地民政部门落实政策。

### 4. 进行重点帮扶

在极端天气或突发灾害事故等紧急情况下，"救助＋社工"项目需督促属地民政部门及时为贫困或易流浪走失的重点人员提供必要生活保障，进行临时救助帮扶。同时，通过就业帮扶服务搭建就业咨询平台，链接相关爱心企业和职业技能培训机构，为返乡安置的流浪乞讨人员提供就业岗位和基本的职业技能培训；通过个案帮扶服务协助返乡安置的流浪乞讨人员转变就业观念，激发其自身就业意识和内在改变动力，帮助其走出家门，实现个人价值；通过心理咨询服务为返乡安置的流浪乞讨人员开展心理援助，为其增能赋权，帮助其重建自信，提高其自身调适能力和发展能力，逐步建立其与周边群体及家人的良好人际关系，协助其顺利回归家庭，同时更好地融入社会。

### 三、"244"源头治理工作模式经验启示

#### （一）完善源头治理工作相关工作制度

源头治理工作需在顶层设计上下功夫，完善流浪乞讨人员源头治理相关制度措施，为具体业务工作的开展压实责任，明确职责，督促流出地政府关注流浪乞讨人员返乡安置后的生活。如，滨州市民政局印发《关于建立健全流浪乞讨人员四级救助管理网络体系的实施意见》《关于强化流浪乞讨人员发现报告及回归稳固工作机制的通知》等文件，建立完善救助管理源头治理工作机制。

#### （二）理顺源头治理工作网络

源头治理工作需要市、县（区）、乡镇（街道）、村居各级部门的密切配合，调动各级救助资源，做好临时救助和社会救助的制度衔接，让返乡安置流浪乞讨人员能够及时受惠于社会救助网络。这需要重点做好两方面的工作，一是要建立源头治理的工作网络，明确各级的职责；二是建立工作网络的常态化运行机制，确保源头治理工作的长效运行。

#### （三）建立信息库进行分类帮扶

源头治理工作的核心是需要对返乡安置的流浪乞讨人员进行精准帮扶。首先，要明确精准帮扶对象的范围。对返乡安置的流浪乞讨人员建立信息库，实行动态管理，重点关注其中精神障碍患者、阿尔兹海默症患者、未成年人等。其次，要找准精准帮扶对象的需求。通过入户走访的方式，了解返乡安置流浪乞讨人员的实际困难和需求，按照需求进行分类，为开展帮扶工作打好基

础。在做好需求评估的基础上，各相关部门要对处于流浪边缘的困难群体和返乡安置的流浪乞讨人员提供及时、有效的帮扶、保护和支持，使他们不再流浪。对于需要重点关注的返乡安置流浪乞讨人员建议通过购买服务的方式开展专业的个案帮扶。

## （四）建立健全"百站千点万人"网格化源头治理体系

源头治理工作需要借助社会力量搭建网格化服务网络。与全市各乡镇（街道）社会工作服务站展开合作，设立返乡安置的流浪乞讨人员救助服务站；与全市各居民社区展开合作，设立返乡安置的流浪乞讨人员救助服务点；并且整合社会服务资源，广泛动员社会力量参与，构建以 500 米为一个网格单位的流浪乞讨人员发现上报机制。首先，建立"百站"。对属于本辖区的流浪乞讨人员，由社会工作服务站负责协调政策、社会资源，帮助其返乡安置，做好与相关救助部门的沟通衔接。其次，建立"千点"。由社区社会工作者开展辖区内流浪乞讨人员定期入户探访、跟踪服务工作，协助其满足个性化需求，对于存在高风险的反复流浪乞讨人员及时上报街道社会工作服务站和相关救助部门，开展联合服务。最后，组织"万人"。以 500 米为一个网格单位，招募就近的爱心商家，签约和建立工作微信群，对发现辖区范围内的流浪乞讨人员进行上报。

## （五）实现源头治理工作标准化

源头治理工作需要进行标准化运作以提高服务成效，实现服务模式标准化、项目管理标准化、救助服务团队管理标准化。对"244"源头治理工作模式中的入户走访、信息台账、帮扶服务等进行细化和具体化，列明其中的服务流程、服务内容、服务方式、服务记录等要求。对项目运营、项目管理、档案管理、人员管理等进行规范，制定相关管理制度和指引。对救助服务团队的培训、行为规范等进行统一，要求团队成员掌握专项救助活动操作流程、相关技能、相关知识等。

### （六）总结提炼优秀服务模式

"244"源头治理工作模式获评 2021 年山东省民政厅优秀创新案例，亮点做法、典型经验先后被《人民日报·民生周刊》《中国社会报》《大众日报》《鲁北晚报》《党支部书记》以及辽宁传媒集团、山东电视台齐鲁频道、滨州电视台等多家媒体报道。相关政府部门、救助管理机构、社会组织等多次到本项目参观交流。2020 年，"救助 + 社工"项目以滨州市救助管理站为原型拍摄了全国首部关注流浪乞讨人员源头治理工作的院线电影《归路》，并于 2022 年 6 月 19 日在全国上映。

## 四、典型个案

### 源头治理帮助返乡受助人员融入社会

小娟（化名），女，36 岁，山东滨州人。因早年外出务工时受人欺骗，精神受到刺激，成为流浪人员，后由救助管理站救助并护送其返回本地。

小娟目前与父亲共同生活，其父已经 80 多岁且脚部有残疾，另有一个已远嫁到江苏南通的姐姐，家庭收入主要依靠残疾补贴和低保补贴。返乡后的小娟一直精神状况不佳，出现了幻听等症状，经医院治疗后被确诊为未分化型精神分裂症，精神残疾三级，需要定期服药来稳定精神状况，每年都要到精神病院住两三个月，因为觉得村里的人会嘲笑自己，小娟平时基本不出门，可以做简单的家务，有就业意愿。

### 建立关系，了解问题及需求

社会工作者运用专注、同情、倾听等技巧与小娟建立专业关系，获得小娟的信任。社会工作者向村主任了解到，小娟平时基本不出门，每年还要到精神病院住两三个月，但起色不大，病情还是会反复。社会工作者到小娟家中与小娟及其父亲进行了交谈，了解了小娟的基本情况，再制定具体方案进行介入。经过初步接触，小娟对社会工作者建立了基本的信任。

社会工作者对小娟身边资源进行了初步评估：小娟的父亲在沟通上存在一些问题，但是其父亲会无条件站在女儿一边为女儿的利益考虑，可以对其进行情感上的支持。家中环境整洁表明小娟在精神状态稳定时有一定的劳动能力，且目前小娟通过药物调理精神状况比较稳定，对自身病情也很接纳，积极治疗，具备一些就业的可能性。目前小娟家庭为扶贫户，享受政策帮扶；父亲曾为村医，每月有一定生活补贴。

### 链接资源，疏通就业渠道

在前期评估中，了解到小娟有就业意愿，因此，社会工作者结合小娟的现状，为其链接到专门为残疾人提供就业的机构。并带领小娟及其父亲实地了解是否能够就业。然而，在进入如康家园时，小娟看到多人在同一个屋子，情绪突然激动起来，表示自己不想和很多人同处一屋，会感到恐惧和焦虑。

随后在看到工作人员为其展示的手工时，又表示太复杂学不会，随即跑出屋外，在看到屋子与楼梯间有铁栅栏拦堵时，抵触情绪一下子爆发，不安地问社会工作者为什么要用铁门把这里锁起来，社会工作者赶紧安抚小娟的情绪，告诉她这是为了不让这里的小朋友跑出去，不是想把她关在这里，在得到回答后，小娟的情绪明显稳定下来。鉴于小娟已经产生较大抵触情绪，不适合继续待在这里，出于对案主小娟的自决原则，社会工作者将小娟带离就业机构。

**解开心结，缓解亲子关系**

社会工作者针对上次出现的焦躁不安情绪与小娟进行了面对面的探讨，小娟表示因为父亲总是不顾她的意愿，将她送进精神病院治疗，她每天都被关在小屋子里，活动范围有限，因此在看到被锁起的铁门时，就会不自觉地害怕。她还提到自己其实并不想吃药，因为药片里含有激素，吃完会导致身体发胖。小娟内心是比较爱美的，不希望自己的身材走形，并表示自己对外出工作内心充满恐惧，但父亲坚持让她出去工作。当社会工作者问小娟这些话有没有和父亲提起过，小娟表示从来没有，今天实在是受不了才说出来。

当社会工作者问父亲听到女儿说的话是什么感受，父亲表示自己曾是一名村医，坚信生病就是要住院吃药，因此才会不顾女儿意愿，坚持把她送进医院治疗；而希望她出去找工作，是因为自己年龄大了，怕以后不能照顾女儿，想早点为她寻找一个能够谋生的手段。

经过双方沟通，小娟明白了父亲的良苦用心，父亲也知道了女儿心中的恐惧与不安。小娟表示以后要勇敢表达自己的想法，不会憋在心里；父亲也表示认识到女儿长大了，也有了自己的想法，以后在做决定之前，会先和女儿商量一下，两人达成一致意见以后再做这件事，而不是直接替女儿做决定。

**克服恐惧，鼓励走出家门**

在后续的探访中，小娟主动向社会工作者提起，父亲在那天之后和她说，不会再逼她出去找工作，有事的时候也会主动找她商量，而不是直接替她做决定。社会工作者询问小娟有没有外出工作的想法，小娟表示自己内心害怕接触人群，但也有想要通过找一份工作实现自己的价值。

社会工作者与小娟共同探讨阻碍她外出工作的另一个重要原因是由于她长时间不与外界接触，对外界的陌生环境产生了恐惧心理。社会工作者建议小娟可以适当外出走动，可在第一天尝试与人群接触 10 分钟，其间感觉不舒服可随时回家，第二天与人群接触 15 分钟，以此类推，每天多坚持 5 分钟，直到能够完全适应人群，小娟听后表示自己可以尝试，成功的话，考虑在下一年外出工作。

**跟踪回访，持续陪伴**

社会工作者通过定期电话回访的方式了解小娟生活中是否遇到困难，告诉小娟遇到困难可以打电话寻求帮助，小娟听后开心地向社会工作者道谢。2022 年年初，滨州市救助管理站链接了电视台对小娟的就业愿望进行了报道，为其回归社会提供支持。①

---

① 案例源自滨州市海燕社会工作服务中心 2022 年度滨州市救助管理站"救助＋社工"源头治理精准帮扶项目。

## 第四节　浙江金华："1131"流浪未成年人救助服务模式[①]

浙江省金华市处于浙中交通枢纽，随着经济社会的发展和人口流动的加速，金华市区的流浪乞讨人员数量明显增多，使得救助管理机构在具体工作和服务中，常出现人手不足、专业化不足、救助服务方式及内容相对单一等问题。特别是流浪未成年人数量的增多，使得救助管理机构面临更多的挑战，也凸显了流浪未成年人的传统救助模式难以适应现实需求。在国务院办公厅2011年印发的《国务院办公厅关于加强和改进流浪未成年人救助保护工作的意见》、民政部2012年印发的《民政部关于促进社会力量参与流浪乞讨人员救助服务的指导意见》、民政部与财政部2015年联合印发的《关于加快推进社会救助领域社会工作发展的意见》等文件精神的指导下，金华市救助管理站于2016年6月通过公开招投标的方式以政府购买服务的形式引入金华市悦欣社会工作发展服务中心（以下简称"悦欣社工"）[②]，在浙江省内首次以"站社合作"的模式开展流浪未成年人救助服务项目——

---

① 本节由金利荣、刘欣、俞娇凤、王彤撰写。金利荣，金华市救助管理站站长；刘欣，助理社会工作师，悦欣社工主任；俞娇凤，社会工作师，金华市社会工作者协会会长；王彤，助理社会工作师，美国哥伦比亚大学社会工作专业硕士，香港科技大学（广州）校长办公室职员。

② 金华市悦欣社会工作发展服务中心成立于2014年11月，是一家致力于通过本土实践与研究，探索社会工作方法在青少年、家庭、优抚、社区发展及社会边缘人群等领域应用的5A级社会组织，已成为金华本土化、专业化、职业化的社会工作服务品牌。

"三毛回家记"。

　　"三毛回家记"项目通过心理咨询、安全教育、生命教育、个案辅导、跟踪回访等直接服务帮助流浪未成年人返回家庭和返回校园，通过资源链接、服务转介等间接服务帮助流浪未成年人获取社会支持，从而达到保障流浪未成年人健康安全和健康成长的目的。截至 2022 年 12 月，"三毛回家记"项目已帮助 70 多名流浪未成年人回归家庭，回归率达 100%；其中 32.6% 的流浪未成年人同时回归校园就读，未发现在金华市二次流浪的情况。

## 一、"1131"流浪未成年人救助服务模式

　　发展型救助是由政府主导、社会工作专业力量参与、以人的发展为中心的预防性救助模式，生存和发展都是其保障内容。[①]"三毛回家记"项目是浙江省首个社会力量参与流浪未成年人救助服务的项目，也是以发展型救助为理念之一的社会工作服务项目。救助管理机构与社会力量分工合作，救助管理机构专注于解决流浪未成年人的生理需求，安排吃、穿、住、行；而社会力量则陪伴他们度过在救助管理机构内接受救助服务的时间，在陪伴的过程中，社会力量向他们提供心理咨询、安全教育、生命教育、家庭关系辅导等方面的服务，并在其返回家庭之后，继续进行跟踪回访。在这种"站社合作"模式下，流浪未成年人既能得到及时的救助，也能得到成长教育和未来发展支持，消除流浪生

---

① 王黎芳：《以发展型救助促进困境儿童发展》，中国社会科学网，http://www.cssn.cn/skgz/bwyc/202301/t20230131_5584897.shtml，2023 年 1 月 31 日。

活可能给其带来的心理阴影，纠正一些认知偏差和行为偏差，学会珍惜、感恩和继续成长。[①]

在"三毛回家记"项目的具体服务中，流浪未成年人在被救助管理机构救助后，社会工作者必须在 24 小时内进行介入；在被救助管理机构送回监护人身边后，社会工作者还需继续进行定期跟踪回访，以确保其顺利地回归家庭、回归校园，并得到成长教育和未来发展支持。通过"三毛回家记"项目的实施，将传统"食宿＋通讯＋车票"的简单救助服务提升为"生存救助＋心理咨询＋成长教育＋发展支持"的深层次救助服务。在此基础上，"三毛回家记"项目坚持多元协同的原则，积极与各政府部门、救助机构、教育机构、其他社会力量等合作，为流浪未成年人获得更多的社会支持，也为其未来发展保驾护航，创新探索出"1131"流浪未成年人救助服务模式：即 1 个主导，政府主导；1 项联动，部门联动；3 级服务，社会参与、专业介入和跟踪回访；1 份合力，合力救助。

## 二、"1131"流浪未成年人救助服务模式实践

### （一）政府主导：积极完善硬件设施，提供儿童化空间

国务院办公厅、民政部门、财政部门等制定并印发了相关政策和意见，要求积极发展完善流浪未成年人救助服务并引导社会力量参与。金华市救助管理站为积极完善流浪未成年人救助服

---

① 薛文春：《金华市救助管理站在全省率先实现政府购买未成年人服务项目》，《钱江晚报》，2016 年 6 月 30 日。

务，配备了相关的图书室、影音室、运动室等服务设施，配备了适合6—18岁年龄阶段的阅读刊物、游戏道具等服务道具，同时为流浪未成年人提供食物、衣物、住所等生活保障，使流浪未成年人在被救助后可以处于温馨和谐的生活与学习空间中，为进一步个案帮扶、成长教育等创造便捷条件，也为社会力量的参与提供服务空间。同时，金华市救助管理站以政府购买服务的方式引入悦欣社工开展"三毛回家记"项目，指导和监督项目服务开展。

## （二）部门联动：建立联合救助机制，救助网络全覆盖

流浪未成年人救助服务涉及多个部门，既需要来自公安、民政、妇联、教育等多个政府部门的主动救助，也需要来自社会组织、热心民众等社会力量的积极联动，建立联合救助机制，为流浪未成年人返回家庭返回校园提供强有力的保障。

金华市救助管理站先后与市妇联、浙师大、金华第二医院、相关街道（社区）等多家单位建立联合救助机制，同时与金华市公安局、金华市综合行政执法局、金华市卫生局、金华市8890便民服务中心等部门建立横向联合救助机制。目前，金华市救助管理站已与7个县（市）救助管理站、乡镇（街道）、社区建立了救助服务网络（QQ群、微信群），实现了城区基层社区救助网络全覆盖，从而做到及时发现、救助流浪未成年人。

疫情防控期间，因家属无法立刻前来接回或工作人员无法尽快送回等原因，流浪未成年人在救助管理站内接受救助的时间不得不延长，导致受助的流浪未成年人出现焦虑、不耐烦等情绪，同时，其在救助管理站内接受救助期间的生活和学习也需要安排和辅导。悦欣社工联合志愿者每天通过线上和线下相结合的方

式，与这部分流浪未成年人沟通、游戏、运动，陪伴其渡过这段时间并指引其做好自我管理，为他们最终回归家庭和回归校园打下基础。

### （三）社会参与：积极开展专业辅导，定制个性化服务

中共中央办公厅、国务院办公厅发布的《关于改革完善社会救助制度的意见》提出，鼓励社会工作服务机构和社会工作者为救助对象提供心理疏导、资源链接、能力提升、社会融入等服务。[①]"三毛回家记"项目组织安排社会工作者、心理咨询师、"智慧妈妈"志愿者等，为流浪未成年人提供一对一、多对一的关爱与陪伴服务，以"儿童化""差异化""精准化""亲情化"等方式与流浪未成年人结成好朋友，与其一起制定生活目标和行动计划，督促其执行行动计划，并检查行动计划的执行情况。在此过程中，还提供包含爱国主义教育、青少年性教育、安全教育、亲子关系教育、行为矫治等服务。

### （四）专业介入：服务流程标准化，保障服务质量

经过实践探索，"三毛回家记"项目总结出了标准化的五步服务流程：第一，接案。与流浪未成年人建立信任关系，收集信息。第二，评估。诊断流浪未成年人的现状成因及评估其需求。第三，制订个性化援助计划。明确服务目标，整合社会资源。第四，社会工作介入。帮助流浪未成年人回归家庭回归校园。第五，跟踪回访和评估总结。五步服务流程分别对应各项服务内

---

① 中共中央办公厅，国务院办公厅：《关于改革完善社会救助制度的意见》，中华人民共和国中央人民政府网，http://www.gov.cn/zhengce/2020-08/25/content_5537371.htm，2020年8月25日。

容，通过标准化管理，保障每一位接受救助的流浪未成年人都能接受最适合的服务。

流浪未成年人的原生家庭大多存在贫困、家庭破裂、家庭关系紧张等问题，这使得其认知和情感方面的发展难以得到关注，容易在性格上出现敌对、冷漠的特点。在进行专业介入时，怎么去破解其敌对、冷漠的不合作难题，怎么去识别其谎言，成了社会工作者首要面对的问题。就如工作人员总结的"谎言是他们的保护色，这些孩子自我保护意识很强，说谎是为了保护自己，博取他人同情"，社会工作者首先需要理解接纳他们并获取他们的信任，通过游戏、倾听、表达心愿等形式逐步打开他们的心锁。

另外，由于流浪未成年人的流浪成因复杂多样，导致其所面临的困境也复杂多样。流浪未成年人既可能面临基本的生存困境，还可能面临户籍不明、学籍不明的社会困境，又可能面临心理障碍、家庭矛盾等心理困境。在为流浪未成年人提供基本的食宿、衣物、医疗等生存型救助服务的同时，需要了解其学习、成长、家庭、社交等方面的需求，从发展型救助的角度协助其做好未来规划，实现"助人自助"。

### （五）跟踪回访：积极强化跟踪管理，做好长效关怀

为了防止返回家庭和校园后的流浪未成年人再次外出流浪，并切实维护其合法权益，"三毛回家记"项目通过电话、信件、QQ、微信、实地走访等方式对其进行定期和不定期的跟踪回访，及时掌握其生活现状、学习情况、家庭情况、心理状况等，评估其再次外出流浪的风险级别，及时进行介入或者转介。同时，"三毛回家记"项目还发出百余封《给家长的一封信》，建立起与

流浪未成年人家属的联结，并得到了家属以微信、短信等形式的积极回应。在流浪未成年人返回家庭和校园的前三个月，社会工作者会定期回访和向家属发送《给家长的一封信》；若回访了解到其情况稳定和再次外出流浪的风险较低，后续将不再进行回访或者改为不定期回访；若回访了解到其有其他需求或再次外出流浪的风险较高，则需保持定期回访和转介其他资源。

### （六）合力救助：舆论引导，保障流浪未成年人合法权益

"三毛回家记"项目在服务开展过程中发现了很多关于流浪未成年人的共性问题，为了更好地解决这些共性问题，项目通过报刊、网络等媒体开展舆论引导，引导家属和未成年人更加关注亲子之间的沟通联系，引导社会关注流浪未成年人的救助保护，促进更广泛的社会力量参与流浪未成年人救助服务。例如，在多个流浪未成年人的救助服务案例中，社会工作者发现这些流浪未成年人均不记得家里的电话号码，其在走失后无法联系上亲属，在不懂得求助的情况下，只能在街头流浪露宿。因此社会工作者通过媒体发出了题为"孩子，你知道家里的电话号码吗"的呼吁，希望引起家长们的重视，指引其教育子女记住家里的电话号码，这样可以帮助流浪或走丢的未成年人尽快回归家庭。

## 三、"1131"流浪未成年人救助服务模式经验启示

### （一）侧重于发展型救助服务

发展型救助服务能够更好地兼顾未成年人学习、成长的需求，特别是在其思想意识与心理行为不稳定的情况下，能够通过社会工作者陪伴的作用引导其关注学习、关怀他人、学会与人相

处等。因而，流浪未成年人救助服务项目在设计相关服务内容时，除了应急服务内容，还应当关注对其学习、成长和未来发展有积极作用的其他服务内容，例如，认知行为矫正、社会通识教育、心理健康教育等发展型救助服务内容。

## （二）将救助服务延伸至救助管理机构外

一般而言，多数救助管理机构的救助服务仅限于在本机构环境内部开展，较少会将服务延伸至在机构外开展。而救助管理机构作为临时性救助服务提供方，流浪未成年人在被救助后，在救助管理机构内停留的时间较短，多数发展型的救助服务尚未开展或者尚未全部开展就不得不结束。为了能够更好地解决流浪未成年人的问题，流浪未成年人救助服务项目在进行项目设计时需考虑如何保持救助服务的延续性，如何利用资源将救助管理机构内外的服务串联起来。

## （三）注重多元化协同

未成年人的学习、成长涉及学校、家庭、社区等环境，而流浪未成年人则脱离了原本的环境并进入更为复杂的社会环境。不管是在学校、家庭、社区等相对简单的环境中，还是在更为复杂的社会环境中，流浪未成年人的救助服务都离不开其所处社会环境的各方力量。流浪未成年人回归家庭、回归校园前，主要与公安、属地管理部门、救助管理机构、社会组织等相关联；回归家庭和校园后，主要与学校、社区组织等相关联。因而，流浪未成年人救助服务项目必须注意联合多方力量共同介入，形成多元化协同机制，才能全面有效地帮助流浪未成年人最终回归到正常的家庭和校园生活中。

## 四、典型个案

### 迷途少年回归路

小健（化名），男，13 岁，是高铁站民警转介到救助站的流浪儿童。初见小健时，工作人员发现他比同龄的孩子矮小一些，有些内向腼腆，在面对工作人员问话时总是低着头，甚至蹲到地上不答话。

社会工作者初次见到小健时，发现他的精神状态和卫生状况均较差。通过与小健的谈话，社会工作者了解到，他辍学在家，没有任何娱乐消遣，也没有经济来源，无聊、烦闷的情绪无处发泄。主要表现在两个方面，一是他没有手机或手表，外出后不能准确获取时间，故不能定时回家吃饭、洗澡、睡觉，也不能与父母保持联系；二是他在外面找到了探索的快感，打架斗殴、进派出所、离家出走乃是家常便饭，有关部门多次劝告教育也未能纠正其行为。

#### 打破僵局，建立信任关系

面对小健的沉默，社会工作者蹲在他身边和他一起看了自家小孩的搞怪照片和视频，成功地把他逗乐，随后和他玩起了橡皮泥。很快，小健就适应了，他的调皮本性也就显露了出来。这是一个"动手能力"极强的孩子，看到办公室的相机和电脑总是要碰一下，空调也被开开关关多次，一天下来，救助站房间内的各种插座、电线分别被拆解了一次。对于小健这超强的好奇心和动手能力，社会工作者很无奈，却也因此拉近了和他的距离。在一起拆解物品的游戏中，社会工作者基本把小健的家庭情况打听清楚了，并且成功从他口中拿到其父母的联系方式。

### 家庭辅导，增强家庭的关怀和支持

因为小健的父母就在金华市本地务工，所以他的母亲在他进站的当天下午就将他接走了。通过小健的母亲，我们了解到更多详细的信息，也了解到小健原来在老家江西读书，后因打架辍学才来到金华与父母同住。小健曾多次离家出走，这次已经离家将近一个星期，而打架斗殴、进出派出所、离家出走早已是家常便饭，身上伤疤都是打架时留下的。但当听说要跟母亲回家时，小健情绪激动，极度抗拒回家。为了确保小健能够跟随母亲回家和以后不再流浪露宿，社会工作者决定陪同小健回家进行家访，并与其约定下次见面的时间。

有社会工作者的陪同，小健跟着母亲回家了，虽然不高兴但也不再抗拒。社会工作者在家访过程中了解了小健的成长史、家庭情况和未来打算，也向其母亲反馈了与小健的接触情况。建议小健母亲多考虑青春期阶段的问题，父母需要给予小健更多的关心、关爱和家庭归属感，也需要满足其朋辈陪伴的需求，建议与小健商议就近入学。

### 陪伴成长，增强小健的心理支持

在小健回家后，社会工作者保持定期回访，多次与小健聊天，排解小健无人倾诉的烦恼。社会工作者与案主回顾成长史时发现：小健与父母聚少离多，父母在外地打工时顾不上小健的教育与关怀。父母只会关心小健的起居饮食，不善于表达情感，对教育不重视，使小健养成了较多不良的生活习惯，如不注意个人卫生、吃饭不定时。社会工作者鼓励小健主动与亲人报备行踪，表达情感，渐渐拉进了案主与家属的关系，案主回家的频率有所增加。

在一次谈话中，小健表达了"我最讨厌家里的生活了"，对生活极度沮丧和迷茫。社会工作者运用同理心及时回应案主的情绪，使案主愿意和社会工作者分享日常，表达情感。母亲为小健配备了手机后，小健经常向母亲报告行踪，晚上按时回家，不再露宿街头；也与社会工作者保持交流，会将日常的见闻、心情变化分享给社会工作者。[①]

## 第五节　抖音寻人：搭建国内最大的公益寻人寻亲网络[②]

抖音寻人是抖音集团旗下的公益项目，原名头条寻人，启动于 2016 年 2 月。其核心原理是基于地理位置精准弹窗技术做寻人寻亲资讯分发，用科技手段帮助各类失散家庭寻找走失者或帮助走失者寻找亲属。之后抖音寻人陆续发起了"两岸寻亲""寻找烈士后人""寻找战友""华人寻根""dou 来寻人""同伴计划"等多元化子项目，扩大抖音寻人的覆盖范围并将服务专门化、专业化和多元化。截至 2023 年 7 月 31 日，抖音寻人已升级为国内

---

① 案例源自金华市悦欣社会工作发展服务中心 2019 年度金华市救助管理站流浪未成年人救助服务项目。

② 本节由叶亮、张益美、袁娟娟撰写。叶亮，抖音寻人项目总监；张益美，抖音寻人项目经理；袁娟娟，社会工作师，广州市鼎和社会工作服务中心服务总监。

最大的公益寻人平台，共发布了 183 285 条寻人启事，成功寻人寻亲 21 444 人（其中，联合全国各级民政部门和救助管理机构成功寻人寻亲 15 256 人，占项目总成功寻人寻亲人数的 71%）。

在参与流浪乞讨人员救助服务方面，抖音寻人于 2016 年 7 月 4 日与民政部社会事务司正式签署合作协议，开展"互联网＋救助寻亲"合作；在此基础上，双方于 2021 年 6 月 18 日再次协议联合其他社会力量开展深度合作，共同打造全国性救助管理寻亲合作平台。随着与政府救助管理机构、其他社会力量的深入合作，抖音寻人形成"平台助力、科技赋能、多元协同"的服务模式，用平台和技术赋能公益，呈现出高效率、大规模、可持续的特征，提升公益效率，降低公益成本。

## 一、平台助力，搭建国内最大的公益寻人寻亲网络

### （一）借助平台优势为寻人寻亲提供支持

抖音寻人借助抖音集团作为科技网络企业的专业技术以及自身的用户量，再结合各地的志愿者，在全国范围内打造了一个扁平化、精准化的寻人寻亲网络。抖音、今日头条具有庞大的用户量，并且这些用户分散在全国各个城市和乡村，为寻人寻亲提供了庞大的"信息提供者""见证者"基础，也为成功寻人寻亲提供了最有力的保障。同时，抖音、今日头条具有能快速锁定位置和目标人群的技术，为寻人寻亲提供了有效的技术保障。另外，抖音寻人作为一个平民化的平台，任何寻人寻亲信息经过平台核实后都能快速发布和反馈，大大提高了寻人寻亲效率，且更贴近民众生活。

## （二）联合各参与力量搭建寻人寻亲网络

抖音寻人的基本流程是，政府救助管理机构、社会组织、志愿者、亲属等通过抖音、今日头条发布寻人寻亲短视频、微头条，抖音、今日头条再按照地理定位将寻人寻亲信息通过手机弹窗和应用内优先推荐的方式推送给附近的人，附近的人在看到信息后将确认的信息反馈给后台，而这些发布信息的政府救助管理机构和社会力量也能快速获得反馈信息，在进一步核实后就能完成寻人寻亲。一方面，这种几乎人人都可以参与的寻人寻亲流程，在方便社会力量参与之余，也将更多的社会力量吸纳进公益寻人寻亲网络中，不断搭建一个全国范围的公益寻人寻亲网络。另一方面，抖音寻人已经形成了一个完善的寻人寻亲链条，信息的提交和反馈都能得到快速回应，这种快速反应的寻人寻亲链条遍布全国，形成了一个庞大而又细密的寻人寻亲网络。

## （三）坚持开放创新扩大寻人寻亲影响

从 2021 年 12 月开始，抖音寻人和抖音寻人志愿者也开始尝试寻人寻亲直播，帮助需要寻人寻亲的民众及救助管理机构内"疑难杂症"的受助者通过直播的形式扩散寻亲信息，获取更大的关注度，从而将寻人寻亲信息推送到更多的受众手中，以获取有用信息。从图文寻人寻亲到短视频寻人寻亲，再到直播寻人寻亲，抖音寻人让寻人寻亲方式更加多元，也开辟了新的寻人寻亲通道。截至 2023 年 7 月，抖音寻人官方账号与全国 12 家救助管理站开展了 15 场寻人寻亲直播，成功帮助 5 人找到家；发起认亲团圆等直播 33 场，总共有超过 700 万人次在线观看，联袂四川观察、极目新闻等几十家媒体报道。

直播寻人寻亲不仅让寻人寻亲信息打破时间限制，得到更广泛传播，而且带动更多人伸出援助之手，使寻人寻亲者和被寻者没有任何地域距离地直接对话，让寻人寻亲不再那么困难。众多寻人寻亲者、志愿者在直播间接力，为公安部门、民政部门提供线索，助力开展寻人寻亲以及打击儿童拐卖等工作。在互联网公益平台的帮助下，寻亲者不再是单打独斗、孤身作战，他们的背后是科技力量的支撑，是数以万计网友伸出的温暖之手。[①] 这种创新又结合时尚潮流的直播寻人寻亲方式，不仅能获得更大的关注度，还进一步扩大了公益寻人寻亲网络。

## 二、科技赋能，实现让所有人帮助所有人的共创公益

### （一）"科技 + 善意"让所有人帮助所有人

抖音寻人相关负责人提出，科技可以传递善意、汇聚善意、激发善意，让所有人帮助所有人。而抖音寻人正是利用地理位置推送技术将寻人寻亲信息准确推送给周围人群，这种精准定位的科学技术与抖音平台大规模的用户基础相结合的方式，极大地发挥了科技的作用，并传递、汇聚着每一个普通用户的善意，实现更大规模的公益覆盖。

至于抖音寻人为什么能寻回人，抖音寻人相关负责人给出的答案是"科技 + 善意"：科技，是抖音寻人能够成功的助推器；而善意，是抖音寻人能够寻回人的底色。"抖音寻人降低了普通

---

① 李春炜：《走失半年后，保定男子靠这场"直播寻亲"找到家》，《燕赵都市报》纵览新闻，2022 年 4 月 28 日。

人做好事的成本，留点心，打个电话，就能让一个家庭团圆。"①抖音寻人相关负责人表示："从项目启动，就有很多好心人给我们提供线索。他们是环卫工人、保安、出租车司机等各行各业的普通人，却连接着寻找走失者的关键环节。现在想来，有些小细节确实动人——好几个出租车司机师傅帮忙寻人成功的案例里，师傅们都有一个习惯，就是收到寻人推送时，把走失者的照片截屏保存下来。"②这种科技赋能极大地激发了每一个普通用户的善意，促使让所有人帮助所有人的共创公益得以实现。

为了更大范围地利用地理位置推送技术，也为了更加高效率、大规模、可持续地帮助走失人群回家，2019年7月，抖音寻人联合23家移动平台共同发起抖音寻人"亲情守护计划"。加入计划的成员将陆续接入抖音寻人技术接口，借由各自的地理位置推送技术，帮助更多走失者更快回家。③

### （二）善用优势推动共创公益

抖音寻人总结了自身的7大优势：一是头抖结合。除了可以通过今日头条推送寻人寻亲信息外，不到10秒钟还可自动生成一条抖音视频。双端齐推，使寻人寻亲成功率更大。二是精准定

① 皮磊：《5年帮15 000人回家，头条寻人公益项目下一步将如何转身？》，《公益时报》，https://mp.weixin.qq.com/s?src=11&timestamp=1681352720&ver=4465&signature=AGWz3djzp4QG-aeM1kMiELgZO5zvkCvxXSJBO-iPsWsBxCKZket9qBkQaG5k8w*LZLTr-f-f8PC43oKqT6nDPA5jTRF3Yvox3j2eSL3urDLHqH6S6P-TThTsxm-EwbD4&new=1，2021年2月26日。

② 木野飞：《"头条寻人"万人归：为科技赋予温度，让善意无处不在》，光明网，https://guancha.gmw.cn/2019-07/25/content_33028166.htm，2019年7月25日。

③ 《头条寻人助万余家庭团圆联合23家移动平台发起"亲情守护计划"》，央广网，https://baijiahao.baidu.com/s?id=1639951197607689033&wfr=spider&for=pc，2019年7月24日。

位。利用精准地图推送技术，在走失者失踪地点周边直接推送寻人寻亲启事，并将寻人寻亲启事展示给失踪地点所在城市的今日头条及抖音用户。三是便捷求助。在今日头条或抖音上搜索"寻人"，点击下方的"寻人点这"进入页面，按照提示可在1分钟内提交寻人寻亲信息。四是快速推送。寻人寻亲信息发布流程只有3个环节：接到求助、核实信息、头条及抖音推送，一般耗时在20分钟内。五是线索追踪。抖音寻人可随时更新信息内容，若有详实的最新线索，可以将寻人寻亲启事追加推送给走失者最新出现地，直到走失者被成功找到。六是多维寻找。除了抖音寻人官号推荐信息，抖音寻人创作者也会一起扩散信息帮助寻找；抖音寻人志愿者还会线上及线下结合促团圆。七是信息保护。成功找到走失者后，抖音寻人会及时将消息告知关心此事的好心人，同时，会将当事人隐私信息撤下。

抖音寻人的7大优势涵盖了寻人寻亲的整个服务链条，使得整个服务链条更加完善和便于社会力量参与，甚至是吸引社会力量积极主动参与其中。具备这些优势的抖音寻人可以短时间内迅速凝聚起社会力量，激发其进一步参与寻人寻亲的善意，在人们"触屏"互动的那一刻，高效、便捷地实现了信息交汇，同时也达成了让所有人帮助所有人的共创公益。

## 三、多元协同，利于政府机构与社会力量共同参与

### （一）与全国救助管理机构协议寻亲

2016年7月4日，抖音寻人与民政部社会事务司正式签署合作协议，开展"互联网＋救助寻亲"合作。2016年11月，抖

音寻人接入"公安部儿童失踪信息紧急发布平台"（团圆系统）。2021年6月18日，抖音寻人与民政部社会事务司续签合作协议，双方将联合其他社会力量开展深度合作，共同打造全国性救助管理寻亲合作平台。全国各救助管理机构在救助疑似走失、被拐、被骗人员时，可以借助今日头条客户端、抖音客户端的海量用户和精准定位技术，选择在受助者的走失地、口音地、疑似户籍地等特定区域向用户推送寻亲信息，在最短的时间、最精准的范围内帮助受助人员与家人团聚。

### （二）与社会力量相伴同行

为鼓励更多志愿者和公益机构参与寻人寻亲服务，2023年2月抖音寻人升级了"同伴计划"。"同伴计划"包括4个方面：一是免费提供内容运营培训，服务于志愿者和公益机构；二是流量扶持，扩大寻人视频精准曝光；三是荣誉认证，提供优秀合作伙伴、团圆助力官等认证；四是资金倾斜，支持公益机构寻人和救助工作。[①]"同伴计划"某种程度上也是在为社会力量赋能，提高社会力量的参与程度和参与能力。截至2023年7月，同伴计划已签约10家公益组织，发布寻人寻亲内容7 854篇，成功帮助151人回家。

### （三）成立抖音寻人志愿者联盟

2017年2月，抖音寻人志愿者联盟成立，旨在发动更广泛的民众参与寻人寻亲服务。抖音寻人志愿者联盟除了直接参与寻

---

① 《抖音寻人7年帮2万个家庭团圆，2.6万名志愿者助力完成》，光明网，https://baijiahao.baidu.com/s?id=17579172644642247437&wfr=spider&for=pc，2023年2月16日。

人寻亲服务，还为参与寻人寻亲服务的志愿者提供支持，促进来自不同地区不同行业的志愿者之间的互动，凝聚志愿者力量，发挥志愿者合力。截至 2023 年 2 月，抖音寻人志愿者总计约 2.6 万名，来自各行各业，分布在全国 31 个省区市，年纪最小的 16 岁，最大的 76 岁，不仅有外卖小哥、烧烤店老板、民警、救助管理站工作人员等，还有成功寻亲后转型志愿者的当事人。[①] 成立抖音寻人志愿者联盟能够更好地将来自全国各地和各个行业的志愿者资源联结起来，共同参与寻人寻亲服务。

## 四、典型个案

### 天津女子流浪走失 12 年，抖音直播寻亲助力团圆

2023 年 3 月 17 日中午 12∶30，在山东省滨州市救助管理站正在进行一场"e 心 e 意　共助团圆"的直播寻亲活动，本次活动由抖音寻人联合齐鲁频道和滨州市救助管理站共同开展，抖音寻人通过精准地域推送的方式，帮助 4 名在滨州流浪的受助人员寻找家人。

这些受助人员由于患有精神疾病或者智力残疾，说不清自己的姓名和家庭地址。被救助后通过快速身份查询和全国救助管理信息系统信息比对，都没能获取到有效的身份信息。

直播中，一位短发、面部清瘦的老年女性受助人员引起了网友们的关注。救助站工作人员介绍，这位受助人员是 2023 年 2

---

[①]《抖音寻人 7 年帮 2 万个家庭团圆，2.6 万名志愿者助力完成》，光明网，https://baijiahao.baidu.com/s?id=17579172644642447437&wfr=spider&for=pc，2023 年 2 月 16 日。

月 12 日在山东省滨州市无棣水湾镇南候村流浪时，被热心群众发现后联系当地民政所，经民政所的工作人员询问后发现，该女子说不清楚自己的身份信息，疑似患有精神障碍，后被无棣县救助管理站救助。

刚到救助站时，女子的精神状态比较差，于是无棣县救助管理站将其送往医院进行救治，经过一段时间治疗，女子的精神状况有了明显恢复，偶尔能回答一些工作人员的问题，但是依然无法说出自己的身份信息，不过根据口音判断她应该是河北、天津一带人。

听到救助站工作人员介绍这名受助人员很可能是河北、天津一带人，直播间许多河北、天津的网友纷纷参与进来，一起听口音、找线索。随着受助人员讲话变多，许多天津的网友表示，听老太太的口音，她很可能是天津人。

根据网友提供的这一重要线索，滨州市救助管理站的工作人员迅速联系了天津市救助管理站，同时联系了公安部门进行人脸比对。

经比对，这位女子是天津市津南区人，名叫孙某萍（化名），后来滨州市救助管理站的工作人员又辗转联系到了孙某萍的妹妹孙某兰（化名），经过照片及视频进一步辨认，确定这位老太就是她走失 12 年的姐姐孙某萍，家里还有丈夫和儿子在等她回家。

孙某兰说："太感谢救助站了，姐姐患有精神障碍，之前也走丢过多次，但是都是在家附近找到的，没想到 12 年前她趁家里人外出干活时跑了出去，就再也没有回来。12 年间，我们把附近能找的地方都找遍了，始终都没有找到，没想到被救助站给救了。"

这是 2023 年滨州市救助管理站联合抖音寻人进行的首场直播寻亲活动，并且在直播中快速获取了有效线索，成功帮助两位受助人员确认了身份。

近年来，随着互联网和自媒体平台的发展，滨州市救助管理站秉承社会化寻亲的工作理念，汇聚社会各界力量，探索多种寻亲方式，帮助流浪乞讨人员寻亲找家。直播寻亲就是借助抖音寻人庞大用户、实时交互反馈的优势，通过走失地精准地域弹窗等技术手段为无法确认身份的流浪人员寻找亲人，极大地提高了救助管理工作的精准性和成功率。2022 年，滨州市救助管理站获得"抖音寻人优秀合作伙伴"，未来，滨州市救助管理站将持续探索更多寻亲方式，帮助更多的流浪人员与家人团圆。[①]

## 第六节　缘梦基金会："资源＋创新"打造多元服务平台[②]

北京缘梦公益基金会（以下简称"缘梦基金会"）缘起于中央电视台综合频道公益寻人栏目《等着我》，于 2018 年在北京市民政局注册成立，后经民政部门评估认证为 5A 级基金会并获得公开募捐资格。缘梦基金得到了共青团中央、公安部、民政部、

---

① 案例源自抖音寻人微信公众号，2023 年 4 月 2 日。
② 本节由黄静茹、王静、王连权撰写。黄静茹，北京缘梦公益基金会副秘书长、缘梦寻人工作站负责人；王静，东北师范大学社会学硕士，广州市团校（广州志愿者学院）讲师，社会工作师；王连权，社会工作师，广州市鼎和社会工作服务中心总干事。

教育部、退役军人事务部及国家机关工委等政府机构的支持与肯定，在中国社会福利基金会、中华社会救助基金会、无锡灵山慈善基金会、腾讯公益、支付宝公益、新浪微公益、美团公益、轻松公益、水滴公益等基金会和公益平台的帮助下，践行了基金会的公益使命和社会责任。

缘梦基金会下设"帮被拐孩子回家""帮流浪父母寻亲回家""让英烈魂归故里"等公益项目，建立了官方网站、寻人热线、寻人微信、微博、电子邮箱、寻人信箱、H5 小程序、短视频等多渠道、全维度寻人网络平台，携手公安部、民政部、退役军人事务部等部委以及央视《等着我》栏目组帮助离散家庭实现团圆梦。截至 2023 年 6 月，缘梦基金会共收到全国 70 余万条寻亲信息，服务寻亲近 25 万人次，接听求助热线、整理寻人信息 20 余万条，制作发布寻亲、认亲短视频 1 000 余条，开展 44 场直播认亲会，帮助 4 万多个家庭实现团圆梦，募集善款超过 5 000 万元，资助寻亲家庭进行疾病治疗、儿童助学和困难救助等超 900 万元。①

## 一、缘梦：缘起于公益寻人

### （一）媒体关注引起的寻人效应

2014 年，中央电视台综合频道的公益寻人栏目《等着我》，作为全国首档大型公益寻人节目，一经播出就引起了广泛的社会关注。得益于中央电视台的媒体资源，缘梦基金会也自然获得了

---

① 《关于我们（基金会介绍）》，北京缘梦公益基金会网，http://www.yuanmengjijin.com/jjhjs，2023 年 7 月 25 日。

较为广泛的社会关注，在资源筹措、服务开展等方面获得了较大的进展和便利。首先，是 2015 年与中国社会福利基金会联合成立缘梦基金（专项基金），一方面对困难寻亲者进行资助，另一方面对来自社会的大量寻人需求进行回应；其次，是 2018 年正式注册成立基金会，并获得公开募捐资格，为寻人服务、困难资助、预防服务等提供支持；再次，是与公安系统各寻亲办公室、中央电视台《等着我》栏目组、民政系统各救助管理站、其他寻人组织等多元协同，提升寻人效果；最后，是联合公安部、中央电视台《等着我》栏目组、各省公安机关、公益组织、多家媒体及爱心企业等进行宣传倡导，获得更大的社会关注并进一步提升寻人效果。

同时，得益于新媒体的兴起和创新，缘梦基金会及时创新寻人信息收集和发布方式，除了以往的官方网站、寻人热线、电子邮箱、寻人信箱等较为传统的方式之外，还积极运作微信、微博、抖音等新媒体平台账号，有效扩大自身的影响力，并由此获得更多的资源、更多的曝光和更多的寻人信息。

## （二）基金会资源保障公益寻人发展

公益寻人平台常面临的一个困境：就是如何解决资金来源问题。缘梦基金会得益于中国社会福利基金会、中华社会救助基金会、无锡灵山慈善基金会、腾讯公益、支付宝公益、新浪微公益、美团公益、轻松公益、水滴公益等基金会和公益平台的支持，能够及时成立联募基金，后续进一步注册成立独立的基金会，及时有效解决资金来源问题。同时，缘梦基金会得益于媒体资源的广泛传播，在筹款宣传上获得更高的曝光度，每年的筹款金额能够保持在一个较高的额度，为具体的寻人服务、资助服务、教育服务等提供了有力保障。

### （三）政府号召完善公益寻人网络

缘起于媒体公益的缘梦基金会，在宣传、号召等方面具有一定的影响力，也切实得到了共青团中央、公安部、民政部、教育部、退役军人事务部及国家机关工委等政府机构的支持与肯定。在缘梦基金会的统筹牵线下，全国各地公安部门的寻亲工作室、各地救助管理站、各公益寻人项目等纷纷加入公益寻人平台，利用公安系统的信息资源帮助滞留在救助管理站和街头的流浪乞讨人员通过人脸识别、信息比对等方式进行寻亲。经常参与公益寻人平台服务的公安系统寻亲工作室分布全国各地，如位于安徽省滁州市的马义民寻亲工作室、位于浙江省杭州市的永辉寻亲工作室、位于福建省漳州市的施晓健寻亲工作室等，这些寻亲工作室在公益寻人平台上接收到救助管理站、公益寻人项目等发布的寻亲信息后，将信息与公安系统内的户籍信息进行比对，并将比对成功的信息反馈给救助管理站、公益寻人项目等，帮助他们更快更精准地找到家人。

## 二、圆梦：致力于公益寻人

### （一）团圆前的公益寻人

缘梦基金会组建了专职寻人工作团队，通过接听寻人热线、协助公安寻亲工作室整理寻亲信息、对接救助管理站和其他公益寻人项目、跟进寻亲线索等，打造寻亲服务平台。

在公安部的指导下，缘梦基金会联合由数百位爱心警官组成的警媒合作平台参与运作"国家力量全媒体寻人平台";对接多方知情人提供寻亲线索;协助公安寻亲工作室对社会求助线索进行梳理和追踪,将潜在的寻亲对象信息推送至失踪人口数据库;与阿里巴巴、百度等企业联合参与"公安部儿童失踪信息紧急发布平台(团圆系统)""跨年龄人像识别系统"等项目。

同时,在民政部的指导下,缘梦基金会大力推动民政救助寻亲工作,与全国1 600多家救助管理站建立了深度合作,为长期滞留在救助管理站内的流浪乞讨人员寻亲。

## (二)团圆后的基金资助

在开展公益寻人服务中,缘梦基金会发现有不少寻亲家庭在多年的寻亲过程中往往忽略了自身的需求和发展,致使其家庭陷入贫困难以自救,同时也有一些人员在寻亲返乡后生活陷入困境无法过渡。针对这一情况,缘梦基金会将公益寻人服务进行延伸,募集资金对经济困难的寻亲家庭进行资助,使其能够顺利过渡,并在其他力量的帮助下实现自立。根据寻亲家庭实际的情况,缘梦基金会给予1万至5万元不等的救助款,通过这种灵活资助的形式,来救助寻亲家庭。例如,2018年资助了身患尿毒症晚期仍不忘寻母的李喜梅进行治疗,帮助她重获新生。

## (三)团圆过程的伙伴计划

缘梦基金会注重打造多元服务平台,在参与力量上,积极吸纳寻人组织、公益机构、爱心企业、公安干警以及救助管理机构等;在服务上,除了直接的公益寻人服务,还将服务进行前移和延续,进一步创新开展家庭教育服务和基金资助服务;针对参与力量开展"团圆伙伴计划",以此来和社会各界公益寻人组织和爱心人士建立深度合作，同时也促进参与力量成长和提升服务质量。

### （四）走在公益寻人前的家庭教育

在公安系统、民政系统、社会力量等多年的努力下，目前滞留在救助管理站和街头的流浪乞讨人员大幅减少，其他需要寻人寻亲的民众也有所减少。反而因家庭矛盾、网恋见面、求职被骗等原因导致离家出走的案例有所增加，这一方面是由于当前发达的网络平台，另一方面是由于当前发达的交通系统。一些缺乏完全行为能力的未成年人、精神病人、智力障碍人员等在与家人争吵后，或者与网友聊天后，独自外出，遇困找不到家。因此，缘梦基金会及时根据需求进行服务创新，将公益寻人服务前移，利用自身影响力和媒体的影响力，面向全社会进行倡导，针对家庭开展教育服务。

## 三、援梦：聚焦于社会治理

### （一）直接成果

在多年运行中，国内很大一部分寻亲家庭都直接或间接地接受过缘梦基金会的服务。2015年至今，缘梦基金会累计帮助全国19个省市（涉及14个民族）的40 000多个离散家庭实现团圆。以2021年为例，缘梦基金会共接听求助热线电话1 500余个，登记求助信息500余条，有30多个团圆家庭参与了寻亲大会活动，其中就包括电影《失孤》和《亲爱的》的原型家庭。当然，寻亲家庭最终能够实现团圆，是全社会各行各业、各个地方、各个部门的共同关心、支持和努力的结果，不能全部归功于缘梦基金会，但不可否认，从运作机制和社会影响力来说，缘梦基金会的确是这些社会力量中比较持续稳定、作用和效果比较明显的部分。

### （二）综合成效

围绕寻亲回家这一主题，缘梦基金会与公安部、民政部、企业、社会组织形成了良好的合作机制。在这一个合作机制中，缘梦基金会起到的作用体现在帮助更多人回家以及对体制内功能的补充与激活两个方面。在对体制内功能的补充与激活方面，缘梦基金会的作用体现在激活资源、激活效能、激活人的能动性与责任感三个方面。

### （三）运作机制

缘梦基金会与政府相关部门的有机配合，以及寻人行动取得的良好社会效果，体现了政府主导、社会组织参与的社会治理创新模式，为如何发挥社会组织的积极作用，促进各方形成合力，共同打造共建共治共享的社会治理格局提供了值得借鉴的经验。

### （四）发展脉络

伴随着寻亲问题的逐步解决和需求下降，缘梦基金会在帮助寻亲方面发挥作用的空间或许会有所减少，但专业难度却越来越大，需求层次也越来越高，并开始从单纯地帮助寻亲，逐渐转移到帮助成功寻亲后的家庭融入和社会融入。尽管这些更为复杂、专业性更强的服务计划远没有引起广泛的社会关注和强烈的社会共鸣，却有着更为重要的现实意义和更为深远的社会意义。

### （五）社会意义

缘梦基金会借助中央广播电视总台央视综合频道《等着我》

栏目节目的强大传播力，通过各种曲折动人的寻亲故事，将人与人之间的情感、生命本身的价值、社会的温暖呈现给社会公众，以综艺的形式与公益的内核，成功吸引了无数观众的关注，激发了人们对公益事业的关心和对社会问题的思考。

## 四、典型个案

### 高考连续失利孩子崩溃离家，
### 87 岁母亲苦寻 30 年终团圆

2022 年的"三八"妇女节，87 岁的母亲收到最好的节日礼物——分别近 30 年的小儿子回家了，阔别已久的团圆实属不易。

**高考失利精神崩溃，全家都没有放弃弟弟**

以邓华（化名）平时的成绩，考上大学完全不是问题，但第一年考试，邓华因高度紧张，考试的时候发挥失常，最终未能被成功录取。因为家庭困难，邓华乞求母亲支持他再复读一年，并表示一定能去城里上大学。母亲去学校给邓华争取来了复读一年的名额，四处筹钱，供邓华读书，因为家里人也都相信以邓华的成绩考上大学完全没有问题。第二年高考成绩出来后，邓华完全崩溃了，因为这一次的结果和去年一样，还是没有学校录取他。邓华深受打击，性格变得更加内向，经常大喊大叫，甚至会对母亲和其他家人动手。

为了能让邓华走出高考失利的阴影，大姐便带着邓华外出去沈阳打工。来到沈阳后，姐姐和姐夫细心呵护邓华，希望他能够回到往日的状态，并给他找了一份临时工。没想到有一天单位传来消息，邓华从单位跑了，姐姐和姐夫发动周围邻居、朋友四处寻找，都没有找到邓华。而邓华在出走 9 天后自己回来了，精神状态更差了。姐姐担心在外打工不能更好地照管弟弟，便把弟弟送回了老家。

回家之后，父母带着邓华去县里的精神病院治病。邓华本人非常抗拒，在医院里表现也不好，有一天从二楼跳了下来。父母担心邓华出现类似危险，便把他接回家里。之后哥哥又带着邓华去重庆治病，治疗还没结束，他又从医院跑了，幸好在社会各界爱心人士的帮助下被找回，而哥哥只能无奈地将其带回了家。

**离家出走去上海，这一走就是 28 年**

1996 年，邓华离家出走去了上海，临走时给家里留了一封信，说要去上海，但也没有说具体在哪儿，就这样，邓华失踪了。

母亲说："我捡垃圾都要去上海，去找我的小儿子，自从小儿子走失后，我日日夜夜地哭，看到小儿子的书包、鞋子和衣服就会忍不住地流眼泪。为了让自己不难过，也是为了能攒够去找孩子的路费，我到成都打工，挣到的钱都用于找儿子，每天夜里经常梦到儿子，梦到他说'妈妈，你送我上幼儿园'。由于儿子的情况比较特殊，我每天都会求老天爷，求求他保佑儿子，不要被人打。"

**六姐弟轮流照顾父母，三代人不放弃寻找**

近 30 年间，家人一直没有放弃寻找邓华。父母年近 90，找不动了，哥哥姐姐们接力寻找。

直到 2021 年，已经远嫁到山西的侄女（邓华哥哥的女儿），了解到公安部的团圆行动，并第一时间报警，给父母采集了 DNA 样本，她从小就看到全家人都在努力寻找走失的七叔，她也希望能够通过自己的努力，让七叔回家。

**流浪人员被救助，缘梦基金伸援手**

2022年国庆期间，江西永修县的一位村民报警称在三溪桥镇附近有一名疑似流浪人员，同时村民也给缘梦基金寻人工作站打来电话。根据警方的初步判断，该人员是外省流浪人员，并联系永修县救助站进行救助。

救助站第一时间对他进行了身体检查和精神安抚，缘梦基金寻人工作站配合爱心民警开展寻亲工作，通过不断问询，流浪人员提供了一些碎片化的信息，提交给爱心民警后，经过反复比对，警方传来了好消息，这位救助人员的DNA与四川省邓某一家比对成功。通过沟通确认，被救助的对象名叫邓华，已经离家近30年了。

**邓华终于回家，仍是家人手心里的宝**

确认身份后，缘梦基金便和邓华一家沟通，举办认亲活动，在警方和民政部门的指导下，将邓华送回了家。为了迎接邓华回家，兄弟姐妹们一起为邓华购买了全身的新衣服，从里到外都是新的，就想让邓华感到他依旧是哥哥姐姐手心里的宝。

回家路上，邓华一言不发，眼睛看向窗外，好像是想到了什么，眼角处有朵朵泪花泛起。

鞭炮声响起，邓华的姐姐们一拥而上，抱住邓华放声痛哭，近30年的情感在这一刻爆发，或许只有这一家人清楚，这条寻亲路走得多么艰辛。

一位姐姐因极度思念自己的弟弟，以至于在见面时差点晕厥。家人拥着邓华走进家门，妈妈亲自为他带上寓意完满的红绸子，拉着儿子的手带到因脑梗瘫痪在床的90岁的老父亲面前，老父亲现在已经说不出话来了，但是面容和眼角的泪花能让我们感受到他内心十分想念儿子。

母亲又拉着儿子坐下，和儿子诉说着他小时候的事情，用两只微微抖动的手剥开甜甜的橘子，喂给邓华，邓华似乎感受到了什么，嘴里也嘟囔着"回家，回家"，并将自己手里的橘子喂向母亲。这位母亲近30年心愿终于得以实现。

**让我们共同见证，更多家庭团圆**

认亲结束后，家属给江西公安干警、救助站工作人员及缘梦基金送上锦旗，缘梦基金也将缘梦救助箱赠送给邓华一家，"缘梦救助箱"不仅包括洗漱套装、应急卫生止血套装和不锈钢餐具套装等物品，还准备了许多防走失紧急联络卡，满足受助人回家的应急物品需求，让团圆更温暖。[1]

## 第七节　让爱回家：构建全国寻亲志愿服务网络[2]

东莞市让爱回家公益服务中心（以下简称"让爱回家"）于2017年12月在东莞市民政局完成登记注册，主要是为流浪乞讨人员进行逆向寻亲，由志愿者在流入地（流浪乞讨所在地）寻找

---

[1] 案例源自北京缘梦公益基金会微信公众号，2023年3月11日。
[2] 本节由张世伟、陈玉霞、刘富旺、袁娟娟撰写。张世伟，东莞市让爱回家公益服务中心创始人；陈玉霞，东莞市让爱回家公益服务中心理事长；刘富旺，东莞市让爱回家公益服务中心副会长、让爱回家广州志愿服务总队队长；袁娟娟，社会工作师，广州市鼎和社会工作服务中心服务总监。

正在流浪乞讨且需要寻亲的人员，利用政府资源、志愿者资源和互联网平台，帮助其找到亲属，最终帮助其回归家庭和社会。让爱回家在全国多个城市的民政部门登记注册有分支机构，一般为当地的让爱回家服务队或者让爱回家工作室，各分支机构除了主动帮助街头流浪乞讨人员寻亲之外，也协助当地政府部门、救助管理机构、流浪精神病人定点医院等为滞留在其机构内的流浪乞讨人员进行寻亲，并以"工作室+服务队+网络平台"三种运作模式相结合的方式运营，实现国内公益组织运作模式创新。

截至 2023 年 7 月，让爱回家在全国各地登记注册有 235 支服务队和 68 家工作室，共计登记注册有志愿者约 2 万名，并创建各地区寻亲微信群约 350 个。经过 6 年多时间，让爱回家已帮助 9 000 余名流浪乞讨人员回归家庭。[①]让爱回家经过长期探索，形成了"寻亲+志愿者+自媒体"的独具草根性质的服务模式。

## 一、以寻亲为主要帮扶内容

随着城市的发展和劳动力需求的增加，经济较为发达的城市聚集着众多的外来人口，这部分外来人口大多在城市里租房打工。但是，随着经济的转型和个人际遇的不同，出现部分人员因为各种原因开始在城市流浪露宿，生活得不到保障，甚至有相当一部分人处于无意识流浪中。

让爱回家的创始团队成员也主要是在深圳、东莞等地务工的

---

[①]《关于我们（让爱回家介绍）》，让爱回家公益寻人网，https://www.rangaihuijia.com/jiagou.html，2023 年 2 月 1 日。

外来人口，在工作、生活过程中发现有比较多的流浪乞讨人员生活在城市的街角，便依靠老乡的身份优势与这些流浪乞讨人员攀谈，也依靠老乡的人脉联系户籍地寻亲。这奠定了让爱回家以寻亲为主要帮扶内容的服务基础，并且在寻亲服务过程中延伸出物质资助、劝导进站、医疗支持等服务；具体表现为劝导流浪乞讨人员到救助管理机构求助，联系医疗机构救治危重病流浪乞讨人员，在服务中向流浪乞讨人员提供日常生活必需品，帮助有需要的流浪乞讨人员寻亲并回归家庭等。

## （一）流入地获取寻亲信息

让爱回家组织在流入地工作生活的志愿者对当地的露宿点、乞讨点进行摸排，向流浪乞讨人员提供日常生活必需品，劝导其到救助管理站求助，在沟通过程中掌握流浪乞讨人员的情况，获取寻亲信息。

### 1. 提供必要的日常生活所需

流入地的志愿者队伍在平常的探访服务过程中，向有需要的流浪乞讨人员提供日常生活所需的饮用水、食品、衣物等，帮助其做好临时过渡。并且在这过程中，志愿者与流浪乞讨人员建立起信任关系，宣传让爱回家服务内容，指引其在有需要时可以联系志愿者获取救助，必要时联系医疗机构救治危重病流浪乞讨人员。

### 2. 志愿者长期探访关怀

鉴于部分流浪乞讨人员短期内并不想返乡或者就业，而是选择继续维持当前的流浪乞讨状态，流入地的志愿者队伍会定期去到露宿点、乞讨点进行探访关怀，及时了解流浪乞讨人员的健康状况、生活动态，为其及时提供指引和建议，以此与流浪乞讨人员建立长期联系并获取更多寻亲信息。志愿者在探访关怀过程中引导流浪乞讨人员与家属或者村（居）委建立联系并获取家庭支持和社会支持，以最终摆脱困境回归家庭、回归社会。另外，在探访关怀过程中，志愿者也积极发挥"老乡"志愿者的优势，快速与同是"老乡"的流浪乞讨人员建立联系。

## （二）流出地核实身份信息

在明确流浪乞讨人员的需求和掌握其寻亲信息后，流入地的志愿者队伍与流出地（户籍地）的志愿者队伍进行联系合作，由流出地的志愿者队伍与户籍地村（居）委联系沟通，进行入户走访。在此过程中，主要利用流出地志愿者人在当地的便利条件开展服务，特别是有的志愿者就在当地的村（居）委、民政部门、派出所等工作，在服务合作上更为便利。

### 1. 上门走访核实

流出地的志愿者队伍在接到需进一步核实的流浪乞讨人员寻亲信息后，优先由与该流浪乞讨人员同属本村（居）人员的志愿者或者过往与该村（居）委存在联系的志愿者进行上门走访，核对身份信息。必要时，志愿者队伍直接联系当地民政部门、派出所等进行沟通核实，最终确认流浪乞讨人员的身份信息。

### 2. 协助沟通接回

经核实该名流浪乞讨人员确属本村（居）人员后，流出地的志愿者队伍需进一步了解其亲属信息，了解其返乡后可能获得的家庭支持和社会支持，与其亲属或者村（居）委对接，协助其亲属或者村（居）委前往流入地接回该名流浪乞讨人员。

## 二、广泛发动"老乡"志愿者

在以寻亲为主要服务内容的基础上，为了进一步提高寻亲的准确度和时效，让爱回家广泛发动各个城市的居民分别成立当地的让爱回家志愿服务队（工作室），在有寻亲需求时，各志愿服务队（工作室）相互进行对接，由流出地的当地志愿者进行寻亲核实。寻亲过程中，广泛发动了"老乡"志愿者参与，并深度发挥其作为"老乡"在寻亲过程中所带来的积极作用。

### （一）在外务工的"老乡"志愿者

由于居无定所和身在异乡，流浪乞讨人员的防备心大都比较重；同时，由于全国方言众多，流浪乞讨人员与一般志愿者之间的沟通容易存在语言障碍；这时，同是老乡、说着同样方言的志愿者对流浪乞讨人员而言就显得亲切许多，沟通起来也比较轻松。

#### 1."老乡"与"老乡"对接

在长期探访关怀服务中，"老乡"志愿者有针对性地对接"老乡"流浪乞讨人员，以此提高服务质量和服务成效。通过方言，谈论关于家乡的共同话题，交流同是在外打拼所面临的困境，等等，以共同语言拉近志愿者和流浪乞讨人员的距离。

#### 2."老乡"与户籍地对接

在寻亲核实服务中，与户籍地建立联系是一个非常关键的过程，一般是通过网络查询、电话查询等获得户籍地的联络方式，但是过程比较麻烦、时间比较长。在让爱回家志愿者中往往可以找到来自同一户籍地的志愿者，再通过这名"老乡"志愿者的联系能够快速联系到户籍地并与相应的负责人对接。

## （二）留在家乡的"老乡"志愿者

由于流浪乞讨人员身在异地，为其提供关怀服务的志愿者也身在异地，在进行寻亲服务时一般只能线上沟通，在面对一些失联多年或者户籍被注销的寻亲案例时，线上沟通往往难以达到寻亲目的，需要进一步的实地走访及与亲属沟通说明。

### 1. 上门走访对接

留在家乡的"老乡"志愿者在有必要时，可组织上门走访，核实流浪乞讨人员的身份信息，联系到亲属，并向亲属说明让爱回家的服务性质，打消亲属顾虑，指引和协助亲属前往流入地接回该名流浪乞讨人员。

### 2. 返乡后求助指引

在流浪乞讨人员被亲属接回户籍地后，留在家乡的"老乡"志愿者根据其实际需求，指导其向政府部门申请相关救助，对于一些存在特殊情况的流浪乞讨人员则帮助其对接当地的慈善资源、就业资源等。

## 三、灵活运用自媒体平台

在自媒体快速发展的当下，通过自媒体可以快速发布消息并传递到目标群体中。流浪乞讨人员通常来自全国各个城市、各个村落（社区），通过志愿者之间的信息传递始终有一定的局限性，而利用自媒体平台则可以快速达到目的。

## （一）自媒体平台快速传递信息

自媒体具有平民化的特点，能够快速记录身边事并发布，而信息也能被快速推送到每一个人手中，加快了信息的传播速度。让爱回家通过自建的让爱回家救助寻亲网和微信、今日头条、抖音等平台发布信息或者直播，将寻亲信息直接推送到目标群体中，并以此获得寻亲线索，甚至直接联系上亲属。

除了通过自媒体平台发布寻亲信息外，让爱回家也积极与其他专业寻亲平台合作以提高服务成效。例如，抖音集团在2016年2月发起的"抖音寻人"公益寻人项目，其借助精准的地图推送技术，对寻人寻亲信息进行精准的定向地域推送；让爱回家积极与"抖音寻人"公益寻人项目沟通联系，最终双方达成合作，使得寻亲时效大为提高。

## （二）自媒体平台吸纳更多志愿者

让爱回家在通过自媒体平台进行寻亲的过程中，本身就会吸引粉丝流量，也让更多的人了解到让爱回家的理念、使命和服务内容。换个角度讲，这也是一个宣传倡导的过程，通过这些具体的寻亲案例让观看者直观地感受到志愿服务的意义，吸引一部分观看者转化成为志愿者，进而加入让爱回家志愿者队伍中。

## （三）自媒体平台对接资源

自媒体平台能够快速传递信息，也能宣传自身的服务，在这过程中可对接到各种资源。例如，与有公开募捐资质的慈善基金会联合发起募捐，为服务开展和特殊案例资助提供保障支持；与其他寻亲项目达成合作，形成服务接力，提高寻亲成效；与异地的企业达成合作，为返回当地的流浪乞讨人员提供就业平台。以上这些联合募捐、服务接力、就业合作等都可以通过自媒体扩大影响力，并对接到更多相关资源。

## 四、搭建良好的政社合作机制

### （一）与公安机关保持长期的协作机制

东莞市公安局于 2020 年印发的《关于与"让爱回家"联合服务队建立对接机制的通知》提出，要进一步推动东莞市各镇（街）公安分局与让爱回家成立联合服务队，共同救助流浪乞讨人员，维护社会治安。在具体服务中，还要求各公安分局在流浪人员信息采集、让爱回家志愿者的安全保障上提供支持和帮助，对丢失证件的流浪乞讨人员开通绿色通道补办证件，为让爱回家志愿者提供一些可能的装备。同时，东莞市公安局还积极联系当地各级政府部门，为让爱回家争取场地、物资等方面的帮助和支持。

### （二）积极协助站内受助对象寻亲

2017 年 2 月，让爱回家受邀走进东莞市救助管理站，协助其开展滞留受助人员的寻亲工作，并建立了长期的合作关系。此后，全国各地的让爱回家服务队（工作室）陆续走进广东省广州市、深圳市、清远市和江西省南昌市等地的几十家救助管理机构及定点医院，协助其利用让爱回家的平台优势为滞留受助人员进行寻亲。截至 2022 年 12 月，让爱回家总计帮助全国各地的救助管理机构的 667 名滞留受助人员成功寻亲返乡。

## 五、典型个案

### 漂泊 8 年，终于再次吃上妈妈包的饺子

"还是妈妈包的饺子好吃！"

"8 年啦，还是这个味道。"

2022 年 9 月 18 日中午时分，距离广州 3 000 多公里的吉林榆树市，在外漂泊 8 年的小伙子刘君（化名）刚刚到家，甚至没顾得上洗一把脸，便一口气吃完妈妈包的一大盘饺子。驱车往返广州 6 000 多公里，接他回家的爸爸、舅舅、姨夫、堂弟目不转睛地盯着他狼吞虎咽的吃相，刘君疲惫的神情里洋溢着欣慰的笑容。让爱回家广州、东莞、辽宁志愿服务团队，联合广州市救助管理站、广州市救助管理站救助小分队、广州市白云区救助小分队、鼎和社工，持续跟进的救助寻亲服务故事也终于画上了圆满的句号。

**千里寻亲：星夜兼程而来，爸爸只看到了视频里的儿子**

9 月 15 日下午 4 点钟，位于广州白云区永泰地铁口附近的三哥深夜美食城提前开档，美食城老板、让爱回家广州志愿服务总队队长刘富旺陆陆续续接待一批批的"客人"：广州市救助管理站、广州市救助管理站救助小分队、白云区救助小分队的工作人员，让爱回家广州志愿服务队队员、鼎和社工、善得社工。这些"客人"是为了千里寻亲的家属们而来，流浪人员刘君的爸爸、舅舅、姨夫、堂弟，经过近 30 个小时的长途自驾，即将从东北到达广州。

而此时，一个救助寻亲工作常见的问题出现了：流浪人员刘君没有出现在老地方，工作人员在周边区域苦苦寻找未果。"刘君平时的活动范围比较固定，即使今天找不到，他明天肯定会出现的。"让爱回家广州志愿服务总队队长刘富旺对于刘君的行踪了如指掌，也正是因为他积极协调广州、东莞和辽宁等地的让爱回家志愿团队，才联系上刘君的爸爸。

晚上 7 点多钟，刘君的爸爸、舅舅、姨夫、堂弟风尘仆仆地抵达，神情焦急。刘君的爸爸表示刘君已经与家里失联 8 年，8 年的时间里家人一直在苦苦寻找他，他的妈妈也因思念儿子而生病，身体状况不佳，他的爸爸嘱咐刘队长，先不要跟刘君讲家人来广州找他，免得他再次消失，所以这几天，志愿者只是经常性地过去看看他还在不在，并没有过多地惊扰他。

经过多方沟通，永平派出所民警非常重视和支持，现场查询到了刘君的视频资料，他最后的活动轨迹停留在当晚 7 点多钟，消失在车流密集的高架桥底，他的爸爸看到他的视频后激动不已，双手一直颤抖着，马上给刘君的妈妈打去电话："我看到了，我看到儿子啦！"视频追踪这边，让爱回家志愿者李秀明传来消息。寻找小组按照视频指引，即刻开始寻找未果。当晚 11 点钟左右，所有人返回美食城，刘队长一边打理宵夜生意，一边组织大家吃点晚餐，帮助家属联系宾馆。

**安抚家属：多方劝慰开导，让亲人们放下重重顾虑**

现场寻亲没有找到人，视频追踪也没有找到人，安抚和劝解家属成为接下来的工作重点。星夜兼程 3 000 多公里，疲惫、失望、焦虑，家属们的担忧不言而喻。

"没有期待中的团聚和重逢，没有给老家翘首以盼的其他亲人们一个满意的回复，我们感同身受，我们能够理解家人们的心情，我们给家属看最近几天时间拍到的刘君照片和视频，劝慰家属放心，刘君还在附近、没有走远，同时结合平时的救助寻亲案例经验，让家属明白寻亲不是一蹴而就的事情，要有耐心，先安顿下来，好好休息一下，明天上午再继续寻找。"广州市救助管理站救助一科副科长李静雯说道。她从事救助服务工作多年，有着丰富的救助服务经验和心理学专业背景的她经常跟服务对象家属打交道，加之政府救助部门工作人员的公信力背书，终于让4位家属放下思想包袱，凌晨时分入住宾馆休息。

临行前，刘君的爸爸录了一段大家在一起商议寻亲工作的视频，发给老家的亲人："不用着急啊，救助站的政府工作人员、社工、志愿者都在，明天一定能够找到孩子，你们也早点歇息吧，我们现在去宾馆。"此时，没有吃晚饭的现场工作人员才感觉到确实饿了，抓紧时间吃点快餐。

**久别重逢：踏上回家的路，吃上妈妈包的饺子**

很多时候，惊喜总在不经意间来临。第二天接到刘君在老地方出现的电话，4位家属还在宾馆里歇息，因为连续开车、中途没有休息，4位家属确实已经疲惫不堪。

但刘君没有像往常一样停留很长一段时间，只在长椅上坐了一下，就起身骑上单车，准备离开。刘富旺队长只能急中生智，快速走到他跟前，跟他打招呼："小伙子，你好，我是对面三哥宵夜店的老板，我看你最近好像总在这附近，我们店里人手紧缺，想找几个临时工帮忙，可以包住宿，你看愿不愿意干？到我店里聊聊吧。"刘君迟疑了一下，应该是在判断是不是遇到了骗子，但看到刘富旺手指方向的美食城就在对面，就跟着刘富旺来到美食城档口，略显忐忑不安地坐下来。

刘君的疑惑还没消除，他的爸爸、舅舅、姨夫和堂弟"神兵天降"一般出现在他面前。面对着紧紧抱住他的爸爸，他一个劲儿地问"你们怎么来了？""你们怎么知道我在广州？"，委屈、愧疚的泪水情不自禁地留下来。原来，刘君在外打工和做生意都不顺利，强烈的自尊心让他不好意思联系家人，久而久之，更加不愿意让家人知道自己的现状，抱着过一天算一天的心态流浪、漂泊。功夫不负有心人，刘君跟随家人即刻踏上返乡的路程，了却了一家人整整 8 年的牵挂，也终于再次吃上了妈妈包的饺子。

"常常因为碍于面子，很多男性中青年流浪人员感觉没有成就，无法面对亲人，不主动联系家人，甚至故意逃避家人，给家人造成极大的忧虑和担心，也因此造成家庭支持系统薄弱，往往形成周而复始的流浪、露宿生活状态。"让爱回家创始人、会长张世伟指出，针对这样的特殊群体，需要进一步加强政社联动、社志联动，促其先回归家庭，在家庭的关怀和支持下，才能更好地回归生活，回归正常的生活轨迹。[1]

## 第八节　蜗牛公益：创建"乡音甄别"救助寻亲工作模式[2]

韶关市蜗牛公益互助会（以下简称"蜗牛公益"）[3]由热心公益的爱心人士共同发起，于 2018 年 1 月在韶关市民政局正式登

---

① 案例源自广州市鼎和社会工作服务中心 2022 年度广州市救助管理站流浪乞讨人员专业社工服务项目。

② 本节由肖隆君、朱平攸、蒋郴华、廖惠英、王连权撰写。肖隆君，中华社会救助基金会理事，中国慈善联合会社会救助委员会副主任委员，中国社会福利基金会原秘书长；朱平攸，韶关市蜗牛公益互助会执行会长；蒋郴华、廖惠英，韶关市蜗牛公益互助会理事会成员；王连权，广州市鼎和社会工作服务中心总干事。

③ 《关于蜗牛公益》，韶关蜗牛公益大爱寻亲网，http://www.woniugongyi.com/bk_22180690.html，2020 年 3 月 15 日。

记注册。按照"政府指导、协会主导、多元协同、广泛参与"的服务宗旨，蜗牛公益主要开展救助、寻亲、户外救援等志愿服务，蜗牛公益通过联合全国各地救助管理机构及其他社会力量，为滞留在救助管理机构内及街面的流浪乞讨人员、失散人员等特殊困难群体提供救助帮扶与寻亲服务。

2018 年 1 月至 2023 年 7 月 31 日，蜗牛公益实名登记注册的志愿者人数达 8 375 名，共组织开展救助、寻亲、户外救援公益活动 6 236 场，帮助全国各地流浪乞讨人员、失散人员成功寻亲 3 127 人。蜗牛公益自 2015 年开始筹建，组织开展志愿服务，关怀关爱流浪乞讨人员，经过 8 年的实践探索，创建"乡音甄别"救助寻亲工作模式，为长期滞留在救助管理机构、街面的流浪人员找到回家的路。

## 一、"乡音甄别"救助寻亲工作模式

"乡音甄别"主要针对不愿或无法清晰表达个人信息的身份不清的流浪人员，在人脸识别、DNA 比对、数据库搜寻、网络寻亲等寻亲方法仍无法核实身份信息的情况下，让流浪人员用家乡口音朗读文字或识别卡片中的动物、植物、交通工具、日常用品、景点、特产等，通过口音及其关联信息辨别流浪人员疑似家庭地址，逐步缩小疑似家庭地址范围，进而通过网络扩散、疑似家庭地址联络及实地走访而成功寻亲。

"乡音甄别"包括"一读九识"："一读"为用乡音朗读文字，"九识"为识别动物、识别植物、识别交通工具、识别日常用品、识别景点、识别特产、识别农具、识别钱币、识别数字。

"乡音甄别"救助寻亲工作模式涵盖平台、团队、机制和专业寻亲方法，具体内容可以概括为搭建一个救助寻亲网络平台、组建一支救助寻亲全国团队、共建四项救助寻亲合作机制、创建"乡音甄别"救助寻亲专业方法。搭建救助寻亲网络平台畅通并拓宽了服务介入渠道，为组建救助寻亲全国团队提供了丰富的人力资源保障，共建救助寻亲合作机制可以有效整合多方救助力量，创建"乡音甄别"救助寻亲专业方法则体现了蜗牛公益的独特价值。

## 二、"乡音甄别"救助寻亲工作模式实践

### （一）搭建一个救助寻亲网络平台

蜗牛公益积极借助互联网快速传播优势，搭建起多维度、多渠道的救助寻亲网络平台：蜗牛公益寻亲网、蜗牛公益抖音账号、蜗牛公益微信公众号、蜗牛公益救助寻亲微信交流群组等。由专人负责管理、审核、发布等工作，在各大互联网救助寻亲平台发布蜗牛公益组织信息、公益活动信息、救助寻亲信息和救助寻亲成功案例，及时向社会大众宣传蜗牛公益救助寻亲服务、流浪人员生存需求、救助寻亲过程、资源整合、多方联动等相关资讯，倡导社会大众积极参与，获取流浪人员救助服务有效信息，助力救助寻亲工作持续开展。同时，蜗牛公益对救助寻亲微信交流群组进行分类分层管理，组建了 35 个救助寻亲总群、30 个区域互助群、16 个救助管理机构联合救助寻亲群，便于及时交流救助寻亲服务情况，让救助寻亲工作更加便捷高效。

### （二）组建一支救助寻亲全国团队

蜗牛公益现有 56 支分队、39 个区域小组、1 个应急救援大

队、10个应急救援分队，服务范围覆盖全国，8 375 名团队成员重点覆盖韶关市中心城区和韶关市下辖的所有县（市），和广东省广州、深圳、清远、东莞、佛山、中山，以及湖南郴州、河南商丘、广西桂平等地。蜗牛公益积极吸纳企业、技能单位（如医院）等加入组成技能队伍，重点招募专业乡音识别、应急救援人才、律师、医护人员、心理咨询师、培训师等具有专业技能的志愿者，将各支分队、区域小组等打造成具有多项专业才能的综合型志愿服务队伍。蜗牛公益采取垂直管理方式，在总部设立总救助服务调度指挥中心，统一指挥调度，并根据专业技术特点，划分不同类型的救助服务小组并进行专业培训，开展巡查劝导、救助寻亲、心理辅导、法律援助、就业指引等有针对性的志愿服务，全方位介入救助服务工作。

### （三）共建四项救助寻亲合作机制

#### 1. 政社协同合作机制

蜗牛公益与广东省安置中心、韶关市救助管理站、广州市民政局精神病院、广州市救助管理站、广州市救助管理站市区分站、广州市番禺区救助管理中心、广州市花都区救助管理站、广州市从化区救助管理站、深圳市救助管理站、佛山市救助管理站、东莞市救助管理站、清远市救助管理站、梅州市救助管理站、南宁市救助管理站、郴州市救助管理站、赣州市救助管理站等全国各地救助管理机构长期保持着良好的合作关系，组建了 16 个救助管理部门联合救助群，逐步建立起顺畅的政社协同合作机制，为长期滞留在救助站内的受助人员、安置人员开展救助寻亲工作，为政府救助管理部门排忧解难。截至 2023 年 7 月，为各地长期滞留在救助管理机构内受助人员成功寻亲 835 人。

## 2. 战略联盟合作机制

蜗牛公益与广东省狮子会、东莞市让爱回家、湖南省茶陵县志愿者协会、韶关市阳光巧家园、韶关市乐善义工协会、韶关市婚庆协会以及广西、陕西、四川、重庆、湖北、山东、贵州、福建、河北等地全国众多公益组织和爱心人士，成立互助友爱战略联盟，建立战略联盟合作机制，公益联盟单位达到 495 家。按照全国行政区域中的 34 个省级、333 个市级、2 844 个县级规划寻亲片区，分别搭建起省、市、县三级的公益战略合作联盟。当寻亲的个案寻找到哪片区域时，就会与当地的公益组织（团队）达成战略合作联盟意向，搭建起长久的联动合作机制，并运用互联网的社交平台，建立起 QQ、微信、抖音等专属的区域互联网群组，按照帮扶个案的所属区域，投放在各级区域互联网群内，再联合该区域的合作单位来共同实施。通过电话或其他社交平台的交流方式，双方达成战略合作的意向与承诺，也通过签订书面协议来达成共识，战略联盟合作单位资源共享、信息共享、服务共享，有效提升救助寻亲成效。

## 3. 巡回寻亲合作机制

由于流浪乞讨人员具有流动性大、防备心理强、表达能力有限等特殊性，使得重点疑难案例的寻亲救助工作面临极大的挑战。蜗牛公益采取"总部支援＋分队主攻＋攻坚小组助力"形式，建立常态化的巡回寻亲合作机制，对于长期滞留街面和救助管理机构内的流浪乞讨人员，定期开展巡回寻亲的持续性工作，合力攻坚克难，解决重点案例。2023 年 5 月中旬，蜗牛公益总部联合各分队、攻坚小组，在广州、韶关、佛山、江门等地，持续开展一周时间的巡回寻亲工作，也进一步加强了总部与各分队的沟通交流，强化各分队的价值感、成就感和归属感。

### 4. 专项基金合作机制

2019年12月，蜗牛公益联合韶关慈善总会，成立"蜗牛公益救助基金"，主要对流浪乞讨人员、最低生活保障对象、特困人员、低收入救助对象、边缘困难群众对象等人群进行救助。蜗牛公益在帮助流浪失散家庭团圆的同时，也把广东韶关的善心带给全国的千家万户。通过成立蜗牛公益救助基金，感召更多人加入公益事业中，倡导更多人拥有付出爱和传递爱的思想精神和公益理念，凝聚大爱寻亲合力，点亮温暖回家之路。[①] 2019年12月至2023年4月，"蜗牛公益救助基金"总计筹集款物45万余元，共计救助帮扶18 697人次。

### （四）创建"乡音甄别"救助寻亲专业方法

#### 1. 乡音朗读

鼓励、引导流浪人员用乡音朗读文字，朗读内容不限，通常为报刊上的时事新闻和故事等，用随机性的方式打消流浪人员的顾虑，使其能够最真实、最自然地使用家乡口音，进而通过"乡音甄别"志愿团队能够有效识别其疑似家庭地址，缩小寻亲范围，进一步集中力量开展寻亲工作。

---

[①] 钟政宽：《凝聚"大爱寻亲"微光，点亮"温暖回家"之路》，《韶关日报》，2020年1月1日。

### 2. 识别动物

准备尽可能多的动物卡片，尤其是区域性特点比较突出的动物卡片，引导流浪人员耐心识别，通过流浪人员较为熟悉的有代表性的动物，确定其可能长期生活的区域，再通过其他几种动物的熟悉程度，综合研判，圈定大致寻亲范围。

### 3. 识别植物

准备各类植物卡片，尤其是区域性特点比较突出的植物卡片，通过流浪人员较为熟悉的有代表性的植物，确定其可能长期生活的区域，再通过其他几种植物的熟悉程度，综合研判，圈定大致寻亲范围。

### 4. 识别交通工具

通过识别交通工具，尤其是年代感或区域性较为明显的交通工具，可以大致判断流浪人员的生活经历及其年龄段，研判其生活在城市或是乡村，大致推断其可能的生活区域，进一步开展寻亲工作。

### 5. 识别日常用品

通过识别日常用品，尤其是年代感或区域性较为明显的日常用品，可以大致判断流浪人员的生活方式、生活习惯及其年龄段，研判其生活在城市或是乡村，通过其对某些生活用品的熟悉程度，大致推断其可能的生活区域，进一步开展寻亲工作。

### 6. 识别景点

识别景点中有代表性的山川、河流、寺庙、公园、树木、瀑布、人文古迹等，进行启发、引导式问询，通过流浪人员的熟悉程度，可以大致判断其可能的生活区域，进一步开展寻亲工作。

### 7. 识别特产

识别有代表性的特产，如食品、药材、白酒、啤酒、饮料、玉石、香烟、火柴等，进行启发、引导式问询，通过流浪人员对某种或某些特产的熟悉程度，可以大致判断其可能的生活区域，进一步开展寻亲工作。

### 8. 识别农具

服务对象中大部分人来自农村或在农村有过长期的生活经历，常见的农具包括镰刀、耙子、石磨、木犁、锄头、扁担、箩筐、板车等，通过农具的适用范围，可以大致判断其可能的生活区域，进一步开展寻亲工作。

### 9. 识别钱币

有个别服务对象不认识字，但都认识钱币，根据其对于不同阶段发行的钱币的熟悉程度，大致可以推断其年龄段，且各地对于钱币中的元、角、分叫法会有所区别，可以大致判断其可能的生活区域，进一步开展寻亲工作。

### 10. 识别数字

各地对于阿拉伯数字的叫法有着比较明显的不同，个别数字有着鲜明的地域性表达特点，根据服务对象的数字表达方式报告，可以大致判断其可能的生活区域，进一步开展寻亲工作。

## 三、"乡音甄别"救助寻亲工作模式经验启示

### （一）凝聚民间澎湃的社会力量

"蜗牛大舞台，有爱你就来！"这不仅仅是蜗牛公益的一句口号，更是蜗牛公益人的集结号。蜗牛公益通过正规化、组织化、

专业化运营，建立成熟有效的"乡音甄别"救助寻亲工作模式，形成平台、团队、机制、专业寻亲方法等服务优势，凝聚更多元的社会力量共同参与救助服务，发挥出枢纽作用，形成头雁效应，8 375 名注册成员带动了近 20 万名志愿者共同参与救助寻亲工作。很多失散人员家属会直接联系蜗牛公益，警方收到失散人员家属报案后也会第一时间联系蜗牛公益志愿者开展救助寻亲工作。

### （二）为政府救助管理部门排忧解难

通过政社合作机制，蜗牛公益与全国各地救助管理机构保持着顺畅的沟通，一般性服务对象由救助管理机构发送资料到蜗牛公益总部，长期滞留的流浪精神病人、智力障碍患者则由蜗牛公益"乡音甄别"志愿团队到救助管理机构及其定点安置场所现场开展寻亲工作，最多一次集中为 30 名长期滞留的受助人员成功寻亲，曾经一天成功寻亲 10 人。经过乡音甄别、综合破析、区域圈定、网格排查、地毯搜索，抽丝剥茧，众志成城，线上线下风雨兼程，齐心协力，不放弃，不抛弃。2023 年 3 月，蜗牛公益受邀到广州市番禺区救助管理中心开展安置人员寻亲攻坚工作，一次性帮助 6 名长期安置人员寻亲成功，有效缓解了救助管理工作压力，促使长期滞留人员与家庭团聚。

### （三）独创"乡音甄别"救助寻亲方法

经过长期的实践探索，蜗牛公益独创"乡音甄别"救助寻亲工作模式，在流浪精神病人、智力障碍患者等长期滞留人员的寻亲工作方面取得良好效果，通过"乡音甄别"帮助 526 人成功寻亲。一是形成"乡音甄别"工具包，针对流浪人员大多来自乡村的特点，工具包里有人民币和数字、农具等系列图片，用乡村生活图景唤起流浪人员的记忆。二是运用"一读九识",用乡音朗读文字,且识别动物、植物、交通工具、日常用品、景点、特产、农具、钱币、数字。三是建立"乡音甄别"数据库,广泛整理音频、视频资料,已经累计录制音频、视频资料18万余条,并依据视频和音频资料,反复分析研判,整合有效信息链条,发布寻亲信息,并通过数据库为志愿团队开展"乡音甄别"寻亲方法的专业培训。四是合理掌握问询时间,经过长期的摸索总结,一般选择在上午9—10点钟,流浪人员注意力集中、精力旺盛的时间段,开展现场问询工作。四是广泛推广"乡音甄别"救助寻亲方法,广东、山东、贵州等地救助管理机构先后引入"乡音甄别"寻亲方法,效果显著。

## 四、典型个案

### 受伤失忆而流落街头24年,"乡音甄别"助其回家

流浪人员的成因多种多样,有的人是因为家庭矛盾,有的人是因为工作变故,有的人是因为有家难归,有的人是忘记了回家的路。有这样一名特殊的中年男子,因意外受伤后失忆而流落街头24年,在蜗牛公益志愿者的关心和帮助下,历经7个月的执着守候,终于寻亲成功,使其重新回忆起亲情的点点滴滴,告别流浪漂泊的生活,回到家人的怀抱。

**偶遇:开始"贴近式服务"**

2022年8月11日,蜗牛公益志愿者团队在开展常态化街面救助巡查工作时,发现一名衣着污浊的中年男子,神情落寞,露宿在市区河边的石凳上,志愿者随即上前关爱问询。

"我们是蜗牛公益的志愿者,您是不是遇到了什么困难?需

不需要帮助？"面对志愿者的关心，男子警惕地摇摇头，婉拒了志愿者的好意。按照自愿救助的原则，志愿者留下了生活物资，继续开展救助巡查工作。可随后的几个月里，志愿者在不同的地方都会"偶遇"该名男子。于是凭着多年的救助经验，资深寻亲志愿者察觉到该男子可能是真的遇到了困难，或许因某些特殊的原因而心存防备，不愿意与陌生人接触。于是，志愿者们便主动出击，采取"贴近式服务"：定期探访关怀，冬天为他送去御寒物资，夏天为他送去清凉饮品。

**寻亲：形成完整的记忆链条**

经过一段时间的相处和交流，男子终于慢慢放下了戒备心，对志愿者敞开了心扉。但因其表达能力有限，无法提供有效信息，蜗牛公益寻亲救助部委派了几名在寻亲救助领域中最有实战经验的志愿者，成立了"专案"攻坚小组。采用人像识别、DNA 比对、数据库搜寻、走访排查、网络扩散等多种方式寻亲，但因为信息过于碎片化，寻亲工作没有任何进展。

"专案"攻坚小组没有气馁，采用"乡音甄别"寻亲方法，打开"乡音甄别"工具包，引导其用乡音朗读报纸，并用动物、植物、交通工具、日常用品、景点、特产等卡片与其沟通交流，启发他家乡附近有什么样的山川、河流、寺庙或者树木，但因其表达能力时好时坏，效果不佳。寻亲小组继续总结研判，继续寻亲之旅，并采取引导式的聊天方法，一次又一次，一天又一天，风雨无阻，从"偶遇"变成长期性的陪伴，慢慢开启他那尘封已久的点滴记忆。随后，志愿者结合从现场采集到的一百多个聊天视频记录，一点一点提取"有用"碎片，梳理、整合、甄别，逐渐形成了一条完整的寻亲链条。

**团聚：开启新的人生旅途**

功夫不负有心人，终于，在7个月后的2023年3月23日凌晨0∶15，通过"乡音甄别"救助寻亲工作方法，精准地锁定了该男子户籍地址疑似目标区域，蜗牛公益志愿者们一鼓作气，连夜出发，赶往疑似户籍区域开展实地走访工作。实地走访工作看似激动人心，实则充满了艰辛和挑战。这种情况下，蜗牛公益遍布全国的志愿服务网络平台发挥了强大的作用，疑似户籍地的志愿团队积极行动起来，带领"专案"攻坚小组走街串巷，一个县、一个镇、一个村的走访排查，逐步缩小范围。最终，在众多的全国公益同仁以及韶关市救助管理站的携手助力下，寻亲成功！

家人们迫不及待地赶来接领，当该男子出现在认亲现场时，苦寻了24年的家人喜极而泣、飞奔向前，紧紧抱住他，以慰藉多年的思念之情。而面对眼前场景，男子一时愣神，曾经幻想过无数次的场景终于出现，此时却有些"近乡情更怯，不敢问来人"，看着喜极落泪的家人，他内心急迫，拼命地敲头，使劲地回忆。

蜗牛公益志愿者见此情形，立即上前一边安抚他情绪，一边极力引导，帮助他恢复记忆。也许是亲情的召唤力量，在大家的引导下，他的记忆奇迹般地苏醒，先后认出了兄长、母亲、父亲及其他的亲人。最后，男子在父母、兄弟、小姨、表弟等人的陪同下，温暖地回到了一千多公里之外的家乡。从此，他告别了漂泊，告别了孤独，开启新的人生旅途。①

---

① 案例源自韶关市蜗牛公益互助会2023年度"大爱寻亲项目"。

# 第七章　感悟与共鸣：社会力量参与的心声

　　每一个生命都需要尊重。每一个故事都值得倾听。每一天，流浪乞讨人员的生活轨迹与我们的城市、与我们的生活产生着点点滴滴的联结。这种联结所引发的故事，蕴含着流浪乞讨人员作为个体所承载的时光印记，体现着志愿者、社会工作者、志愿团队、社会组织、爱心企业等社会力量助人助己的专业践行，也展现着政府救助部门多元化救助服务的社会担当，更彰显着包容、接纳与关爱的城市风貌。让漂泊的心不再流浪，让角落里的人看到春天。

## 第一节　看尽世间疾苦，甘当救助引路人 [①]

　　我很喜欢日出时的朝霞，也很喜欢日落时的余晖，每天上下班时，倒车镜里的日出日落给了我无限的遐想，治愈着工作中充满破碎感的我。

　　我是一名社会工作者，从事社工行业将近 8 年。大多数人都不太清楚何为社工，即使在珠三角社工较为普及的情况下，大家也只是浅显地认为社工是在社区开展活动的群体，流浪救助专项

---

① 本节由张瑜琳撰写。张瑜琳，社会工作师，广州市花都区启明社会工作服务中心项目主任。

社工更是鲜为人知。然而,我就在这鲜为人知的流浪救助社工的岗位上扎根,一做就是 4 年半。

我的工作里,没有写字楼里的时尚潮流,也没有文创园中的诗和远方,只有挣扎在社会底层的世间百态,我们深挖着服务对象们一个个破碎的故事,在凌乱繁杂的信息中,寻找着他们的根,尝试成为他们的北斗星,为他们在黑夜中指引方向。

## 东北陈大爷的故事

陈大爷(化名)原本是养着两条流浪狗的拾荒露宿者,在疫情最严重的时候接受了救助站的救助。待他再次回到街面时,两条流浪狗已不见踪影。

大爷的颈部淋巴异常肿大,大爷平时不爱洗澡,胡子拉碴,但很爱他的两条狗,当找不回两条狗的时候,他伤心了好一阵,甚至在自己露宿点的河边给两条小狗建了衣冠冢,时常拿些东西去祭拜。

2020 年的初春,陈大爷原本说等天气暖和的时候回一趟家,可是等到 2020 年的冬天来临,他还是没有回去。2020 年的冬天晚来了许久,临近 12 月底的时候,冷风还是刮起来了,还下着连绵不绝的小雨,广东的湿冷是冷入骨的那种。

陈大爷告诉我,当年自己是和父亲吵了架出来的,他父亲帮他相了一个对象,他不喜欢。后来他扒着火车离开了内蒙古,去了全国各地很多地方。刚开始出来那会儿还会打些临时工,后来身份证不见了,他就开始了拾荒的日子。

陈大爷很健谈,第一次见他的时候是 2019 年的七八月,我在他的露宿点陪着他谈了两个多小时，如果不是午饭时间都过去很久了，估计大爷还能抓着我继续聊下去。

我问过陈大爷，为什么这些年都不愿回去，父亲都已过世了，还有什么放不下吗？

陈大爷说："自己就是这么犟，回去没有自己的房子，要和弟弟一家住的话，自己也住不下去，迟早要回到南方这边。这样来回跑很辛苦，身上也没钱，现在也不能扒火车了，所以宁愿露宿街头，至少这里冬天比较暖。"

社工一直是陈大爷忠实的倾听者，不厌其烦地听着陈大爷那些年的故事。我们希望能够和陈大爷建立良好的信任关系，让陈大爷能够听进我们的建议，我们可以为陈大爷联系当地政府补办身份证、申请低保等等。可是，陈大爷每一次都是婉谢。

一位资深的心理学家告诉我，其实流浪乞讨者都是勇敢的人。我觉得挺有道理的，风餐露宿、缺衣少食的常态都不能打败他们的勇敢。

为了能让陈大爷解开心结，每逢佳节，我们总不忘给陈大爷送去热腾腾的饺子，或是在恶劣天气里，给陈大爷送被子、送姜茶。救助站的流浪救助服务队还给陈大爷安排了医疗救助，确诊了脖子上的是良性肿瘤。社工继续陪伴他谈心，或是倾听，或是建议，或是政策普及。

日子久了，陈大爷大概也能感受到我们的真心，坚决不回家的态度开始有了转变。

2021年3月，我们跟进陈大爷的个案已经将近两年了，在一个平常得不能再平常的日子里，我们如常探望陈大爷的时候，陈大爷说起了对救助站的感激之情。他说，能在异乡遇到一群真心待他的陌生人，是他这辈子都不曾想到的。陈大爷说到动情之处不禁落泪。

那天，陈大爷说他想回家了，我们异常高兴，马上联系上他的弟弟和当地村委，确定了返乡时间和一些细节。

于是在 2021 年 3 月 31 日，救助站的工作人员和社工陪同陈大爷踏上了前往内蒙古赤峰的火车，在历时 24 小时后，终于到达陈大爷的家乡，陈大爷结束了 30 多年流浪的日子。

陈大爷的故事，从一场相亲闹剧开始，他用自己 30 多年最美好的年华承受了无法自解的心结带来的颠沛流离和居无定所，作为流浪救助工作者的我们，用真情陪伴打开了老人的心结，让这个破碎的故事有了个圆满的结局。

## 近在咫尺的家，方叔绕了 20 多年进不去

方叔（化名）是在 2020 年被救助的，当时的方叔衣衫褴褛，精神状态不好，沉默寡言，对外界极少给予回应，无法提供个人信息，身份无法核实。救助站给他安排好食宿和身体检查之后，社工开展了第一次与方叔的深入面谈。

方叔一直封闭着自己，我尝试着用普通话、粤语以及客家话和他交谈，用客家话说时，我能明显感觉到方叔稍微愿意多看我几眼，我想，这会是拉近我们距离、增加信任的突破口。在后来的多次面谈里，方叔拿笔写了很多信息，信息凌乱且不符合逻辑，最后我们推断整理出碎片化的几个真假难辨的信息点：从化、太平、增城、朱村横塱、分水学校、红石水小学、江国锋、

刘明就（化名）、刘桂英等。

拿着这些信息，我和救助站工作人员带着方叔 7 次实地走访寻亲，当地救助站、派出所、村居委、村民，我们一个个拜访，一条条线索去核对，庆幸的是，我们找到了刘明就，他提供了一个地址给我们，在那里，我们终于找到了一眼能认出方叔的村民，道出了方叔一家的苦难。

方叔共五兄妹，其中三个已去世，父母也已去世，只剩一个弟弟，而方叔 20 多年前就被父亲赶出家门，一直在附近过着流浪的生活，行踪不定，居无定所。方家并不富裕，更是突遭横祸。方叔的父亲在几年前砍杀其儿媳妇，并跳楼自杀，两人最终抢救无效死亡，方叔的弟弟也因此负债累累，自身难顾。

虽然我们帮助方叔找到了家，可是这个家，方叔从黑发到白发，在家附近兜兜转转 20 多年，终究绕不过去。为了解决方叔的晚年生活问题，我们和当地救助站共同协助方叔恢复户籍，办理低保，申请各类补助，最后由当地政府兜底安置，方叔终于有了一个好的归属。

## 说不出的思念，回不了的家

哑婆婆（化名）不会说话，不会手语，身材矮小，牙齿稀松，我进救助站工作的时候，她已经在那儿了。

那时候救助站还在旧址，新站落成还没验收，第一次进救助站的我，参观着这个坐落在山林中的老旧小站，爬山虎郁郁葱葱地爬满了整片墙面，有种古朴馥郁的气息。

哑婆婆正好站在一楼的窗边，打量着我这个陌生人，看到哑婆婆后，我向她招了招手，微笑着向她问好。哑婆婆喜笑颜开，也学着我招手，只是她说不出话，只能一个劲儿地招手。身边的工作人员告诉了我哑婆婆的基本情况，她是2016年因流浪被救助，不识字也不会说话，智力偏低，表达不出自己的个人信息，人脸识别不出身份信息，因为没有任何信息，大家都叫她哑婆婆。

哑婆婆平日里比较听话，也喜欢笑，可是她也会有哭闹的时候，有时指着自己的牙齿表示痛，有时指着自己的头表示不舒服，有时她会推开饭菜一口不吃，倒在地上哭闹打滚。次数多了，我发现哑婆婆只是在寻求关注，我问哑婆婆有没有想家，她都会点点头。

那个时候的我第一次接触流浪救助的服务对象，以往三年的社工服务经验，也帮助过一些人，所以我正义感爆棚、爱心满满、信心满满，觉得自己一定可以帮助哑婆婆找到家的。

只是事与愿违，我们寻亲组想尽了办法帮她寻亲，尝试了寻亲谈话、档案分析、网络寻亲、科技寻亲、志愿者寻亲等途径，直到2023年，我们仍旧没有找到哑婆婆的家人。每当听到哑婆婆的哭泣，我那碎了一地的自信心仍会隐隐作痛。

我们没有放弃，还在帮助哑婆婆寻亲，只是在寻亲的同时，我们也关注她的成长，为她开展了丰富多彩的教育活动，有体育运动、文化教学、常识教学、安全教学、卫生教学、就业培训、传统节日庆祝活动、生日会等等，尽可能地丰富哑婆婆的在站生活，减少她对家的思念。我们也期待她终有一天可以叶落归根，找回自己的家。

成为流浪救助社工以来，我看尽了人生疾苦和世间百态，没有一个流浪人员的故事是一样的，他们不慎闯入了破碎的人生轨道，磕磕绊绊，走走停停，兜兜转转，等待着有人可以拉他们一下，拉他们走出绝境，重回社会，重回家庭。我和大多数的流浪救助工作人员一样，看不得疾苦，便在流浪救助工作中扎根下来，把自己也揉碎了，融入他们的生命中去，尽自己所能，去帮助这些尚在社会底层挣扎的人们。

## 第二节　哪怕只点亮一个人的人生 [1]

人的一生会经历许多事情，有感动，有悲伤，有痛苦，有喜悦。由此可见，人之情感是如此丰富多彩，酸甜苦辣尽在其中。转眼间，我从事流浪乞讨人员社工服务项目工作已有6年多，从未想过自己能做救助社工这么久。当初决定做救助社工时，我心里曾有过纠结，但又很想进一步去接触这个群体，去了解他（她）们背后的故事。2017年6月，我鼓起勇气，加入流浪乞讨人员救助工作。

6年多时间里，回想起最初的流浪救助经历，留给了我很多深刻的瞬间。记得有一天晚上，我劝导一个残疾人不要在车道处乞讨，告诉他在车道上乞讨非常危险，他不但没听，反而追打我。我拼命地往前跑，这给了我很大的打击，同时意识到做流浪

---

[1] 本节由王秋丽撰写。王秋丽，助理社会工作师，广州市鼎和社会工作服务中心项目主任。

救助存在很大的危险性。从此之后，我对流浪救助工作处于观望与退缩状态。但随着一个个典型案例的有效跟进，见证一个个久别重逢的团聚与喜悦，我的心态渐渐稳定下来，决定坚持继续做好流浪救助服务。

### "不能一辈子依靠父母"

阿辉（化名）在未成年之前多次离家出走过，成年后，由于从小患有小儿麻痹症，他无法找到工作，就选择以乞讨为生。他父母愿意抚养他，但他不愿意回去。问他为什么，他说"不能一辈子依靠父母"。言下之意是不想成为父母的负担，这可能就是他对父母的"爱"。

第一次见到他是在烈士陵园附近，他穿着破旧的衣服坐在地上，地下放着一张病情说明纸牌，他举着两手，双手合并，嘴里叫着"姐姐！姐姐！"向路人乞讨。

我上前与他搭话，他说话不太清晰，如果不认真听，很难听清楚他说什么。我想跟他了解情况，他立马情绪激动起来，不知嘴里嘀咕什么，手脚不灵活地收拾着东西。收拾好后，他走路一拐一拐地往路中央走去，然后就躺在车来车往的马路中央，边哭边说着不想活了。当时我吓到了，叫上执勤的交警一起上前劝他回到路边，劝他一段时间后，才把他拉到了路边，问他为什么要这样，他说不想活了。我第一次领略到了他的"厉害"之处。

他的性格很倔强，动不动就发脾气，并做出伤害自己的行为。渐渐熟悉之后，他拿出了他妈妈的电话号码，我打了过去，和他妈妈说了他在广州的情况，看能不能劝他回家。他妈妈说愿意养他，但他不愿意待在家里，之前回家几天又跑出去，不让他出去就打人，家人也实在没有好的办法。

我印象最深刻的一件事情，是协助他返乡的经历。在返乡前，我护送他到救助站，救助站帮他买了第二天的火车票。在返乡当天，我到火车站送他坐火车回家。但他还想要先回佛山办点事再过来坐车，根据车票的时间，再去一次佛山，火车应该就赶不上了，我劝他不要再去佛山了。但他非常固执地跑回佛山，因此没有赶上火车。第二天，我们又在救助站遇见他，嘱咐他这次要看好火车票的时间，不要再浪费车票。过了两天后，我接到了他妈妈打来的电话，他妈妈说他已经回到了家，我嘱咐他妈妈劝他不要再出来了，在外面很危险，他妈妈说会尽力劝他。然而5天后，我又在南方医院遇见了他。

在这一次救助经历后，他对我有了极大的信任，一见到我就不停地叫"姐姐，姐姐"，还用手和我互动，我也时常与他开一下玩笑。他心情低落时，我会协助联系他母亲，让他获得情感上的支持。我常劝他放弃乞讨，可以做其他工作，他总是说"自己除了乞讨，什么都不会"。我建议他可以回家和家人开个便利店，他笑着说："我们那边有很多便利店了，便利店很难做的。"

每次遇到他，我都会上前和他聊天，每次都会叮嘱他几句，有时也会拿些衣服给他，他说回家的时候再穿我送的衣服，现在不舍得穿。经过我长期的关心，每次一见到我，他都会主动地打招呼。我会经常让他与妈妈通电话，告诉妈妈他在这边的情况。

从一次偶尔的聊天中，我才得知他从小就被父母背着到处看病，做过许多次康复治疗。为了让他能够自力更生，父母为他付出了很多。我才真正理解他常说的"不能一辈子依靠父母"，或许是对父母的感恩，不想父母再为他操劳。他渴望独立，有着自己的想法。他是因残乞讨群体的一个缩影，虽然身体残疾，但仍然希望能够"自力更生"。或许，因为身体条件所限，乞讨成了一种迫不得已的生活方式。

## 亲情照亮回家的路

2022 年 10 月，64 岁的卢伯（化名）因右腿骨折，由医院转送至救助站暂住。进入救助站后，我为其提供站内关怀，关心其身体情况，了解其家庭情况。卢伯自称 1985 年从家里出来打工后就没回去过，一直独自一人在外，因为赌博输了很多钱，现在感到非常后悔。卢伯因发生意外导致骨折，无法继续工作，行动不便，在外生活比较困难，身上没有积蓄。而对于是否返乡，他很纠结，他不知道家里是什么情况，很担心没地方住，也担心家人不能接纳他。

虽然 30 多年没回过家，但他能很清晰地说出家庭地址，我了解情况后与站内工作人员为其开展寻亲服务。我们根据他提供的地址信息，联系了他家乡的派出所，通过派出所帮助，找到了他的侄子。

我把找到他侄子的信息告知了卢伯，他非常开心，一下子就说出来侄子的姓名。卢伯的侄子主动来电，想要与叔叔视频，我协助两人进行了视频通话，两人用家乡话交流，互相诉说着彼此目前的情况，完全没有陌生感。"怎么那么多年都不回家，家里人都挂念你。"侄子问卢伯，他没有回应，低下了头，或许是心里愧疚这么多年都没回家。

原来，家人一直在寻找他，以为他已经过世了或者出国了，对于叔叔目前的情况，他侄子感到有点惊讶，"现在叔叔年龄大了，作为他的亲人，我会尽自己的能力照顾他，会与家人商量好，来广州接叔叔回家"。

卢伯知道侄子要来接他，他称不用了，想等自己腿好了自己回去，不想麻烦侄子。他侄子再次与卢伯视频通话，安抚他说："不要担心回家后的问题，侄子有一口饭吃都会先给你，你就安心回家，家里也有住的地方。"经过侄子开导，卢伯同意家人前来接他返乡。

他侄子表示从家乡到广州比较远，家里父亲需要自己照顾，他有两个姐姐在广东，到时会联系自己姐姐过来接叔叔回家。后来，卢伯侄女开车过来接领他，她一大早就来到救助站门口等待。但因卢伯吃早餐、办理离站手续还需要时间，我先行前往与其侄女沟通。来接他的有他侄女、侄女婿及其家婆，看得出来家人非常重视他。据其侄女所述，卢伯在30多岁时外出打工，但是30多年没有回去过，她的奶奶一直叮嘱他们去找叔叔，但一直都没有他的消息，直到救助站与社工联系家人才知道他的踪迹。

救助站工作人员及社工搀扶着卢伯来到了救助站大门口时，远远地看见了他的家人，家人也正望着走向大门口的卢伯。走到大门口时，家人前来拥抱他，相拥而泣，"怎么那么多年都不回家，家里人一直等着你回去"。卢伯不好意思地回应着："没赚到钱，就没有回去。"后续回访了解到卢伯办理了身份证，在侄子一家的照料与关心下，身体情况稳定。

## 悲喜交加是工作中的常态

我回忆起一幕幕流浪救助成功的故事，成功的重要原因是有亲人的支持。亲情就像黑暗中闪烁的星星，为在暗淡人生中的他们带来了一丝丝的光。亲情就像冬天里的一把火，温暖他们的心。无论遇到什么挫折，亲情是他们的港湾。

让流浪乞讨人员回归家庭、回归社会是做流浪救助的目的。在实际工作中，我看到有些流浪乞讨人员之所以不愿意回家，是因为没有得到家人支持，基本生活无法保障，而情愿留在大城市流浪乞讨，返乡生活无法保障是他们情愿流浪异乡的一个重点原因。有几十年未返乡的老人，我们帮他找到了家人，但家人不愿意接领，因其年轻时未照顾过家庭，现在年纪大了才找家人，家人短时间内难以接受。有些人失踪多年，家人在苦苦地寻找，得到消息后立即赶过来接领，这些人得到了家人的照顾与支持，人生得以改变。流浪救助的工作就是这样，悲喜交加是工作中的常态。

从事流浪救助的这段时间里，时常有种无力感，让我很纠结和迷茫，好在渐渐地找到了让我坚持下去的动力，大部分流浪乞讨人员确实需要帮忙，生活非常困难，需要社会上的人去关爱。在关爱流浪乞讨人员的道路上，有政府部门、社会组织、志愿者团队、爱心企业。我只是一名在做流浪乞讨人员救助的普通社工，会尽自己最大的努力，做好关爱流浪乞讨人员的服务，哪怕只改变了一个流浪乞讨人员的人生，也将是我继续坚持下去的动力。

医学界流行着一句话:"有时是治愈,常常是安慰,总是去帮助。"意思是在有限的医学面前,最大的价值不是治愈疾病,而是安慰和帮助病人。我觉得,社工与服务对象之间最重要的不是什么方法和技巧,而是情感上的联结。曾经一起参与救助服务的一位志愿者说过:"人一生可能会遇到很多的岔路口,有的人走错,有的人走对,但无论对错,路还是要走的。短暂的停留也是为了更好的开始。"而作为社工,我们将一直陪伴着他们,陪伴他们重拾希望,做出改变,迈过人生的低谷。

一张张照片、一段段文字,背后是一个个具体的人、一个个鲜活的家庭。我们所做的事情虽然渺小,却能够帮助到一个人、一个家庭。等待一朵花开,需要很多的耐心和微笑。流浪救助工作不可能一蹴而就,有反复有曲折,需要一次又一次帮扶,日积月累,相信流浪者最终会走出困境,花终将盛开。

## 第三节　用心服务,助力流浪人员找到回家路[①]

在我很小的时候,老家门口就是一条大马路,每天车水马龙,人来人往。在这些往来的身影中,偶有衣着破旧、神情疲倦的流浪人员,而他们也常常敲开我家的大门乞求一点施舍。所以,流浪人员的样子一直存在我小时候的记忆里,他们大多时候是一只手拿着一只碗,另一只手拿着一根拐杖,嘴里不停地说

---

① 本节由张帼英撰写。张帼英,社会工作师,广州市艾华社会工作服务中心项目主任。

"行行好，给些吃的吧，我已经好几天没吃饭了"。年幼的我总是害怕地马上把门关上，恨不得把他们赶出去，但我妈妈总会敞开门给他们送些米饭、红薯等食物，有时候还会留他们住宿。当时的我还真不明白妈妈为什么要这么做，我们自己也不富裕还要免费为他们送饭。直到后来，我成为救助站的一名社工，每天接触因各种原因而陷入流浪露宿困境的人员，才了解他们背后的心酸和无奈，了解他们自己的不足和惰性，而我们在为他们提供必需的生存保障后，要根据他们的现实和能力，帮助他们重新与家庭、社会联结，帮助他们去获得家庭和社会的支持，也帮助他们去了解自己、克服困难，通过自食其力而自立自强。

## 九旬李伯在外流浪50年被妥善安置

2018年11月，我们接到民政办工作人员的求助电话，称有一位90多岁的老伯居住在废旧电房里，工作人员怎么劝都不肯入住救助站，只好请求我们帮忙。我们赶到后，了解到时年91岁的李伯（化名）已在外流浪50多年，从不与家人联系，也已经忘记家在何处。我们向他介绍救助站的住宿条件、饮食条件，并且跟他强调这是政府的救助管理机构，是免费向其开放的，但李伯始终不愿意搬离他心爱的"小窝"。

李伯跟我们说，他已在外流浪50多年，走过的城市连自己都数不清，前几年才来到这里，平时主要靠拾荒谋生，偶尔也会有好心人送来蔬菜、鸡蛋、衣服等物品，感觉现在这样过下去也还行。我们考虑到李伯的年龄，担心他某天会被饿着、冻着或者病着，于是几乎每天都去探望他。对于我们的频繁到来，李伯却显得非常抗拒和情绪激动，他嫌弃我们每天都来烦他，扰乱了他原本平静的生活，甚至还恨自己为什么这么大年纪还留在世上给世人添乱。于是我们及时调整了探访策略，虽依然保持每天的探望，但是会根据李伯的健康状况和情绪状况决定是否多做停留，尽量保证我们既能及时了解李伯的健康状况，也能让李伯自在生活和熟悉我们。经过长时间的沟通与陪伴，李伯逐渐放下戒备心理，与我们讲述他多年的遭遇和困难，而我们也趁机向他普及政府的各项救助政策知识，为他打开一扇未来之门。最后，李伯终于答应跟我们入住救助站，在救助站内等候寻亲安置。

入住救助站时，我们为李伯安排了一次全身体检，发现他患有三级高血压，情况比较严重，并且医院还立即出具了病危通知书。住院治疗期间，救助站安排专人24小时护理李伯，为他擦背、更换衣物、打饭、送水；同时，我们保持每天探访和关怀李伯，终于打开了李伯的心扉，了解到他的姓名、出生年月、户籍地址等信息。第二天，我们就得到了户籍地的肯定答复，户籍地将安排工作人员前来接回李伯并将他安置到当地的养老院生活。2019年1月，户籍地的工作人员亲自到广州火车站把李伯接领回乡，李伯终于结束了长达50多年的流浪生活。

流浪长者大多离乡背井多年，对家乡已没有太多记忆，对返乡也顾虑重重；而多年的流浪生活也使得他们远离社区生活，对新的社会常识、新的政策知识等了解不多；至此，他们也大多觉得此生不如就如此过下去罢，无欲也无求。而我们作为救助服务领域的社工，有责任去救助这些陷入困境的人员，也有义务让更多的人了解当下的救助政策，让更多的人学会利用资源帮助自己摆脱困境。

## 寻亲十年终得团圆

"前几年我们一家发动了所有的亲朋好友帮忙寻找，也刊登过报纸、寻人启事等到处寻找姐姐的下落，但都杳无音讯，她这一不见就是 11 年，我爸爸想她想到头发都白了，今天，终于见到了我失散多年的姐姐，我真的不知道该如何感谢你们！"梁姐（化名）的弟弟激动地向我们诉说着。

一起出现在这场认亲大会的还有梁姐的三个儿子。刚走进门时，梁姐的三个儿子一眼就认出了自己的母亲，但梁姐却认不出三个儿子。因为在梁姐的脑海里，三个儿子的模样还停留在他们小时候的样子，但眼前都已经长大成人的三个儿子早已没有了儿时的模样，让梁姐一时难以相信，还以为眼前的认亲大会和自己不相干。

初见梁姐，是在 2011 年的夏天，天气异常炎热，市民纷纷躲进空调房里，而梁姐却在马路中央晒着太阳，漫无目的地走着，脏乱的黑色衣服和短头发，时而激动时而傻笑，还不时地捡地上的垃圾吃。这样异于常人的梁姐让我们认定她大概率就是我们外展要寻找的流浪人员了，便上前询问她要不要喝水，警惕的梁姐捡起砖头就扔向我们。"又是个难缠的个案。"我们不禁感慨了起来。我们不远不近地跟着梁姐，在她停下来休息的时候，我们递给她一瓶水，感受到善意的梁姐接过水喝了起来。可能是因为大家同为女性的亲近感，也可能是因为我们给了她水和食物，梁姐主动坐上了我们的救助车。之后，梁姐开始了在定点医院接受治疗的生活。

在接受治疗的前几年里，梁姐一直没办法记起自己的身份信息，我们也一直没能帮助她找到家。直到 2019 年，梁姐开始跟我们说她是广东省清远市某个镇的，但是记不得村名了。我们打电话到镇政府进行核实，但查无此人。后来梁姐说能认得回家的路，只要我们把她带到镇上，她就能指出回家的路。2019 年 6 月，我们开车带着梁姐一同前往清远市某镇。一打开车门，梁姐还以为我们要把她带到陌生的地方遗弃了，而我们对此则早有心理准备，近年来城镇化快速发展，小镇早就变了模样。我们只能带着梁姐往她觉得有点熟悉的乡村进行现场寻亲，按照梁姐的记忆逐一排查核实，但最终都没有找到梁姐的家人，梁姐怀着不舍的心情回到了定点医院继续治疗。

经过这次寻亲失败后，我们重新整理了梁姐的个人资料，当我们问梁姐除了兄弟姐妹以外还认识谁时，梁姐无意间说出了她堂姑的名字，她的丈夫就是这位堂姑介绍认识的。我们欣喜若狂，马上打电话进行核实，一开始村委的工作人员告知说有梁某娣这个人，但过了半小时后又打电话来说没有梁某娣这个人，我们觉得事有蹊跷，便打算再次带上梁姐现场寻亲。直到 2019 年 8 月，广东省蜗牛公益团队协助救助站对滞留人员进行寻亲问话，梁姐是本次的问话对象之一，我们也把自己掌握的重要线索提供给志愿者，并录制梁姐的视频发到寻亲群里，让群里的志愿者根据梁姐讲述中的口音、地名、学校、古建筑等进行逐一排查。第三天，群里就发出了好消息，梁姐的弟弟已联系了蜗牛公益团队的负责人，并确认了梁姐就是其失踪十多年的亲人。

我们通常称类似梁姐情况的流浪人员为无意识流浪人员，他们走失后被迫在街头流浪，不会求助，更找不到家人，往往还抗拒陌生人的接触，对他们的救助是一个需要耐心和技巧的过程。

## 用爱心铺就回家路

流浪乞讨人员中，除了老人、精神病患者，还有不少年轻力壮的中青年，小伍（化名）就是其中之一。初见小伍时，他正躺在公园长凳上呼呼大睡，旁边散落着几个啤酒瓶，一旁正在锻炼的老街坊表示小伍晚上就露宿在不远处的小亭子里。我们计划等小伍酒醒之后再找他了解情况，并且把我们的联系方式留给在那里锻炼的老街坊，叮嘱其若是见到小伍酒醒了就联系我们。

第二天上午我们就接到了街坊的电话，来到现场时，小伍正在整理他通宵捡回来的纸皮、瓶子等。对于我们的到来，小伍倒觉得见怪不怪，因为居委工作人员也经常来找他，希望他不要在这里露宿。

"我今年34岁，小学毕业就出来了，以前在工厂干过，加班太多了，到年底又剩不下钱，等于白干一年，觉得人生没什么意义，就不想干了。"小伍的这套说辞也是许多中青年流浪乞讨人员的常见现实困境。年富力强，受过一点教育，但是缺乏职业技能，家庭支持薄弱，不愿面对家人或者是羞于返乡求助……在这样的情境下，小伍并不愿意接受救助。我们开始为小伍介绍工作，帮助他制订职业规划和存款计划。反复沟通中，小伍开始动心，但是很快就面临一个更为现实的问题：小伍没有身份证，并且没有办理过二代身份证。我们指导他先返乡办理好身份证再外出打工，小伍对此颇为犹豫，担心返乡后会受到家人的责骂。于是，我们又联系上小伍的户籍地村委，在村委的协助下与小伍的父母视频通话，父母的关怀让小伍拾起勇气，踏上了回家路。

返乡后的小伍办好了身份证，并且跟随堂兄弟们一起外出打工，遇到困难时能有家人的支持和帮助。在我们看来，为流浪乞讨人员寻亲、介绍工作、讲解政策等并不一定是要他们立即回家或者去工作，而是通过这个过程让他们与家人、社会重新联系，让他们学会获得家庭和社会的支持来帮助自己摆脱困境，让他们学会自助、学会成长。

## 第四节　用心陪伴，让流浪人员感受到更多的温暖 ①

桦树，是我的志愿者昵称，我是一名室内设计师，也是一名老广州，生于斯，长于斯。我见证了广州这座城市由朴素到繁华、由广府粤语一枝独秀到南腔北调熔于一炉，天南地北的人员聚集到这里，只为寻求更好的生活质量。居住在老城区的我，经常在小巷拐角、骑楼底下、天桥底下见到瑟缩在那里的流浪露宿者，我总忍不住想，是什么样的际遇让他们走到今天这步，我们能帮他们些什么吗？后来我成立了一个年轻的志愿团队——暖加公益，利用年轻人在下班后的夜晚空余时间，组织大家一起向这些露宿者派发餐食、外用药品等，引导他们提高个人卫生观念，

---

① 本节由徐智华撰写。徐智华，广州市暖加公益促进会创始人、监事长。

保持露宿位置的环境洁净卫生。慢慢地，我们不再仅仅是派发物资，我们关心他们的想法、关心他们的将来、关心他们应该怎么做，所以我们开始帮助他们找家人、找工作……在与他们的接触中，我了解到多种多样的人生故事，并用心陪伴，让他们感受到这座城市更多的温暖。

### 热气腾腾的年夜饭

年廿九，当在异乡的人群热切盼望着登上归家的航班或列车准备回家过年，当家人为迎接春节而忙碌准备年货打扫卫生的时候，一群同在异乡，却因各种原因只能留在广州的流浪人员仍像往常一般，为一日生计而东奔西跑，为一晚安眠而碌碌度日，他们也许与匆匆回家过年的人们擦身而过，但他们的方向，永远不是那个有瓦遮头、家人在旁的家。

年廿九，有一群可能只能叫出彼此网络昵称的热心伙伴在忙碌着：熬骨头汤、分包着零食、倒弄饺子皮和馅料，为的是一顿特别而温暖的年夜饭——暖年包饺子关爱活动，流浪人员没有被遗忘，暖加公益的热心志愿者们用行动在为他们准备一次温暖的"家宴"。

志愿者们用猪骨、虾皮等材料熬制美味的水饺汤底，志愿者们甚至拉上爸妈做包饺子后援团，4小时完成1 500多只饺子的制作。打包糖果、装水饺盒的纸皮箱、运送饮料、煮饺子等，志愿者们积极投入各项准备工作中。

1 500多张饺子皮、30多斤馅料、300多瓶果汁饮料、200多份新年糖果，加上参与包饺子、熬汤、煮饺子、打包食物、年食派送的 50 多位志愿者们的心意，我们为流浪露宿人员送上一份年夜饭。尽管只是每人一盒水饺、一瓶饮料、一袋糖果，但在繁华喧闹的城市里，即使暂时露宿街头，这份年夜饭便如同一份温暖心窝的新年问候，让他们感受仍被重视的温暖，即使有什么困难，还有人可依靠。

为了让他们吃上热腾腾的水饺，志愿者们带来六个保温壶，现场浇上暖暖的热汤，温暖无比。

## 重启新生的"微笑伯伯"

在接触的流浪人员里，令我印象最深刻的是李伯（化名）。李伯 50 多岁，他每次看见我们的到来，都会露出亲切的笑容，并主动帮我们暂时看管车辆，同时热情地向我们介绍附近其他流浪人员的情况。而且，在他暂住的露宿地点，李伯积极带头推动爱护环境卫生，我们总喜欢亲昵地称呼他为"微笑伯伯"。

2017 年的秋天，暖加志愿者为李伯提供了一个就业机会，通过我们两年多对李伯的认识和了解，我们由衷希望他能过上新生活，并重新投入社会自力更生。当知道这个好消息的时候，李伯表示十分愿意尝试，并详细地向我们咨询了相关事宜。

李伯为了能准时到达面试地点，他按照我们先前给的就业信息，提前规划好去的路线。因为他没有钱、没有手机、无法导航，为避免迟到，李伯便提前一天从广州火车站的露宿点踩着共享单车历经七小时去花都区，并在面试点附近露宿一晚。

第二天一早，他才穿上我们准备的新衣服，用新的面貌去就业点面试，并且通过自己的努力成功被录用。

李伯现在主要工作是晚上在农庄值班，偶尔下午去农庄的"动物园"喂小动物，他觉得现在的工作还是比较轻松的，而且农庄也给他提供了包吃包住的工作福利。每次回访，李伯都向我们表示十分感谢当初的推荐，让他有机会重返社会，为这社会出一份力。现在的他已经和社会正常接轨。

至今为止，"微笑伯伯"已经在农庄工作四年有余了，用人单位对他赞许有加，而他也常常对我们志愿者说："放心，我会努力工作的，不想给你们添麻烦。"

看到李伯能够开始新的生活，我们都倍感欣慰。而另一位让我们挂心的长者却还未能找回自己的身份。

## 流浪的黄伯

2018 年，通过暖加公益"暖城关爱活动"在公园附近认识了一位 87 岁的露宿者——黄伯（化名）。

初相识的黄伯对我们稍有防范，不太愿意与我们交谈。每次我们放下物资后他总是说声谢谢便不再多开口。在之后的一段时间，我们每次开展外展活动经过黄伯的位置时，除了放下生活物资，还会问候一下，询问他是否有什么需要。慢慢地，黄伯逐渐和我们多了些交流。

在交流过程中，黄伯自诉是广东人。按照黄伯的讲述，70多年前解放战争刚开始，15 岁的他因为战乱与家人失散了。解放战争胜利后，黄伯进入了儿童教养所生活了几年，之后被分配到一家工厂做水泥工，生活倒是比较安稳，但好景不长，工厂很快便解散了。由于黄伯与家人失散且无家可归，加上社会动荡而失去了户籍，无奈之下他只能在外流浪。

我们了解到黄伯因为年纪大，身体状态很不理想，每个月都需要到医院看病，还常年戴着尿袋。黄伯的经济来源主要靠卖废品，但每月换尿袋就要花去 60—70 元，得知情况后，暖加公益便开始资助黄伯每月更换尿袋的费用，希望尽一些绵薄之力帮助黄伯减轻生活的负担。

同时，为了帮黄伯脱离露宿的状况，我们走访了黄伯疑似户籍地的很多机构，也借助了电视台、寻亲网站等平台，希望可以通过这些平台，找到可能认识黄伯或黄伯家人的人，帮黄伯找回身份，安心养老。

流浪救助的旅途还在继续，我们在街面上与流浪乞讨人员相遇相识，以他们一个个故事编成旅途中的多样风景。

帮助流浪人员的公益活动不仅仅得到伙伴个人的帮助，还得到了很多商户及机构的帮助，让羊城充满了善意与包容。例如，我们暖加公益联合芭曲高德置地冬广场店 Kio 老师组织发型师们，为露宿者们进行了一次剪发活动，许多人都有了焕然一新、精神爽朗的形象。

火车站有些流浪人员说"好几个月没有剪头发了"，看见我们的发型师都很是高兴，毕竟一次剪发即便是几元、十几元的支出，对他们来说也是困难的。有位失明婆婆带着女儿，起初在我们附近不敢靠近，后来我们邀请她们剪发，女儿看着自己和妈妈的新发型，开心得合不拢嘴。有位刚失业的年轻人，原本消沉的志气也随着剪走的头发一并消失，重拾信心，鼓起找工作的勇气。帮助不仅仅体现在物质提供上，精神面貌的转变同样重要。

## 用心陪伴，让伙伴们明白暖加的公益意义

在参加流浪人员关爱活动的过程中，常会听见一些小伙伴的疑惑：我们把食物交给他们，有什么意义？

我们提供的食物不能改变他们的生存现状，不能改变社会一部分人对他们的眼光，不能改变他们重投社会的困难度，但我们能给予最大的意义是尊重、沟通和陪伴。这里的陪伴，是首先丢弃我们的有色眼镜和冷漠的外衣，细心聆听和接纳他们的需求，竭尽所能帮助他们回归社会，以自己的能力，改变自己的生存状况。我们在长期露宿地点派发物资，有时会看见露宿人数减少了，附近的露宿者告诉我们："他们都找到工作了，就不在这里睡了！""其实我们都希望靠自己的能力找到工作，我们都不是好吃懒做的人！"这便是我们接触的部分流浪人员的真实想法。

我们常常会和流浪人员聊天："最近身体怎么样？""老伯，风湿药膏用完了吗？""最近工作找得怎样了？""陈伯，少喝点酒啊。"某天，我们的饭盒供应商特地安排了回锅肉饭，有位老伯欣喜若狂地说："多久没吃过这么好吃的饭了！"我们派发卷纸，流浪人员都感激不尽："太实用了！每次都得掏钱买纸，都不舍得。"我们还会派发洗头水、沐浴液、牙刷牙膏，叮嘱他们要注意清洁……这些，都是暖加公益努力在做的事情，努力让他们从一份物资上感受到来自社会的更多温暖。

也许在现实烦嚣的钢筋森林里，我们不能消除部分人对露宿者的误解和认识，我们也没有能力让所有露宿者过上体面的生活，但我们不希望冷漠和不理解剥夺了他们生活的尊严，一句简

单的问候和浅浅的微笑，没有等级的约束和身份的局限，尊重他人、平等待人、无私奉献，这是暖加公益人一直在做的。

每个露宿的人都有自己的故事，除去可能是无可选择的生活条件外，我们都是平等的人，我们坚信，事情总会一点点变好，至少我们也看见了改变：省站的露宿者都是来自五湖四海的年轻人，以前他们会一哄而上争抢派发的物资，如今，他们不仅井然有序并且还会告诫新来的同伴要遵守秩序领取物资；以前我们会收到环卫工人的投诉说露宿者随地丢弃吃过的饭盒和垃圾，我们就在派发时提醒吃完饭要把垃圾丢进垃圾桶，如今，不用我们提醒，他们也会自觉遵守。

公益不是施舍，我们奉献出时间甚至原本拥有的物资，我们一点一点在坚持，坚持付出不求回报，希望坚持能帮助他人，也希望坚持能让自己变得更美好。社会变得更好，不是一个人做得最好，而是每个人变得更好一点。更好的慈善是让露宿者得到帮助的同时，也在回馈维护社会公共卫生这一社会公共利益（公益）。

这些，都是暖加公益努力在做的事情，努力让人们从一份物资上感受到来自社会的更多温暖。请你相信，我们与你并肩同行，让城市的温暖延续下去！

## 第五节　每个人都应被尊重与理解①

在接触救助流浪乞讨人员领域之前，我也曾在想，到底怎样

———————————

① 本节由黎研桃撰写。黎研桃，社会工作师，梧州市民生社会工作服务中心项目主任。

才能帮助这些在外面风餐露宿、无家可归的人？后来我才发现，不歧视、不驱赶已经是对他们的一种善意，每个人都有他自己所选择的生活方式，能被尊重和理解，以平等的目光去看待他们，足矣。

## "流浪"到最眷恋的那个地方

我自进入流浪乞讨人员这个项目后接触的第一个服务对象就是黄伯（化名）。那天，是我刚进驻救助站的第四天，站内救助热线接到社区的来电，称在鸳江桥头风雨走廊处有一名流浪人员病倒在河堤上。我跟随站里的工作人员到达发现报告地点后，看到年约 70 岁的黄伯，衣衫褴褛，躺卧在地，其腹部肿胀，表情痛苦。现场因其大小便失禁，散发出强烈异味，路过行人纷纷捂住口鼻，无人问津。

我们立马拨打 120 请求帮助，在等待救护车到来期间，我们试图给黄伯喂水，让他干裂的嘴唇能够得到湿润。但是连呼吸也开始困难的他，并未能够将水吞咽，黄伯用仅有的力气，告诉我们他"姓黄，是水上人家"。

经过紧急治疗，黄伯被确诊为结肠癌晚期，癌细胞已经出现全身扩散的迹象，随时都会有生命危险。但我们核查不到黄伯的身份信息，联系不上任何家属，发布的寻亲启事犹如石沉大海。大概，黄伯在这世上已再无亲人了吧。

我们来到"三无人员"病房里，探望卧病在床的黄伯，他空洞的眼神凝视着天花板，看到我们的到来，只是轻"嗯"一声，就闭上眼睛休息，不愿与我们有过多的交谈。长期缺乏他人关爱和家庭支持的"街友"，心理往往更加脆弱，而此刻黄伯的生命已经进入倒计时，无助感与孤独感更是让黄伯不愿再与外界过多地接触。

但在我们秉持着社工"接纳、尊重"的社会工作价值观，我们逐渐打开了黄伯的心扉，黄伯开始愿意与我们分享自己过往的一些经历。

四五十年前，黄伯是居住在西江边的"疍家人"，15岁开始出来跑船，以捕鱼为生，前半辈子以船为家，居无定所，在西江中寻觅着自己的一片栖身之地，在鸳江边目之所及的每一个角落，都留存着他最美好的回忆。

在得悉黄伯对江边沿途的风景有着很深的眷恋之后，我们就在日常街面巡查的工作中，拍摄云龙桥至鸳鸯桥一带的风景，以打印相片和播放视频的形式让服务对象可以"重游旧地"。黄伯每次看到照片和视频，都会呆望很久，与我们分享着他与这些地方的故事，但是关于家人和自己的信息，他却依然只字不提。

黄伯临终前几天，精神状况急剧恶化，黄伯意识到自己时日无多，希望我们能够为他拍摄一张遗照。在护工的协助下，我们帮黄伯整理好衣服，为黄伯拍摄了一张正面照，当黄伯看到照片上的自己时，似乎因很久没正视过自己的模样而感到陌生，对着照片上的自己凝视了很久。

黄伯送医救治后的第30天，因病去世，黄伯临终前，我们始终没有找到他的家人和认证他的身份信息。但是在黄伯离世前的这一段日子，我们陪伴在他的身旁，"临终关怀的重点是关怀，而不是临终"。我们以支持者的角色陪伴他走完人生最后一段旅程，让他在生命的最后时刻，可以"重回"自己最眷恋的地方，重温那些快乐的时光。

## 重燃生的希望

"我说话很辛苦，咽口水喉咙会很痛，但我还是想说谢谢你们！自从自己不舒服后，身体一天比一天差，到最后都走不动路，虽然能感受到少数好心人的施舍，但更多的是大部分人的嫌弃。自己没有钱，也没有亲人，加上病痛的折磨，我一直都在等死亡的到来。可是你们，不仅不嫌弃我，还联系政府帮我治病，又准备送我返乡养老，我真的太感动了。"患有肺结核空洞的张大叔（化名）用力地说着。

听到这番话的时候，我忽然想起梁建雄老师曾经在《教你做个真社工》一书中写过一段关于露宿街头的那些无家可归者的感想，他说："世上或许再难有其他行业的人会像社会工作者这样，每天都在陪伴别人度过各种不幸的时间。"

多年以拾荒为生的张大叔自双脚水肿无法走动后就一直呆坐在路边，自流浪露宿以来，路上行人往往投去异样的目光，还有人向他吐口水、踢他、赶他，张大叔也记不清搬过多少地方。虽然也有好心人送他一些食物和衣服，但他认为这些人都是希望他吃饱之后赶紧离开。

我们接触到张大叔的时候，他戴着鸭舌帽、光着臃肿的双脚、裹着一件外套浑身哆嗦。他请求我们帮他把身边的食物、棉被等物品全都扔进垃圾桶，说自己是将死之人，不想再弄脏周围的环境。张大叔的每一句话都像是在跟这个世界告别，因此，在我们联系上医护人员和民警打算送他进医院接受治疗的时候，张大叔用衣服盖住头部，一直重复着"你们不要管我，让我死了算了"。

身病易治，心病难医。张大叔自被确诊为肺结核空洞，在传染病医院里，他求死的想法更强烈了。在护工的照顾、社工的陪伴下，张大叔的心态才慢慢有了变化。

"遭受精神打击，长期封闭自己，逃避现实社会"是很多街友的真实写照，他们长期风餐露宿，在生理、安全需求长期得不到满足的情况下，在极度的自卑心理作用下产生了极强的自我防御，拒绝他人帮助，容易对社会乃至生命感到绝望。但社工平等地对待服务对象、尊重服务对象的决定、满足服务对象的自尊，帮助这些陷于困境的"街友"打开心扉，重建社交。

如果全社会都能向他们伸出援手，多份爱心，多份理解，少一些歧视的目光，或许，足以让他们感受到世界的善意。

### 照亮阴郁的街角

"你还认得我们吗？"

"认得！"宋伯伯（化名）面带微笑，点了点头，向我们竖起了大拇指说道。听到这句话，在场的工作人员全都露出了笑容。

生活中总会有一些场景，即便我们经常看到，也没有放心上，这些被称为"心灵盲区"的人和事往往被我们所忽视，就像"住"在某银行门前的宋伯伯。

常年衣衫褴褛、面容憔悴的宋伯伯总爱躺卧在一家暂停营业的银行门口，时不时神情恍惚地伸出手指到处乱指。有人说，他是附近的居民，房子被拆迁了；有人说，他因为老婆跑了而受刺激精神失常了。我们对他进行了人脸甄别，但未能识别出关于宋伯伯的任何信息。

11 月下旬天气已经开始变得十分寒冷，我们几乎以每天三次的频率出现在宋伯伯的面前，关心他的温饱和身体状况，以期能获得他的信任。尽管收效甚微，但是我们仍然坚持着尝试与宋伯伯交流。这样的行为也引来了附近居民的关注，群众不再漠视这位"街友"的存在，也会拿出家里闲置的棉衣棉被放在宋伯伯跟前，有时也会替宋伯伯准备一些热气腾腾的饭菜。

渐渐地，宋伯伯开始对我们的话语有了一些简短的回应，或是简单的一句"是"，或是一个点头或摇头，事情慢慢有了转机。最终，宋伯伯愿意跟我们到救助站接受帮助，那大概也是宋伯伯多年以来第一次不用在街头度过的一个春节。

## 第六节　坚守助人情怀，不忘救助初心 [1]

"哇，你社工专业毕业之后一直做流浪人员救助啊？能坚持那么久，好佩服啊！"

是啊，一晃眼就三年了，说长不长，说短不短。回想工作之初，我也如职场新人一般佩服着前辈的坚守，那时的我是以什么心情投入这份新工作的呢？应该是对于新事物的好奇和对专业的热情吧，希望能通过自己所学的专业知识，给每一位有需要的人提供力所能及的帮助。

---

[1] 本节由叶丽萍撰写。叶丽萍，社会工作师，广州市鼎和社会工作服务中心项目主任。

## 初生牛犊不怕虎

刚入职那年，本着对职业的责任和对流浪群体的好奇，我每天都好像有用不完的力气和精神，热情满满地与同事一起走街串巷，寻找着服务对象——流浪人员。记得初次和同事一起外展的地方是一座桥底，那时同事和我打趣说"你要做好心理准备哦"，我很不以为然。

当我看到桥底十几个生活用品齐全的铺盖，人们或睡觉，或三三两两凑一起打牌，或聊天下棋，而同事告诉我这都是流浪人员的时候，震惊之余却也暗暗惊叹：确实没有想过，现在依旧有这样的活法。或许因为我出自农村，也或许我本身接受能力强，对于突然知道流浪人员的生活现状并没有太大的负面情绪，只是会有疑惑：为什么会聚集那么多流浪人员？为什么都不去工作呢？为什么不回家呢？同事带着我挨个儿与他们聊天，从每天的露宿生活到以前的工作经历，再谈及家人朋友，去了解他们为什么会流浪，有没有需要帮助的地方，一番交谈下来，好像我们已经成了朋友。更具体的我已经记不清了，但印象最深的是谈及未来时，一位大哥说"都已经这个到这个地步了，回不去了。"不论曾经怀着如何的壮志，如今也只有一句"我现在这样挺好的"。

那时候遇到流浪人员便挨个儿和他们聊天，内心一点都不带怕的，秉着从学校学习到的"助人自助""尊重他人"的专业价值观，去尊重他们的生活，接纳他们的流浪行为和人生态度，和同事一起去关怀他们，并尽可能地提供一些他们需要的食物或者衣服。然而，专业价值观不是万能的，"社工"不是圣人，面对能力之外的事件，我们也会变得束手无策。

## 人生不如意十之八九

这三年里，我和同事一起介入过很多案例，成功的喜悦感与失败的颓丧感交杂，很是磨炼。

我遇到过智力障碍者的案例。小斌（化名）与家人在医院走失，起初我以为他是普通市民，询问后才发现其是因智力障碍走失遇困，于是我们联系其家人来接回。我以为终于干了一件有意义的大事，一直和同事说："幸好我们问了一下，不然小斌就要一直流浪了。"只是一段时间之后又在街面遇到了他，他说自己不想一直困在家中才跑出来。联系家属，对方也是无奈地叹息。

我也遇到过携子乞讨的案例。印象最深的是两例携子乞讨的案例：一个较为年轻的妈妈带着孩子出来乞讨，经过一段时间的介入，她也尝试了新的工作，但是一段时间之后，她依旧选择乞讨生活，原因是认为乞讨比工作挣得多，能更好地养活两个人。另一个年轻妈妈带着烧伤的孩子边乞讨边治病，在多方的帮助下，孩子得以手术治疗。妈妈在孩子治好病之后找了一份工作，陪孩子康复，供孩子上学。

还有就业帮扶案例。马叔（化名）今年 50 岁，想要找一份工作自力更生，于是我和同伴陪同他一起找招聘信息、面试，直到成功入职。可是三个月之后，马叔又主动离职，并未告知我原因。

"非评判"是社工的价值观，我不会去评判他们的行为，也不能让他们按照我认为正确的生活轨道去生活。但未能改变小斌复流、年轻妈妈的现状、马叔离职，遇此种种，失落感令我备受打击，曾经一度认为社工之路充满艰难险阻，不知如何坚持下去。

一位资深的前辈和我说："虽然不如意十之八九，总有一二分可以如意。"回想初为社工时的热情与动力，在提供介入帮扶时，不自觉便会急切地希望自己的服务对象能达到自己所期盼的最终目标。但是在服务经验积累的过程中逐渐发现，我的这种希望太过理想化了。年轻妈妈能好好照顾孩子，小斌随身带着家人的联系方式，马叔用自己的工资买了手机和姐姐联系，这些不也是改变吗？与其在意这八九分的不如意，不如多看看这一二分的如意。

## 知足之足，常足矣

苏大爷（化名）常年露宿在居民楼的一楼楼道。我和同事经常去和他们开展活动，结束之余便会和他聊一些往事。苏大爷曾经有一份体面的工作和幸福美满的生活。因为和小女儿结婚时闹了别扭，苏大爷一气之下离家出走，此后流浪了 20 多年再未回去。他说："都出来那么多年了，也没有人来找，还回去干什么。"我当时就想，还是个"傲娇"的老头！所以我们联系寻亲志愿者帮助他寻亲，很快和他女儿取得联系，他女儿很是激动，并且隔天上午两个女儿便赶到了苏大爷露宿的地方。苏大爷也最终结束了 20 多年的流浪生活，和女儿们回家团聚。一段时间之后回访得知，苏大爷在老家的晚年生活还蛮丰富的嘞！

我经历过无数次寻亲，但每次都能被家人接到电话那刻表现出的惊喜和激动感染，也总是会被家人急切的态度所感动。原来，家人并没有抛弃他们，我们的工作也是有意义的。

阿松（化名）每天都在隧道私接电线煮饭，惹得不少市民担忧，虽然相关部门竭力劝导，但都无济于事，阿松依旧我行我素。我和同事想和他交谈，但都被吼退。经过多方努力，我们终于联系上他父亲和姐姐，只是阿松是精神病人，离家一年多且没有定期吃药，姐姐也难以保证可以顺利将其接回。在不断协调和多方的帮助下，阿松得以被送去精神病医院治疗，病情好转之后便会返乡安置。虽然一直没能顺利和阿松交谈，但能帮助他与家人相聚并接受治疗，似乎面对他们也没有那么糟。

"行无辙迹，居无室庐，幕天席地，纵意所如。止则操卮执觚，动则挈榼提壶，唯酒是务，焉知其余？"魏晋刘伶的《酒德颂》塑造了一个睥睨万物不受羁绊、纵情任性唯酒是务的大人形象。然而在城市繁华的角落，即便生活窘迫却依旧努力生活，纵使高楼林立之中无处安家，也依旧可以笑谈以天为被、以地为席的那些人，不也在塑造一个个有血有肉的凡人形象吗？小人物帮助小人物，自得其乐。

## 不为无益之事，何以遣有涯之生

回想这几年，我常常会陷入自我怀疑，常常会问自己：值得吗？那些年纪轻轻的人却选择过这种无着无落的生活，那些年老者不愿意接受政府和社工的帮助却选择在异乡度过凄苦不堪的晚年，还有那些携子流浪的母亲不愿意努力工作却选择乞讨获得收入，他们自己都不愿意改变，作为社工的我那么努力去帮助他们有什么用？

俗话说："可怜之人必有可恨之处，可恨之人必有可悲之苦。"与他们接触多了便发觉，可恨之人不过是被生活与环境所致的可怜之人罢了。

大林哥（化名）很憨厚也很健谈，已经流浪了多年的他一直很想找一份工作，他说希望攒点钱开个小卖店，那是他的梦想。他说自己什么都会干，也干过很多工作，只可惜都不长久，后来要身份证才能工作，所以他失业了，以捡废品为生，攒钱开店的梦想变得遥不可及。听我们说可以异地补办身份证，他激动地说想要办身份证找工作，陪他去了两次，都没办成，因为身份信息和指纹识别不对。我说要不要联系家里人问一下户籍情况，他说没有家人了。再后来，他说："现在捡废品也可以活着，有没有身份证都无所谓。"尝试过失败，所以望而却步。

小翠姐（化名）是一位残疾人士，同时也是一位 3 岁孩童的妈妈。第一次见她是在寺庙，那天，她坐在自制的拉板上，小孩站在她旁边，很娇小的他们在人群中也很是显眼。她说是和公公一起带着小孩乞讨，有租房住，只是较为简陋和狭小。她说公公身体不好，药不能停，自己也患有小儿麻痹症，行动不便，所幸小孩很健康，只是很内向。虽然和她交谈了很多次，也带着物资去入户看过她们，我却不是很了解她，同她交谈了几次便听了几个版本的人生遭遇，虚虚实实。乞讨，是她目前唯一能多赚钱养活孩子和家庭的方式。

冯叔（化名）患有帕金森病，一直露宿在桥底，已经四五年了，每天上午摇摇晃晃地背着晚上捡来的临期和过期零食去到江边摆摊，每包一元，来光顾的都是附近的老街坊和街友，一天天的"工作"，也能自给自足。他说早年出来打工会寄钱回去，可是后来身份证没了，工作也难以找到，联系不到家人，就以捡废品为生。后来发病了，自认是家族遗传病，没多少年可以活，也就一直坚持在外面露宿了。冯叔害怕成为家人的负担，选择安于现状。

大林哥、小翠姐、冯叔这三个很平凡的人，却是大部分街友的缩影。他们露宿在街边、桥底、公园，用着他们的谋生方式去生存，或捡拾废品，或乞讨，有斋饭就吃，没有就用攒的钱去买，偶尔条件好，买点肉烧个酒精炉子，和熟悉的同伴一起"打边炉"也是别有一番风味。

在看到了这些人，了解了他们的生活过往之后，值不值得呢？衡量方式没有定义，但只要能帮助到他人一点，收获了一点"助人"的满足，那就是值得。

## 路漫漫其修远兮

一路走来，遇见了形形色色的人，或悲或喜，也帮助了许许多多的人，有成功有失败。或许因为社会的发展和自身的能力所限，流浪人员不能选择理想的生活，但是他们都在竭尽全力地活下去。古有"禁迁徙，止流民"，今有社会救助管理制度硬性支持和社会力量的柔性关怀。无论哪个时期，对于他们总是能有足够的包容和接纳。

我自知作为社工，能做的事情非常有限，能帮助到的流浪乞讨人员微乎其微。也许帮助过的人又重新回来流浪，也许在"助人"的道路上会被反感、被拒绝，甚至会经历永远的离别，但没关系。前路漫漫，从心随性，时刻谨记做好一名社工该做的事情，尽力而为。

## 第七节　每一个流浪露宿人员都是勇敢的人 [①]

　　曾经一个露宿者对我说：我们每一个流浪露宿人员都是勇敢的人。我很认同，因为风餐露宿、缺衣少吃的常态没有打败他们，有时候还要面对他人的不理解，这些都没有打败他们对生活的信心、对流浪情结的执着。我是中山市救助管理站的一名社工，在这领域工作已经有三年了。一开始我对社会救助是很含糊的概念，或许是受高中时代的情结影响，高中时我们中山实验高中逢周五的下午要到附近对口的濠头村探望孤寡老人，对孤寡老人进行关怀和帮助搞清洁，那时候我才 16 岁左右，那些阿伯、奶奶家都是比较邋遢的，但我们都坚持帮他们搞好卫生才离开。或许是那些经历，让我在当年已经默默埋下助人的思想种子，对弱势群体的怜悯，想帮助他们走出困境，想给处于困难中的人一些阳光，希望以自己一点点的力量去帮助有需要的人，点燃希望，让他们重拾信心。工作后我还组织高中同学进行定期的对孤寡老人的探望，其中有抗战老兵、有单亲家庭，从 2009 年起我们坚持探望了 30 次。

　　到后来我专职从事救助工作，才发现这个课题真的很大，亲身走在一线才发现社会上有很多人需要救助，我们每天和流浪人

---

① 本节由陈利华撰写。陈利华，中山市启创社会工作服务中心一线社工。

员、"职业"乞讨、临时救助人员等打交道，每个人背后都有鲜为人知的故事。

## 阿才的故事

阿才（化名）是四川人，38岁，长期在桥底露宿，靠晚上捡废纸箱和卖废瓶罐来度日，性格孤僻，不爱搭理陌生人，是我们流动救助的一个对象。刚接触的时候他也是不理睬人的，我们坚持一周两次的流动救助定期派送物资，和他聊天，我们的距离渐渐拉近了，我们的细心举动，让他感受到我们是真心帮助他的。

后来我们结下了友谊，从多次的交谈中我们了解到他露宿的原因，也了解他很多之前没有说出来的信息。他曾说："以前我不搭理你们是有原因的，像你们穿制服的工作人员很多都是临时作秀一样走过场，但你的真诚打动了我。"后来他买了一个二手手机，我是他的第一个微信朋友。这些点滴，见证了我的工作得到认可，帮助别人，手有余香。

渐渐地，他的生活态度开始积极向上，早出晚归，他对生活重新燃点希望。我问他为什么离家出走，他说："十几年前跟父母吵架，因为学习的问题，不吭声就来到中山，转眼就十几年了。"我对其进行问题分析，因为我与他年龄相差不多，加上之前建立的友谊，多次闲聊中讲到家的时候，他都停顿两三秒才接话，隐约透露出想回家的意愿，他没有说出口，但我心领神会。我通过爱回家平台——一个专门帮助寻亲或被拐带家属发布寻亲的免费平台，经过一个多月与阿才的姐姐取得联系，他姐姐在2023年的4月来中山把阿才接回家。十多年没有见面，阿才懊恼自己当年的年少无知，与姐姐相拥而泣，场面特别感人。阿才最后与我道别，我很开心也很欣慰，工作得到成效，这一案例给我很大的鼓舞，为我下一阶段工作指引了方向。从中我们看到家庭教育、沟通与关怀对发育中的青少年是很重要的，倘若及时发现和纠正当年阿才的行为，或许他已经成婚、有孩子了。不过现在那样，或许是经历吧，天降大任于斯人也，我们祝福阿才。

## 漂泊30年，一个来之不易的身份

强叔（化名），江西人，今年56岁，20世纪80年代初来到中山流浪，也是我的一个老"客户"。他说当年出来流浪的原因是在寄养家庭中生活，养父养母原本对他很好，后来家道中落养父赌博并天天对他打骂，他忍受不了，年少气盛，一气之下走出来。整整30年没有回过江西，在中山这些年，他说自己没有身份证，名字也是自己想出来的，出来时他自己才十来岁。闲谈中强叔说老家不知道什么模样，发小儿都不知道变成什么模样，家乡的路不知道宽了点没有。说着说着，他犹豫了几秒，眼神中还是流露出一丝丝思绪，我们根据他的口述与江西当地的救助站沟通，希望从仅有的信息中帮他寻亲，但经过几个月的寻找还是没有找到具体信息。

在一次街面救助的时候，我与强叔交谈劝导他进站，因为他住的小房子将要旧改，他听到这消息心情复杂，感慨社会发展得快，也庆幸短期可以有个安乐的窝儿。一开始，强叔不那么适应在救助站生活，因为平时他早起在街边拾荒，站内的生活方式不一样，经过工作人员的情绪疏导，他渐渐适应了站内生活。

接下来头疼的问题来了，由于强叔常年在外，身体有很多基础疾病，就医的时候需要用身份信息，他是没有身份信息的。现在，一个完整身份信息对他来说，将是一个最好的礼物。我们带他去做 DNA，上传他的信息。经过几个月的工作，顺利帮强叔落户并拿到身份证，成为新中山人。接到身份证时，他激动得手抖，含泪感谢，后来我们顺利帮他入住福利院生活，现在每次看到强叔与其他院友一起玩耍，脸上露出的笑容，我都感到很欣慰，帮助别人很有幸福感。

## 变身"职业中介"，也难以帮助找到一份工作

包叔（化名），54 岁，西北人，来中山两年多，他曾是一名叉车司机，后来公司关门，包叔下岗了，只能在桥底露宿。我们第一次到他的住处时，眼前的情景让人心中酸酸的，当我偷偷掀开他的锅盖时，那锅里面的面还是黑乎乎的。当时的他，凌乱的头发、破烂的衣服，远远地只能看到他很特别的眼睛。当我偷偷给他拍照时，他一开始很抗拒。通过多次的救助和闲谈，他渐渐与我建立信任关系，我劝导他入站接受救助，他用不流利的普通话回答他不想进站。

经过几个月的辗转，他的生活越来越窘迫。我提出帮他找餐馆就业，于是我带着包叔走访了中山多家比较有名的餐馆，从利和路到孙文路，再到弘基路，走了很多餐馆。但我们都一次次以失败告终，一份工作真的多么让人渴望。

包叔也感受到我帮他的热诚，但现实对他一次一次的打击让他失去信心。包叔回到桥底继续露宿，他说让他考虑一下找工

作的方向，这一次，我深深感受到社会救助工作有时也不是万能的。尽管这次有点失落，但磨灭不了我助人的心。

不要问他们从哪里来，他们的故乡在远方。流浪，或许像天空飞翔的小鸟一样，或许像山间轻流的小溪一样。但愿我是小鸟停歇的小树，让流浪的他们歇息一会儿，得到喘息的时间，等待着即将到来的展翅高飞。

## 第八节　我参与流浪人员救助工作的心路历程 [①]

今年是我从事救助工作的第 11 年，随着救助工作的年限增长，我也经历过一连串的心路历程：懵圈—愤怒—不满—疑惑—无奈—麻木—觉醒—平静。这种心态变化过程是漫长的，各个过程所费时长和波动并不均等，有长有短，有剧烈，有平静。从认知到行为，从潜意识的图式到难以消化的顺应，再到同化和接受，虽不泰然，也能处之，是一种被各种现实洗礼后不放弃社工伦理价值的必然结果，是从敏感、反应强烈，到波澜不惊的从容。现在，作为一个流浪救助领域社工界的老兵，我谈一点感悟，不一定正确，但一定真实。

### 初入流浪救助，在难以适应中寻找助人的切入点

刚从事救助工作时，面对如此集中的服务对象，我很懵圈。

---

① 本节由熊军民撰写。熊军民，国家二级心理咨询师，社会工作师，社会工作督导，东莞市大众社会工作服务中心社工救助项目主任。

我在没有从事救助工作之前，在街头见到的流浪人员不是衣衫褴褛就是神情落寞，却也大都奋力地活着。从事救助工作后我发现，他们的衣服不只有褴褛，也有光鲜；衣服是外表，内在是主因。这让我好奇，想去探寻他们深层次的问题。

而碰到的这样一类服务对象又会让人有愤怒感：阿杜（化名），男，33岁，未婚，家庭贫困，上过小学，父亲已逝，母亲精神恍惚。他大哥前几年因车祸离世，大嫂带着三个孩子改嫁，弟弟病死，家中只有他和母亲两人，阿杜几年前打工时被机器切断过左手小拇指。我见到他时，他衣衫不整，头发凌乱，胳膊打着绷带，紫色的血迹凝成块，外露出来。他昨天上班时被机器压断了手臂，私企老板叫车把他拉到医院门口，弃之而去。他自己走进急诊科，因无钱交费，医院只为他简单包扎了一下。他一脸狐疑，一腔愤怒，说话大声吼叫，自言等他伤好了后，誓与老板一家同归于尽。我理解他的愤怒，听他诉说，缓解他的情绪，并马上报请救助站出面，先送他去医院作检查和处理，缓解伤情。经过一段时间的治疗后，等他稳定住了伤情，出院返回救助站，我再引导他如何走法律途径解决问题，而不是走极端。开导他为母亲想想，他如果离开了，母亲怎么办？他哭了，最后，在我的引导下，他选择寻求法律援助中心，依法维护自身的权益，避免了一场有可能发生的人间惨剧。

董大哥（化名），男，58岁，未婚，为人憨厚，在一个建筑工地打工，工作时，一堆水泥倒下来，砸断了他的腿。受伤后，包工头把他拉到救助站门口，丢下他就走了。市救助站紧急将其送医治疗，因肌肉软组织坏死，医院只能把他的小腿截肢。他是文盲，不识字，自认倒霉。在得到他允许后，我咨询了律师，回复没有办法立案，我联系上他的侄子带他去治病，并再次寻找另一位律师帮助他。

以上案例有一个共同点：用人单位不签合同或签霸王条款合同，只受益，不担责，不交纳社保；务工者文化程度较低、社会接触面较窄、不懂法；老板为富不仁、冷血、目无法纪；而受害者想解决问题困难重重。这样的救助案例让我辗转反侧，在悲愤中协助服务对象减缓困境，但大多数痛苦最终由服务对象自己承担，而应负责任的人反而没事。

## 外界的诱惑，给青少年带来沉重的影响

救助在前行，一些人和事也让我产生强烈的不满：比如沉迷网络游戏的小张（化名），25岁，独子，从小受宠，从小沉迷于游戏，经常离家离校外住上网，家长和学校四处寻找。职中毕业后，没有考上大学，他以创业为名，骗了父母60多万元在异地住酒店、玩游戏、买游戏"武器"，用于打赢对手，父母为他闹到了分居的地步。他因住酒店花光了钱，临近春节，不想回家，继续向父母要钱被拒，来到救助站求助。我不禁反思：一个家庭经济良好、三代同堂、在父母身边长大、从小被照顾、没有精神障碍的青年，怎么会出现这种现象？

疑惑的事情还有很多。阿韦（化名），女，15岁，5岁时被父母送给她的堂姐代养，堂姐带着她在外打工，堂姐成了她唯一的亲人。十年间，她回过两次老家，见过父母三次面，不记得父母长相。她初二辍学，因不够工作年龄，找不到工作，天天闷在

出租屋里上网。她有很多网友，受网上"哥哥"诱使，被"哥哥"带到异地，被好心人报警解救出来。我陪伴她，帮助她分析社会，认识人性，识别人心，给她推荐健康向上的书籍阅读。因涉及未成年人，按救助政策，我打电话给她的父亲，却被告知他很忙，无暇顾及此事，请我把她送到她堂姐那里。我打电话给她堂姐，堂姐得知情况嚎啕大哭，庆幸找到了这个小表妹。她堂姐表示再也不敢照顾她了，她偷跑离家，没有告知家人，在她失踪的几天里，她父母天天逼着她堂姐要人，要追究她堂姐的法律责任。在我多次尽力劝导下，其父亲仍拒绝接走她，最后按救助政策，救助站把她送回了户籍地。

## 人性的复杂，让我体会到四处碰壁的无奈

救助中也会碰到一些让人无奈的事情。有几个 20 世纪名校毕业的高才生，国家分配工作，居然也成为流浪人员，且长期流浪，家人一无所知。他们遵纪守法，每天安安静静，拒绝救助，拒绝与人沟通，拒绝提供个人的身份信息。当我大费周折联系上其家人时，家人才大吃一惊，急忙从老家赶过来接领，现场抱头痛哭。他们的共同特点是会读书、智商高、注意力集中，但性格木讷，不善交流。就算流浪在街上，他们也不向他人求助，活在自我世界里，人格特点难以改变，他们的周围也缺乏能引导他们实现自我价值的引路人。

有一位年近八旬的阿伯，有心脏病，双手不停地抖动，由于儿子不养老，躲着他，他无法生存，从家乡跑到我所在地的派出所报警，请警方帮他找儿子。阿伯中年时与当地一丧夫、带着

三个年幼子女的妇女结婚。阿伯供养三个继子女相继长大，因家庭矛盾没有化解，三个孩子成家后，相约到异地城市生活，接走了他们的母亲，从此与他互不来往。随着阿伯年老力衰，当地政府帮助他办理了低保。老人多次找继子女们讨要生活费未果，多次找人调解未果，于是他去法院起诉了两个儿子。法院作出了让两个儿子每人每月承担 200 元生活费的判决，但两个儿子拒绝出庭，拒不见面，拒不执行。老人多次要求儿子们履行法院判决，但找不到人。我想方设法联系上其子，对方明确告诉我，不要找他麻烦，此后电话一直不接。我致电老人户籍地相关部门，回复也没有好的办法。这种案例，我除了苍白无力的情绪安抚，难以提供实质性的帮助。

## 识别负性心理，接受负性心理，勇毅前行

作为流浪救助领域的社工，无奈的情景如影随形，且不说我个人的能力、资源的有限性与服务对象需求的多样性和无限相矛盾，很多服务对象的问题不是以常人思维、正常方式和途径可以解决的，更无奈的是，有些自媒体人冒充流浪人员，通过网络，发布他们在户外摆拍、社会事件感想直播，获得网络流量，扰乱视听；还有打零工、为了省钱不愿意租房的人员，他们居在户外，白天去上班，晚上在户外露宿，经常是干一段时间，躺平一段时间，钱花光了再去工作。

这两类人，并不是我们的服务对象，但一旦他们出意外，可能马上又变成了合法的服务对象。他们不需要也不接受救助，但我们在平时的工作中，也要把他们纳入服务范围，防止他们出意

外，也劝导他们不要在网上发布与社会主义核心价值观相悖的网文和视频，维护社会和谐。

　　我作为一名长期在社会救助领域工作的社工，见过太多的人和事，我也会有麻木感，麻木感来自无力感，无力感来自服务对象各种深层次的问题难以化解。而在无奈和无力感之外，作为一个对社会有责任感、有使命感的社工，重点是发现问题、解决问题，当好政府与服务对象之间通畅的桥梁，促使自己去觉醒、去反思，让自己的内心更成熟、更刚强，识别负性心理，接受负性心理，勇毅前行。

# 后　记

　　自人类文明诞生以来，流浪乞讨现象在古今中外一直存在，流浪乞讨人员是处于社会边缘的弱势群体，是最需要社会救助的群体之一。党和国家一直高度重视流浪乞讨人员的社会救助工作。自中华人民共和国成立以来，我国对流浪乞讨人员制定了一系列必要的救助、安顿和管理政策和措施，使众多流浪乞讨人员摆脱了街头流浪、居无定所、衣食无着的生活。党中央、国务院高度重视流浪乞讨人员救助工作，有效形成了政府主导、民政牵头、部门负责、社会参与的良好局面。社会力量参与社会救助是新时代对互助共济优良传统的继承和发扬，为维护流浪乞讨人员合法权益、促进社会和谐稳定作出了积极贡献，这也是目前完善我国社会救助体系不可或缺的一项重要工作。《新时代中国社会救助：社会力量参与流浪乞讨人员救助服务研究》正是在此背景之下，着眼于充分发挥社会力量在流浪乞讨人员救助服务中的积极作用，系统梳理和研究社会力量参与流浪乞讨人员救助的理论和实践，从而更好地提升我国救助流浪乞讨人员专业服务水平而编写的一部著作。

　　近年来，在政府主导和社会力量自发参与下，社会力量参与流浪乞讨人员救助服务呈现出"政府主导、社会参与、科技赋能、慈善助力、合力救助"的多元化服务格局，涌现出如抖音寻人、北京缘梦公益基金会、东莞市让爱回家公益服务中心、韶关市蜗牛公益互助会、马义民寻亲工作室等覆盖全国的社会服务品牌，以及广州市鼎和社会工作服务中心、东莞市大众社会工作服务中心、中山市启创社会工作服务中心、金华市悦欣社会工作发展服务中心、梧州市民生社会工作服务中心、滨州市海燕社会工作服务中心、莆田市心海社工服务中心、张掖市鹏程社会工作发展服务中心等长期承接全国各地救助管理机构社会工作服务项目的专业社会组织。但由于流浪乞讨人员群体的特殊性、服务的区域性、研究的有限性、经验交流的稀缺性等因素影响，当前我国聚焦社会力量参与流浪乞讨人员救助服务领域的相应理论、实务研究成果不多，缺少系统性、专业性、全面性、科学性梳理总结的专业书籍。

本书由广州市鼎和社会工作服务中心依托机构自身专注于流浪乞讨人员社会工作服务领域10年的一线服务实践，联合全国众多长期致力于流浪乞讨人员救助服务的社会组织、专家学者等共同编写，花费了近两年的宝贵时间，编写团队克服重重困难，让难能可贵的一线实践工作得到充分的自我检阅、自我升华。本书从理论、方法、实践等维度，介绍分析多元化社会力量参与流浪乞讨人员救助内容，旨在让社会大众充分了解社会力量参与流浪乞讨人员救助服务全貌，让全国各地社会力量参与流浪乞讨人员救助服务的好的经验做法，得到更有效的推广示范，为全国救助管理工作发展提供参考借鉴，发动更广泛的社会力量积极参与流浪乞讨人员救助服务工作，从而进一步推进流浪乞讨人员救助服务工作高质量发展。

　　本书的编写工作得到了广东省民政厅、广州市民政局、广州市社会组织管理局、广州市天河区民政局、广州市番禺区民政局、广州市南沙区民政局、广州市白云区民政局等政府部门的悉心指导；得到广州市救助管理站、广州市救助管理站市区分站、广州市番禺区救助管理中心、广州市花都区救助管理站、广州市从化区救助管理站、广州市增城区救助管理站、深圳市救助管理站、东莞市救助管理站、中山市救助管理站、惠州市救助管理站、江门市救助管理站、梧州市救助管理站、金华市救助管理站、滨州市救助管理站、长沙市救助管理站、鄂尔多斯市救助管理站和中华社会救助基金会、抖音寻人、北京缘梦公益基金会、广州市创意经济促进会、广州市暖加公益促进会、广州市花都区启明社会工作服务中心、广州市艾华社会工作服务中心、广州市白云区善得居家养老服务中心、东莞市让爱回家公益服务中心、东莞市大众社会工作服务中心、韶关市蜗牛公益互助会、中山市启创社会工作服务中心、金华市悦欣社会工作发展服务中心、梧州市民生社会工作服务中心、滨州市海燕社会工作服务中心、湖南省麓山枫社会工作服务中心、莆田市心海社工服务中心、张掖市鹏程社会工作发展服务中心等单位的大力帮助，他们或提供专业指导，或提供宝贵意见，或提供图文素材；也得到中山大学副教授古南永、广东警官学院副教授姜立强、广州科技贸易职业学院副教授刘惠苑、华南师范大学社会工作系讲师彭杰、广东轻工职业技术大学社会工作专任教师任洁璐、广州华商职业学院思政与通识部专任教师温云油等专家学者的学术支持，在此一并表示衷心的感谢！

最后，还要特别感谢广州市民政局（市社会组织管理局）主办的广州市社会组织公益创投活动，正是源于第十届广州市社会组织公益创投活动资助项目"锐变·流浪乞讨人员关爱行动"的实施开展，让本书顺利付梓出版。正是有上述众多的帮助和支持，才有了社会力量参与流浪乞讨人员救助服务领域的一次全国性"集会"，让那些鲜为人知或不为人知的背影，生动而丰盈。

由于时间较为仓促，虽竭尽全力集中力量进行编写，力求做到专业、科学，做到可借鉴性、可读性、可操作性皆强，但参编人员水平有限，本书难免挂一漏万。望广大读者不吝赐教，以便改进。

王连权

2024 年 1 月于广州市番禺区南浦岛